Ragtime

J'AI LU

E.L. DOCTOROW

Ragtime

traduit de l'américain par Janine Hérisson

Éditions J'ai Lu

à Rose Doctorow Buck,
respectueusement

Ne joue pas ça trop vite,
le Ragtime ne doit jamais se jouer vite...

SCOTT JOPLIN

Ce roman a paru sous le titre original :

RAGTIME

PREMIÈRE PARTIE

1

En 1902, Père bâtit une maison au sommet de la colline de Broadview Avenue à New Rochelle, dans l'Etat de New York. C'était une construction de deux étages revêtue de bardeaux avec des mansardes, des bow-windows et une galerie fermée d'un écran treillissé. Des stores de toile rayée protégeaient les fenêtres. La famille prit possession de cette demeure cossue par une journée ensoleillée de juin et, pendant les quelques années qui suivirent, il sembla que les jours allaient s'y écouler paisibles et heureux. Père tirait la majeure partie de ses revenus d'une fabrique de drapeaux, oriflammes et autres attirails du patriotisme, y compris les feux d'artifice. Le patriotisme constituait une valeur sûre au début des années 1900. Teddy Roosevelt était président. La population avait l'habitude de se réunir en grand nombre, soit en plein air pour des défilés, des concerts publics, des dégustations de poisson frit, des pique-niques politiques, des sorties mondaines, soit à l'intérieur, dans des salles de réunion, au music-hall, à l'opéra, au bal. Pas de réjouissance, semblait-il, qui n'attirât les spectateurs en foule. Trains, vapeurs et tramways les transportaient. Tel était le style, la façon de vivre des gens. Les femmes étaient plus en chair à cette époque. Elles visitaient la flotte à l'abri de leurs ombrelles blanches. Tout le monde, en été, s'habillait de blanc. Les raquettes de tennis étaient pesantes et de forme ovale. Les évanouissements passionnels étaient fréquents. Il n'y avait pas de nègres. Ni d'immigrants. Le dimanche après-midi, après le déjeuner, Père et Mère montaient dans leur chambre et fermaient leur porte à clef. Grand-Père s'endormait sur le divan du salon. En costume marin, assis sur la galerie, le Petit Garçon chassait les mouches de la main.

Au bas de la colline, le Jeune Frère de Mère monta dans le tramway et n'en descendit qu'au terminus. C'était un jeune homme solitaire, renfermé, à moustache blonde, dont on pensait qu'il avait du mal à trouver sa voie. Au bout de la ligne s'étendait un vaste champ marécageux envahi de hautes herbes. L'air était chargé de sel. Le Jeune Frère de Mère, vêtu de son complet de lin blanc et coiffé d'un canotier, retroussa son pantalon et s'avança pieds nus dans les marais salants. Des oiseaux de mer, surpris, s'envolèrent. C'était la période de notre histoire où Winslow Homer peignait son œuvre. Une certaine lumière baignait encore le rivage vers l'est. Homer peignait cette lumière. Elle faisait planer au-dessus de la mer une sombre menace et brillait d'un éclat froid sur les rochers et les hauts fonds de la côte de la Nouvelle-Angleterre. Il y avait des naufrages inexpliqués et d'héroïques sauvetages de bâtiments pris en remorque. D'étranges événements se déroulaient dans les phares et les cabanes nichées parmi les arbousiers. A travers toute l'Amérique, le sexe et la mort étaient mal différenciés. Des femmes ayant déserté leur foyer mouraient dans les affres de l'extase. Les scandales étaient étouffés et les journalistes achetés par les familles fortunées. On lisait entre les lignes des journaux et des gazettes. A New York, les journaux ne parlaient que du meurtre du célèbre architecte Stanford White, abattu par Harry K. Thaw, l'excentrique rejeton d'une famille qui s'était enrichie dans le charbon et les chemins de fer. Harry K. Thaw était le mari de Evelyn Nesbit, beauté célèbre qui avait été autrefois la maîtresse de Stanford White. Le meurtre avait été commis dans le jardin en terrasses du Madison Square Garden, 26e Rue – immeuble spectaculaire occupant la longueur d'un pâté de maisons, en brique jaune et céramique, dessiné par White lui-même dans le style de Séville. On donnait ce soir-là la première d'un spectacle intitulé *Mamzelle Champagne* et, tandis que les chorus girls chantaient et dansaient, l'excentrique rejeton, arborant par cette nuit d'été un canotier et une lourde redingote noire, avait sorti un pistolet et tiré trois balles dans la tête de l'architecte. Sur le toit. Il y avait eu des cris. Evelyn s'était évanouie. Elle avait, à quinze ans, servi de modèle à un artiste bien connu. Elle portait de la lingerie blanche. Son mari avait l'habitude de la fouetter. Il lui arriva un jour de faire la connaissance d'Emma Goldman, la révolutionnaire. Goldman la fustigea de paroles cinglantes. Apparemment, *il y avait* des nègres. *Il y avait* des immigrants. Et bien que les journaux eussent baptisé ce meurtre le Crime du Siècle, Goldman savait qu'on était seulement en 1906, et qu'il restait encore quatre-vingt-quatorze ans à venir.

Le Jeune Frère de Mère était amoureux d'Evelyn Nesbit. Il avait suivi de près le scandale fait autour de son nom et en était venu à la conclusion que, après la mort de son amant Stanford White et l'emprisonnement de son mari Harry K. Thaw, elle devait aspirer aux soins attentifs d'un jeune bourgeois distingué et sans argent. Il pensait sans cesse à elle. Il la voulait. Dans sa chambre, il avait épinglé au mur un croquis de Charles

Dana Gibson, découpé dans un journal et intitulé « L'Eternelle Question ». On y voyait Evelyn de profil, la tête couronnée d'une opulente chevelure d'où s'échappait une mèche rebelle qui retombait en forme de point d'interrogation. Une boucle isolée posait une ombre sur son front, soulignant la beauté de ses yeux baissés. Son nez était délicatement retroussé. Elle faisait légèrement la moue. Son long cou s'incurvait comme un oiseau prenant son vol. Evelyn Nesbit avait provoqué la mort d'un homme, ruiné la vie d'un autre et le Jeune Frère de Mère en avait déduit que rien dans la vie n'était enviable, désirable, hormis l'étreinte de ses bras frêles.

L'après-midi baignait dans une brume bleuâtre. Le ressac de la marée montante s'infiltrait dans les empreintes de ses pas. Il se baissa et ramassa un spécimen parfait de coquillage d'une variété peu commune dans la partie ouest du détroit de Long Island. C'était un cône en spirale rose et couleur d'ambre de la forme d'un dé à coudre et, sous le soleil voilé de brume, avec le sel séchant à ses chevilles, il rejeta la tête en arrière et but la goutte d'eau de mer que contenait le coquillage. Les mouettes virevoltaient au-dessus de sa tête avec des lamentations de hautbois, et derrière lui, en lisière de la zone marécageuse, invisible au delà des hautes herbes, tinta la lointaine sonnerie de la cloche d'un tramway sur North Avenue.

De l'autre côté de la ville, le petit garçon, qui s'ennuyait soudain, se mit à mesurer la longueur de la galerie. Il pesa du bout du pied sur la barre d'appui du fauteuil à bascule en osier. Il avait atteint ce stade de connaissance et de sagesse que les adultes ne s'attendent pas à trouver chez un enfant si jeune et qui, par conséquent, passe inaperçu. Il lisait le journal tous les jours et suivait assidûment la polémique opposant les professionnels du base-ball à un savant qui prétendait que certaines inflexions imprimées à la trajectoire de la balle étaient des illusions d'optique. Il estimait que les conditions de sa vie de famille contrecarraient son besoin de voir des choses, de voyager. Il s'était pris, par exemple, d'un très vif intérêt pour le travail et la carrière de Harry Houdini, le roi de l'évasion. Mais jamais on ne l'avait emmené voir une représentation. Houdini était la tête d'affiche des meilleurs spectacles de variété. Son public se recrutait parmi les gens pauvres – porteurs, colporteurs, policiers, enfants. Sa vie était absurde. Il parcourait le monde, acceptant tous les modes de ligotage possibles, pour s'évader ensuite. On le ficelait à une chaise. Il s'évadait. On l'enchaînait à une échelle. Il s'évadait. Mains prises dans des menottes et fers aux pieds, il était entravé par une camisole de force et mis dans un placard fermé à clef. Il s'évadait. Il s'évadait des chambres fortes des banques, de tonneaux aux couvercles cloués, de sacs postaux cousus; il s'était échappé de la caisse d'emballage doublée de zinc d'un piano Knabe, d'un ballon de football géant, d'une chaudière en tôle galvanisée, d'un bureau à tambour, d'une peau de saucisson. Ses évasions étaient mystifiantes, car jamais il ne détériorait ni ne déverrouillait, apparemment, les engins dont il se libérait. Le paravent était écarté et il apparaissait, échevelé mais triomphant à côté du contenant inviolé qui était censé l'avoir contenu. Il saluait la foule de la main. Il s'était évadé d'un bidon de lait scellé rempli d'eau. D'un wagon de forçats plombé roulant vers la Sibérie. D'un crucifix de torture chinois. D'un pénitencier de Hambourg. D'un bateau-prison anglais. D'une geôle de Boston. Il fut enchaîné à des pneus de voitures, des roues hydrauliques, un canon, et il s'évada. Menottes aux poignets, il plongea depuis un pont dans le Mississippi, la Seine, le Mersey, et refit surface en saluant de la main. Il fut suspendu, la tête en bas, dans une camisole de force, sous des biplans, au sommet de grues et d'immeubles. Il fut largué dans l'océan, cadenassé dans un scaphandre lourdement lesté et non relié à une réserve d'air, et il s'évada. Il fut enterré vivant dans une tombe, ne put s'en échapper et dut être secouru. On le dégagea précipitamment. La terre est trop lourde, dit-il haletant. Ses ongles saignaient. Des parcelles de terre lui tombaient des yeux. Il était blême et ne tenait pas debout. Son assistant vomit. Houdini haletait et crachotait. Du sang lui vint aux lèvres. On le nettoya et on le ramena à son hôtel. Aujourd'hui, près de cinquante ans après sa mort, les amateurs d'évasions sont encore plus nombreux.

Le petit garçon, debout à l'extrémité de la galerie, suivait des yeux une mouche bleue progressant en travers du grillage de telle façon qu'elle semblait remonter la colline depuis North Avenue. La mouche s'envola. Une automobile gravissait la colline depuis North Avenue. Comme elle se rapprochait, il vit que c'était une Pope-Toledo Runabout noire de quarante-cinq chevaux. Il courut le long de la galerie et s'immobilisa en haut des marches. La voiture passa devant la maison, fit un grand bruit et, dans une embardée, percuta le poteau du téléphone. Le petit garçon se précipita à l'intérieur et appela son père et sa mère au premier. Grand-Père se réveilla en sursaut. Le petit garçon regagna la galerie en courant. Le conducteur et le passager, debout dans la rue, contemplaient la voiture; elle avait de grandes roues avec des pneus pleins et des rayons en bois laqués de noir. Elle était équipée de phares en cuivre devant le radiateur et de lanternes en cuivre au-dessus des ailes. Elle avait des sièges en cuir capitonné et deux portes de chaque côté. Elle ne semblait pas endommagée. Le chauffeur était en livrée. Il rabattit le capot et un geyser blanc jaillit dans un sifflement.

Un bon nombre de curieux observaient la scène de

leurs jardinets. Mais Père, ajustant sa chaîne de montre sur son gilet, descendit sur le trottoir pour voir s'il pouvait faire quelque chose. Le propriétaire de la voiture était Harry Houdini, le célèbre roi de l'évasion. Il avait consacré la journée à visiter Westchester. Il songeait à y acheter une propriété. On l'invita à entrer dans la maison tandis que le radiateur refroidissait. Il surprit par son comportement modeste, presque effacé. Il semblait déprimé. Son succès avait amené au music-hall une foule de concurrents. En conséquence, il lui fallait imaginer des évasions de plus en plus dangereuses. C'était un homme de petite taille, bâti en force, un athlète de toute évidence, avec des mains robustes, un dos et des bras dont on devinait la musculature puissante sous le tissu de son complet de tweed froissé qui, encore que bien coupé, était des plus incongrus en cette journée où la température approchait les trente degrés. Houdini avait des cheveux raides et rebelles partagés par une raie au milieu, des yeux bleu clair sans cesse en mouvement. Il se montra fort respectueux envers Père et Mère et parla de son métier avec modestie. Cette attitude leur parut normale. Le petit garçon ne le quittait pas des yeux. Mère avait demandé de la limonade. Elle fut apportée au salon et Houdini en but un verre avec gratitude. Les stores baissés maintenaient dans la pièce une certaine fraîcheur. Les fenêtres elles-mêmes étaient fermées pour empêcher la chaleur d'entrer. Houdini avait envie de déboutonner son col. Il se sentait oppressé par les meubles lourds et carrés, les doubles rideaux, les tapis sombres, les coussins en soie d'Orient, les abat-jour d'opaline verte. Sur une chaise longue était jetée une peau de zèbre. Remarquant le regard de Houdini, Père signala qu'il avait abattu ce zèbre au cours d'une chasse en Afrique. Père était un explorateur amateur jouissant d'une réputation considérable. Il avait été autrefois président du

Club des Explorateurs de New York auquel il faisait tous les ans une donation. En fait, il allait d'ici quelques jours partir pour porter l'étendard du club parmi les membres de la troisième expédition de Peary dans l'Arctique. Vous voulez dire, demanda Houdini, que vous partez avec Peary pour le Pôle? Si Dieu le veut, répondit Père. Se penchant en arrière dans son fauteuil, il alluma un cigare. Houdini devint volubile. Il se mit à faire les cent pas. Il parla de ses propres voyages, de ses tournées en Europe. Mais le Pôle! dit-il. Ça, c'est quelque chose. Vous devez vous y connaître pour qu'on vous ait choisi comme ça. Il tourna ses yeux bleus vers Mère. Et ce n'est pas rien non plus de rester la gardienne du foyer, dit-il. Il n'était pas dépourvu de charme. Il sourit et Mère, qui était grande et blonde, baissa les yeux. Houdini employa ensuite quelques minutes à faire quelques tours de passe-passe pour le petit garçon avec les objets à proximité. Lorsqu'il prit congé, la famille tout entière l'accompagna à la porte. Père et Grand-Père lui serrèrent la main. Houdini suivit l'allée qui passait sous le gros érable et descendit les marches de pierre qui donnaient accès à la rue. Le chauffeur attendait, la voiture était garée correctement. Houdini monta à côté du chauffeur et salua de la main. Les voisins dans leurs jardins regardaient. Le petit garçon avait suivi le magicien dans la rue et se tenait maintenant devant la Pope-Toledo, contemplant son propre reflet déformé et macrocéphale dans le cuivre étincelant qui cerclait le phare. Houdini trouvait l'enfant beau, avec le teint clair et les cheveux de lin blond de sa mère, mais un peu mou. Il se pencha par la portière. Au revoir, fiston, dit-il, en tendant la main. Prévenez le Duc, dit le petit garçon. Et il s'enfuit en courant.

2

La visite inattendue de Houdini avait, pour tout dire, interrompu Père et Mère en plein coït. Et Mère ne donnait pas signe d'être prête à recommencer. Elle s'enfuit dans son jardin. A mesure que les jours passaient et que le départ de Père approchait, il attendait une invite muette à venir visiter sa couche. Il savait que des avances de sa part risquaient de compromettre l'occasion. C'était un homme corpulent aux appétits robustes, mais qui appréciait la réticence de sa femme à assumer les attitudes indélicates qui répondaient à ses besoins. Entre-temps, toute la maisonnée, sur le pied de guerre, se préparait pour son départ. Il fallait boucler ses bagages, prendre différentes mesures en vue de son absence à son travail, et régler mille autres détails. Mère porta à son front le dos de son poignet et écarta une mèche de cheveux. Personne dans la famille ne prenait à la légère les dangers auxquels Père allait être exposé. Personne cependant ne l'aurait, à cause d'eux, empêché de partir. Les absences prolongées de Père semblaient bénéfiques pour leur union. Au dîner, la veille du départ, Mère accrocha du revers de sa manche une cuillère qui tomba de la table et son visage s'empourpra. Lorsque toute la maison fut endormie, il vint la rejoindre dans l'obscurité de sa chambre. Il se montra solennel et attentif comme l'exigeait l'occasion. Mère ferma les yeux et plaqua ses mains sur ses oreilles. La sueur coula du menton de Père sur ses seins. Elle eut un tressaillement. Elle pensa : Je sais pourtant que ce sont là d'heureuses années. Dans l'avenir ne nous attendent que de grands désastres.

Le lendemain matin, tout le monde se rendit à la gare de chemin de fer de New Rochelle pour voir partir

Père. Certains membres du personnel étaient venus et le premier adjoint de Père fit un discours. Il y eut quelques applaudissements. Le train de New York arriva, cinq wagons vert foncé luisants, tirés par une Baldwin 4-4-0 avec des roues motrices à rayons. Le petit garçon regardait le mécanicien qui, avec sa burette à huile, vérifiait les pistons en cuivre. Il sentit une main sur son épaule, se retourna et Mère, souriant, lui prit la main et la serra. Il fallut empêcher Grand-Père de soulever les bagages. Avec l'aide du porteur, Père et le Jeune Frère de Mère hissèrent les malles à bord du train. Père serra la main du jeune homme. Il lui avait accordé une augmentation et de plus grandes responsabilités dans la firme. Veillez bien à tout, recommanda Père. Le jeune homme acquiesça d'un signe de tête. Mère eut un grand sourire. Elle enlaça doucement son mari, qui lui posa un baiser sur la joue. Debout sur la plate-forme arrière du dernier wagon, Père souleva sa casquette et l'agita en signe d'adieu, tandis que le train s'engageait le long de la courbe.

Le lendemain matin, après un petit déjeuner au champagne avec les représentants de la presse, les hommes de l'expédition polaire de Peary larguèrent les amarres, et leur petit navire robuste, le *Roosevelt,* se déhala de son mouillage en culant pour s'engager sur l'East River. Les bateaux-pompes projetèrent des jets d'eau qui s'irisaient aux couleurs de l'arc-en-ciel, tandis que le soleil se levait sur la ville. Un concert de mugissements graves monta des sirènes des grands paquebots. Ce ne fut que plus tard, lorsque le *Roosevelt* eut atteint la haute mer, que Père se convainquit de la réalité du voyage. Appuyé contre le bastingage, il sentait le rythme imposant et immuable de l'océan se transmettre jusqu'à son ossature. Le *Roosevelt* croisa bientôt un transatlantique qui cinglait vers New York, surchargé d'immigrants. Père regarda la large étrave du navire à la peinture tout écaillée trancher la houle. Les ponts étaient noirs de monde. Des milliers de têtes d'hommes coiffés de chapeaux melons. Des milliers de têtes de femmes ceintes de châles. Un bateau de miséreux avec un million d'yeux noirs qui le regardaient fixement. Père, homme en général résolu, se sentit soudain vaciller tout au fond de l'âme. Un étrange désespoir s'empara de lui. Le vent se leva, le ciel s'était couvert et le vaste océan se mit à se creuser et à déferler sur lui comme s'il avait été composé de plaques de granit et de feuilles d'ardoise glissant les unes sur les autres. Il garda les yeux rivés au bateau jusqu'à ce qu'il eût disparu. A son bord pourtant ne se trouvaient que d'autres clients en perspective, car la population des immigrants faisait grand cas du drapeau américain.

3

La plupart des immigrants venaient d'Italie et d'Europe orientale. Des chaloupes les emmenaient jusqu'à Ellis Island. Là, dans un entrepôt pour matériel humain, étrangement décoré, fait de brique rouge et de pierre grise, ils étaient étiquetés, douchés, parqués sur des bancs dans des boxes d'attente. Ils prenaient tout de suite conscience de l'énorme pouvoir des fonctionnaires de l'immigration. Ces fonctionnaires changeaient les noms qu'ils ne pouvaient pas prononcer et arrachaient des gens à leurs familles, renvoyant d'où ils venaient les vieillards, les mauvais sujets, les personnages louches et également ceux qu'ils jugeaient insolents. Un tel pouvoir était confondant. Il rappelait aux immigrants leurs propres pays. Ils se répandaient dans les rues et réussissaient tant bien que mal à se loger dans des taudis. Ils étaient méprisés par les New-Yorkais. Ils étaient sales et illettrés. Ils puaient le poisson et l'ail. Ils avaient des plaies suppurantes. Ils étaient sans fierté et travaillaient pour moins que rien. Ils volaient. Ils buvaient. Ils violaient leurs propres filles. Ils s'entre-tuaient pour un oui pour un non. Parmi ceux qui les méprisaient le plus se trouvaient les Irlandais de la seconde génération, dont les pères avaient été coupables des mêmes crimes. Les gosses irlandais tiraient la barbe des vieux Juifs, les faisaient tomber et renversaient les charrettes à bras des colporteurs italiens.

Tout au long de l'année, des tombereaux passaient dans les rues et ramassaient les cadavres de pauvres hères. Tard dans la nuit, de vieilles dames vêtues à la russe se rendaient à la morgue pour y rechercher leur mari ou leur fils. Les corps gisaient sur des tables recouvertes de zinc. Sous chaque table s'amorçait un tuyau rejoignant le sol. Une rigole était creusée tout autour de la table. Et dans cette rigole était drainée l'eau qui coulait en permanence d'un robinet sur chaque cadavre. Le visage des morts était levé vers ces ruissellements qui les inondaient, comme le mécanisme, irrépressible dans la mort, de leurs propres larmes.

Cependant on commençait à entendre çà et là les échos de leçons de piano. Les gens s'identifiaient au drapeau. Ils taillaient les pierres pour paver les rues. Ils chantaient. Ils racontaient des histoires drôles. La famille vivait dans une pièce et tout le monde travaillait : Mameh, Tateh, et la Petite Fille en tablier. Mameh et la Petit Fille cousaient des culottes courtes, qu'on leur payait soixante-dix *cents* la douzaine. Elles cousaient de l'instant de leur lever jusqu'à celui de leur coucher. Tateh gagnait sa vie dans la rue. A mesure que le temps passait, la ville leur devenait plus familière.

Un dimanche, dans un accès de griserie, perdant tout sens pratique, ils dépensèrent douze *cents* pour prendre trois tickets de tramway et se rendre au centre de la ville. Ils déambulèrent dans Madison Avenue et la Cinquième Avenue et contemplèrent les hôtels particuliers. Leurs propriétaires les appelaient des palais. Et c'était bien ce dont il s'agissait : de palaces. Ils avaient tous été dessinés par Stanford White. Tateh était socialiste. Il regardait les palais et se sentait ulcéré jusqu'au fond du cœur. La famille marchait rapidement. Les policiers coiffés de leur haut casque les dévisageaient. Sur ces larges trottoirs déserts dans ce quartier de la ville, la police n'aimait pas voir les immigrants. Tateh expliqua que c'était parce qu'un immigrant, quelques années plus tôt, avait abattu à Pittsburgh Henry Frick, le millionnaire de l'acier.

Il y eut un drame au sein de la famille lorsque quelqu'un apporta une lettre disant que la petite fille devait aller à l'école. Ce qui signifiait qu'ils ne réussiraient plus à joindre les deux bouts. Désemparés, Mameh et Tateh conduisirent leur enfant à l'école. Elle fut inscrite et s'y rendit tous les jours. Tateh rôdait dans les rues. Il ne savait pas quoi faire. Il était camelot de son état. Jamais il ne pouvait trouver au bord du trottoir une place favorable à son commerce. Pendant son absence, Mameh, assise près de la fenêtre avec sa pile de tissu coupé, pédalait sur sa machine à coudre. C'était une petite femme aux yeux noirs avec des cheveux châtains ondulés séparés par une raie au milieu et qu'elle nouait en chignon sur sa nuque. Quand elle était ainsi seule, elle chantonnait d'une petite voix douce et haut perchée. Ses chansons étaient sans paroles. Un après-midi, elle porta son travail achevé au grenier de Stanton Street. Le propriétaire l'invita à entrer dans son bureau. Il examina attentivement la marchandise et lui déclara qu'elle avait bien travaillé. Il compta l'argent qu'il lui devait, ajoutant un dollar de plus. Cela, expliqua-t-il, parce qu'elle était une si belle femme. Il sourit. Il toucha le sein de Mameh. Mameh s'enfuit, emportant le dollar. La fois suivante, il en fut de même. Elle raconta à Tateh qu'elle travaillait davantage. Elle s'habitua aux mains de son employeur. Un jour avec deux semaines de loyer en retard, elle laissa cet homme obtenir ce qu'il voulait sur une table de coupeur. Il embrassa son visage et goûta le sel de ses larmes.

A cette époque historique, Jacob Riis, infatigable reporter et réformateur, écrivit une série d'articles sur la nécessité de créer des logements pour les pauvres. Ils vivaient trop nombreux dans une seule pièce. Il n'y avait aucune installation sanitaire. Les rues empestaient la merde. Les enfants mouraient de rhumes bénins ou d'éruptions sans gravité. Les enfants mouraient sur des lits faits de deux chaises de cuisine calées l'une contre l'autre. Ils mouraient par terre. Nombre de gens croyaient que la crasse, la famine et la maladie étaient le lot de l'immigrant, prix de sa dégénérescence morale. Mais Riis croyait aux puits d'aération. Des puits d'aération, l'air et la lumière apporteraient la santé. Il circulait dans la ville, grimpant des escaliers sombres, frappant à des portes, prenant au flash des photos de familles indigentes dans leurs logements. Il levait le flash à bout de bras, passait la tête sous le drap noir, et une photo explosait. Après son départ, la famille, n'osant pas bouger, restait dans la position où elle avait été photographiée. Ils attendaient que leur vie change. Ils attendaient leur transformation. Riis établit des cartes en couleurs des communautés ethniques de Manhattan. Gris terne pour les Juifs, – leur couleur favorite, disait-il. Rouge pour l'Italien basané. Bleu pour l'Allemand frugal. Noir pour l'Africain. Vert pour l'Irlandais. Et jaune pour le Chinois propre comme un chat et, comme le chat, sauvage et rusé dans la fureur. Ajoutez quelques taches de couleur pour les Finlandais, les Arabes, les Grecs, et vous obtenez un patchwork dément, s'écriait Riis, un patchwork dingue d'humanité!

Un jour, Riis décida d'interviewer Stanford White, l'éminent architecte. Il voulait demander à White s'il avait jamais réalisé des logements pour les pauvres. Il voulait son opinion sur les immeubles d'habitation, les puits d'aération, la lumière. Il trouva White sur les quais surveillant le débarquement de matériaux d'architecture. Riis s'émerveillait de ce qui sortait des cales des navires : des façades entières de palais florentins et de portiques grecs, numérotées pierre par pierre; des tableaux, des statues, des tapisseries, des plafonds sculptés et peints en caissons, des patios dallés, des fontaines de marbre, des escaliers et des balustrades de marbre, des parquets en marqueterie et des tentures murales en soie brodée; des pennons, des armures, des canons, des arbalètes et autres armes anciennes; des lits, des armoires, des chaises longues, des tables de réfectoire, des buffets, des harpes; des tonneaux remplis de cristaux, d'argenterie, de plats en or, de porcelaines et de faïences; des caisses d'ornements sacerdotaux, de livres rares, de tabatières. White, homme robuste et corpulent dont les cheveux roux coupés en brosse commençaient à grisonner, circulait parmi les ballots en tapant sur le dos des dockers avec son parapluie roulé. Attention, imbéciles! hurlait-il. Riis voulait lui poser ses questions. Le problème de Riis, c'était le logement pour les pauvres. Mais il eut une vision du démantèlement de l'Europe, du déblaiement du vieux continent, de la naissance d'une nouvelle esthétique dans l'art et l'architecture d'Occident. Lui-même était danois.

Ce soir-là, White se rendit à la générale de *Mamzelle*

Champagne sur le jardin en terrasses de Madison Square. C'était au début de juin et vers la fin du mois une forte vague de chaleur avait commencé à décimer les bébés dans les bas quartiers. Il régnait une chaleur de four dans les logements et les locataires n'avaient pas d'eau à boire. Le robinet de l'évier au bas des escaliers était à sec. Les pères de famille couraient les rues à la recherche de glace. Les réformateurs avaient eu raison de la municipalité pourrie, mais les petits aigrefins du quartier avaient la mainmise sur le ravitaillement en glace et en vendaient des morceaux minuscules à des prix exorbitants. Des oreillers étaient posés sur les trottoirs. Des familles entières dormaient sur les perrons et sur le pas des portes. Des chevaux s'effondraient et mouraient dans les rues. Le Service d'hygiène envoyait des charrettes dans toute la ville pour remorquer les chevaux morts. Mais les services n'étaient guère efficaces. Les chevaux explosaient sous la chaleur. Leurs entrailles étalées grouillaient de rats. Et dans toutes les ruelles des bas quartiers, parmi les vêtements gris qui pendaient, inertes, aux cordes accrochées dans les puits d'aération, montait l'odeur du poisson frit.

4

Dans la chaleur meurtrière de l'été, les politiciens briguant leur réélection invitaient leurs partisans à des sorties à la campagne. Vers la fin de juin, un candidat prit la tête d'un défilé à travers les rues du Quatrième Arrondissement. Il portait un gardénia à la boutonnière. Un orchestre joua une marche de Souza. Les membres du Comité de Bienfaisance du candidat suivaient l'orchestre et la procession tout entière se dirigea vers le fleuve où chacun embarqua sur le vapeur *Grand Republic,* qui remonta alors le détroit de Long Island en direction de Rye, dans l'Etat de New York, juste au delà de New Rochelle. Le vapeur, surchargé d'environ cinq mille hommes, gîtait fortement à tribord. Le soleil était brûlant. Les passagers encombraient les ponts et se pressaient contre le bastingage à la recherche d'un souffle d'air. L'eau était comme du verre. A Rye tout le monde débarqua pour un autre défilé jusqu'au Pavillon où, sur des tables improvisées, la traditionnelle soupe de poissons fut servie par une petite armée de garçons en long tablier blanc. Après le lunch, des discours furent prononcés depuis l'estrade de l'orchestre. L'estrade était pavoisée aux couleurs du pays. La décoration avait été fournie par la firme de Père. Il y avait également des bannières avec le nom du candidat en lettres d'or et des petits drapeaux américains sur des hampes dorées distribués en cadeau à chaque table. Les hommes du Comité de Bienfaisance passèrent leur après-midi à consommer de la bière tirée à même le tonnelet, à jouer au base-ball et au fer à cheval. Les prairies de Rye étaient parsemées d'hommes somnolant dans l'herbe, leur chapeau melon sur le nez. Dans la soirée, on servit un autre repas et un orchestre militaire donna un concert; vint ensuite le clou des réjouissances : un feu d'artifice. Le Jeune Frère de Mère était venu superviser en personne cette phase de l'événement. Il aimait combiner des feux d'artifice. C'était la seule branche de l'affaire qui l'intéressât vraiment. Des fusées explosèrent dans l'air du soir étouffant, saturé d'électricité. Des éclairs de chaleur zébraient le ciel au-dessus du détroit. Un grand soleil de feu tourbillonnant sembla rouler à la surface de l'eau. Un profil de femme, telle une nouvelle constellation, se détacha sur le ciel nocturne. Des pluies de lumières, rouges, blanches et bleues, tombaient comme des étoiles et éclataient de nouveau comme des bombes au-dessus du vieux vapeur au bord de l'eau. Tout le monde poussait des acclamations. Lorsque le feu d'artifice fut terminé, des torches furent allumées pour éclairer le chemin jusqu'au quai. Durant le voyage de retour, le vieux vapeur gîta à bâbord. Parmi les passagers se trouvait le Jeune Frère de Mère qui, d'un bond léger, était monté à bord au dernier moment. Il enjamba les hommes qui dormaient, étendus sur le pont. Debout contre la rambarde à la proue du bâtiment, il leva la tête pour aspirer la brise qui soufflait sur les eaux noires. Fixant intensément la nuit profonde, il pensait à Evelyn.

A cette époque-là, Evelyn répétait quotidiennement le témoignage qu'elle devait réciter au procès de son mari qui allait être jugé pour le meurtre de Stanford White. Elle avait affaire non seulement à Thaw au cours de ses visites presque quotidiennes aux Tombs, la prison de la ville où il était détenu, mais aussi à ses avocats, en nombre respectable, à la mère de son mari, une douairière de Pittsburgh aux allures royales, qui la méprisait, et à sa propre mère, dont elle avait dépassé les rêves de richesse les plus cupides. La presse était à l'affût de ses moindres mouvements. Elle essayait de vivre discrètement dans un petit hôtel résidentiel. Elle s'efforçait de ne pas penser au visage de Stanford White déchiqueté par les balles. Elle prenait ses repas dans ses appartements. Elle répétait son texte. Elle se couchait tôt, convaincue que le sommeil était bon pour son teint. Elle s'ennuyait. Elle commandait des robes à sa couturière. L'argument clef de la défense de Harry K. Thaw se fonderait sur le dérangement cérébral momentané qu'il avait subi en apprenant de la bouche d'Evelyn comment elle avait été déflorée à l'âge de quinze ans. Elle servait de modèle à des artistes peintres et aspirait à devenir comédienne. Stanford White l'avait invitée dans ses appartements situés dans la tour du Madison Square Garden et lui avait offert du champagne. Le champagne était drogué. Quand elle s'était réveillée le lendemain matin, la moire soyeuse de la virilité de White luisait sur ses cuisses comme un glaçage de gâteau.

Mais il allait être difficile de persuader un jury que Harry K. Thaw avait eu l'esprit dérangé par ce seul récit. C'était un homme violent qui, durant toute sa vie, avait provoqué des incidents dans les restaurants. Il roulait en voiture sur les trottoirs. Suicidaire, il avait une fois avalé toute une bouteille de laudanum. Il gardait des seringues dans un étui en argent. Il s'injectait des produits. Il avait une certaine habitude de crisper les poings et de s'en marteler les tempes. Il était impérieux, possessif et d'une jalousie démente. Avant leur mariage, il avait échafaudé un plan selon lequel Evelyn devait signer une déposition écrite accusant Stanford White de la battre. Elle refusa et en parla à White. La prochaine manœuvre de Harry consista à l'emmener en Europe où il pourrait la posséder sans se demander si White n'aurait pas son tour quand il en aurait terminé. La mère d'Evelyn les accompagna comme chaperon. Ils s'embarquèrent sur le *Kronprinzessin Cecile.* A Southampton, Harry soudoya la mère d'Evelyn et emmena Evelyn seule sur le continent. Ils finirent par gagner un vieux château que Harry avait loué dans les montagnes autrichiennes – le Schloss Katzenstein. Durant leur première nuit au Schloss, il lui arracha sa robe de chambre, la jeta en travers du lit et la cingla à coups de fouet à chien sur les fesses et en travers des cuisses. Elle fit retentir de ses cris les couloirs et la cage des escaliers de pierre. Les domestiques allemands dans leurs quartiers écoutèrent, se congestionnèrent, ouvrirent des bouteilles de Goldwasser et copulèrent. D'affreux bourrelets rouges boursouflaient la chair d'Evelyn. Elle pleura et geignit toute la nuit. Le matin, Harry revint dans sa chambre, cette fois avec un cuir à repasser les rasoirs. Elle fut clouée au lit pendant des semaines. Pendant sa convalescence, il lui apporta des plaques stéréoscopiques de la Forêt-Noire et des Alpes autrichiennes. Il se montra plein de douceur quand il lui fit l'amour et évita de toucher les endroits douloureux. Elle décida néanmoins que leurs relations étaient allées au delà de leur accord tacite. Elle exigea d'être renvoyée chez elle. Elle regagna seule l'Amérique sur le *Carmania,* sa mère étant rentrée depuis longtemps. Lorsqu'elle arriva à New York, elle alla immédiatement voir Stanford White et lui raconta ce qui c'était passé. Elle lui montra les traces de lacération qui zébraient sa chair en dedans de la cuisse droite. Oh, mon Dieu, mon Dieu, dit Stanford White. Il embrassa l'endroit. Elle lui montra une minuscule meurtrissure jaune et violette sur le globe de sa fesse gauche juste en lisière de la raie. C'est épouvantable, dit Stanford White. Il embrassa l'endroit. Le lendemain matin, il l'envoya à un avocat qui prépara une déposition relatant ce qui s'était passé au Schloss Katzenstein. Evelyn signa la déposition. Maintenant, ma chérie, quand Harry rentrera, montre-lui ça, dit Stanny White avec un large sourire. Elle suivit ses instructions. Harry K. Thaw lut la déposition, pâlit et lui proposa immédiatement le mariage. Elle n'avait jamais dépassé le niveau des chorus girls mais avait réussi aussi bien que n'importe quelle danseuse du ballet Floradora.

Et maintenant Harry, en prison, défrayait la chronique. Sa cellule était située dans le Quartier des Assassins, au dernier étage des caverneuses Tombs. Tous les soirs, les gardiens lui apportaient les journaux afin qu'il pût suivre les exploits de son équipe favorite, les Pittsburgh Nationals, et de sa vedette Honus Wagner.

C'était seulement après avoir épluché le compte rendu des matches qu'il lisait ce qui le concernait. Il parcourait tous les journaux, – le *World,* le *Tribune,* le *Times,* l'*Evening Post,* le *Journal,* le *Herald.* Quand il avait terminé la lecture d'un journal, il le pliait, s'approchait des barreaux et le jetait par-dessus la balustrade de la galerie du bloc cellulaire, si bien que les pages dispersées descendaient en voletant six étages plus bas, par le puits central autour duquel les rangées de cellules étaient disposées. Son comportement fascinait les gardiens. Ils avaient rarement affaire à des détenus de cette classe sociale. Thaw n'aimait pas particulièrement la nourriture de la prison, aussi lui apportait-on ses repas de chez Delmonico. Il aimait à sentir propre; aussi lui passait-on des vêtements de rechange livrés tous les matins à la porte de la prison par son valet de chambre. Il n'aimait pas les nègres; aussi prenait-on soin de ne pas loger de prisonnier noir à proximité de sa cellule. Thaw n'était pas insensible à la gentillesse des gardiens. Il montrait sa gratitude non pas discrètement mais dans un style impeccable, froissant et jetant des coupures de vingt dollars à ses pieds et traitant les gardiens de porcs quand il se baissaient pour les ramasser. Ils étaient enchantés. Les reporters leur demandaient leurs impressions, quand ils sortaient des Tombs en quittant leur service. Et chaque après-midi, quand Evelyn arrivait très élégante, dans sa robe chemisier à col haut et jupe plissée en toile de lin, le mari et la femme étaient autorisés à se promener de long en large sur le Pont des soupirs, la passerelle d'acier qui reliait les Tombs au Palais de Justice. Thaw avait une démarche dandinante de pigeon, les pieds en dedans, comme un homme atteint d'une lésion cérébrale. Il avait une grande bouche et des yeux de poupée comme les efféminés de l'époque victorienne. Parfois, on le voyait gesticuler éperdument tandis que Evelyn gardait la tête baissée, le visage dissimulé dans l'ombre de son chapeau. Parfois il demandait l'autorisation de se servir de la salle de consultation. Le gardien en faction devant la porte de la salle de consultation trouée d'un petit guichet prétendait que Thaw tantôt pleurait, tantôt tenait la main d'Evelyn. Une fois il exigea d'elle une preuve de sa dévotion et il se trouva que seule la fellation pouvait le satisfaire. Déséquilibrée par le ventre de Thaw, la capeline à large bord d'Evelyn couronnée de fleurs en tulle bascula lentement à la renverse. Il brossa ensuite la sciure accrochée au bas de sa jupe et lui donna quelques coupures retirées de sa pince à billets.

Evelyn affirma aux reporters qui l'attendaient à la sortie des Tombs que son mari, Harry K. Thaw, était innocent. Le procès apportera la preuve de l'innocence de mon mari Harry K. Thaw, dit-elle un jour, en montant dans le landau à moteur électrique que lui avait fourni son auguste belle-mère. Le chauffeur referma la portière. A l'abri des regards dans la voiture, elle pleura. Elle savait mieux que quiconque à quoi s'en tenir sur l'innocence de Harry. Elle avait accepté de témoigner en sa faveur moyennant une somme de deux cent mille dollars. Et son prix pour un divorce serait encore plus élevé. Elle effleura du bout des doigts le capitonnage de la voiture. Ses larmes se séchèrent. Une étrange exaltation mêlée d'amertume s'empara d'elle, un froid sentiment de victoire qui lui dilatait le cœur. Elle avait grandi en jouant dans les rues d'une ville minière de Pennsylvanie. Elle était la statue de saint Gaudens que Stanny White avait érigée au sommet de la tour du Madison Square Garden, une glorieuse Diane nue, en bronze, bandant son arc, le visage levé vers les cieux.

Il se trouve que, à ce moment de notre histoire, le morose écrivain Theodore Dreiser souffrait terriblement des critiques défavorables qui avaient accueilli son premier livre, *Sister Carrie,* dont le chiffre de vente était inexistant. Dreiser était sans travail, sans argent et trop humilié pour voir quiconque. Il loua une chambre meublée à Brooklyn et s'y installa. Il prit l'habitude de s'asseoir sur une chaise en bois au milieu de la pièce. Un après-midi, il décida que la chaise était orientée dans la mauvaise direction. Se levant de la chaise, il la souleva à deux mains et la tourna vers la droite, pour lui donner l'orientation propice. Pendant un moment, il pensa que la chaise était bien placée, puis décida qu'elle ne l'était pas. Il la fit de nouveau pivoter vers la droite. Il essaya alors de s'y installer, mais ne se sentant toujours pas à l'aise, il la tourna de nouveau. Il finit par lui faire décrire un cercle complet sans pour autant trouver la bonne position. La lumière déclinait derrière les vitres crasseuses de la chambre meublée. Tout la nuit, Dreiser fit décrire des cercles à sa chaise, à la recherche de la position idéale.

5

L'imminence du procès de Thaw n'était pas la seule cause d'excitation aux Tombs. Deux des gardiens à leurs moments perdus avaient fabriqué un nouveau modèle de fers qu'ils prétendaient supérieurs au modèle courant. Pour le prouver, ils lancèrent un défi à Harry Houdini lui-même, lui demandant d'en faire l'essai. Le magicien arriva un matin au bureau du directeur des Tombs et fut photographié serrant la main du dit directeur et encadré des deux gardes souriants qu'il tenait par les épaules. Il échangea des plaisanteries avec les reporters. Il distribua bon nombre de billets gratuits.

Il tint les fers en pleine lumière et les examina attentivement. Il accepta le défi. Il s'évaderait des fers le lendemain soir à la représentation donnée au Keith Hippodrome. Parmi les journalistes se pressant tout autour de lui, Houdini lança à son tour un défi : il demandait à être sur-le-champ déshabillé et bouclé dans une cellule, avec ses vêtements placés à l'extérieur de la cellule; si tout le monde voulait bien alors s'éloigner, il s'arrangerait pour s'évader de la cellule et apparaître tout habillé dans le bureau du directeur dans les cinq minutes qui suivraient. Le directeur se fit tirer l'oreille. Houdini manifesta sa stupeur. Après tout, lui, Houdini, avait relevé sans hésiter le défi des gardes; le directeur n'avait-il pas confiance en sa propre prison? Les reporters soutinrent Houdini. Sachant le parti que les reporters pourraient en tirer s'il refusait l'épreuve de ce tour de force, le directeur céda. Il croyait en fait que ses cellules étaient sûres. Les murs de son bureau étaient vert pâle. Sur sa table de travail se trouvaient des photographies de sa femme et de sa mère. Un pot à cigares et une carafe de whisky irlandais étaient posés sur une table derrière son bureau. Il décrocha son nouveau téléphone et, tenant le cornet d'une main et l'écouteur de l'autre, il jeta aux reporters un regard significatif.

Un moment plus tard, Houdini, nu comme ver, fut conduit au Quartier des Assassins, au sixième et dernier étage de la prison. Il y avait moins de détenus à cet étage et l'on était persuadé qu'il était impossible de s'évader des cellules. Les gardiens bouclèrent Houdini dans une cellule vide. Ils empilèrent soigneusement ses vêtements sur le sol de la galerie, hors de sa portée. Les gardiens et les reporters se retirèrent alors et, comme convenu, regagnèrent le bureau du directeur. Houdini gardait toujours, dissimulés en différents endroits de son individu, de minuscules tiges et ressorts d'acier. Cette fois, il se passa la paume de la main sur la plante du pied et sortit, d'une crevasse dans le cal de son talon gauche, une lamelle de métal, d'environ un demi-centimètre de large et quatre centimètres et demi de long. De son épaisse chevelure il extirpa un bout de fil de fer rigide, qu'il fixa autour du morceau de métal en guise de poignée. Passant la main à travers les barreaux, il glissa la clef de fortune dans la serrure et la fit tourner lentement dans le sens des aiguilles d'une montre. La porte de la cellule pivota. Houdini s'aperçut alors que, au delà de la zone sombre du puits central, la cellule directement en face de la sienne était allumée et occupée. Un prisonnier y était assis et le regardait fixement. L'homme avait le visage large et plat, avec un nez porcin, une grande bouche et des yeux qui semblaient anormalement dilatés et brillants. Ses cheveux drus et plaqués en arrière étaient étrangement plantés en arc de cercle. Pour Houdini, familier des scènes de music-hall, ce visage évoquait celui d'une poupée de ventriloque. Le prisonnier était assis à une table recouverte d'une nappe et où un couvert était mis. Sur la table, se trouvaient les reliefs d'un important repas. Une bouteille de champagne vide était fichée, à l'envers, dans un seau à glace. Le bat-flanc en fer était recouvert d'un couvre-pied matelassé et jonché de coussins. Contre le mur de pierre, se trouvait une armoire Regency. L'ampoule qui pendait au plafond avait été décorée d'un abat-jour de chez Tiffany. Houdini ne put s'empêcher de regarder. La cellule du prisonnier semblait illuminée comme une scène de théâtre, dans la perpétuelle pénombre de la caverneuse prison. Le prisonnier se leva, salua noblement de la main, et l'ombre d'un sourire étira sa large bouche. Houdini commença à s'habiller rapidement. Il mit son caleçon, son pantalon, ses chaussettes, ses fixe-chaussettes et ses chaussures. De l'autre côté du puits, le prisonnier entreprit de se déshabiller. Houdini mit son maillot de corps et sa chemise, attacha son col. Il noua sa cravate et y planta son épingle. Il fit claquer ses bretelles sur ses épaules et endossa sa veste. Le prisonnier était maintenant aussi nu que Houdini un peu plus tôt. Le prisonnier s'avança vers la porte de sa cellule et, levant les bras en un geste d'une choquante obscénité, projeta ses hanches en avant et agita son pénis entre les barreaux. Houdini se hâta de parcourir la galerie et força maladroitement la serrure de la porte du bloc cellulaire, qu'il referma derrière lui.

Houdini ne devait parler à personne de cette étrange confrontation. Contrairement à son habitude, il se montra réservé et même abattu lorsqu'on célébra l'exploit qu'il venait d'accomplir dans la prison. Et les spectateurs qui se pressaient en foule au bureau de location, à la suite des articles parus dans les journaux du soir, ne réussirent même pas à le dérider. Il s'échappa en deux minutes des fers qui lui enserraient les pieds, mais n'en conçut aucun plaisir. Des jours passèrent avant qu'il se rendît compte que le grotesque imitateur du Quartier des Assassins ne pouvait être que Harry K. Thaw, le tueur. Les gens qui demeuraient insensibles à son art déprimaient profondément Houdini. Il avait constaté à la longue qu'ils appartenaient invariablement à la haute société. Ils perçaient à jour la vanité de son existence et lui en faisaient sentir le ridicule. Houdini nourrissait une grande ambition, assez élémentaire, et tous les progrès de la technologie le mettaient mal à l'aise. Dans le cadre misérable d'une scène, il pouvait créer des prodiges propres à émerveiller et stupéfier les foules. Pendant ce temps-là, les hommes commençaient à faire voler des avions dans les airs, à conduire des voitures de course qui roulaient à près de cent à l'heure. Quelqu'un comme Teddy Roosevelt, qui avait chargé à cheval les Espagnols à San

Juan Hill, envoyait maintenant une escadre de navires de guerre faire le tour du monde – des navires de guerre tout blancs, comme ses dents. Les riches savaient ce qui compte sur terre. Ils le considéraient, lui Houdini, comme un enfant ou un imbécile. Et pourtant, l'entraînement rigoureux qu'il s'était imposé, son amour de la perfection dans tout ce qu'il faisait reflétaient l'idéal américain. Il se maintenait en forme, comme un athlète. Il ne fumait pas, ne buvait pas. A poids égal, aucun homme de sa connaissance ne le surpassait en force. Il pouvait bander les muscles de son ventre et le sourire aux lèvres inviter n'importe qui à lui assener les coups de poing les plus violents. Il était puissamment musclé, agile, courageux dans son métier. Et pourtant, pour les riches, cela ne signifiait rien.

Dans le numéro de Houdini figurait une nouvelle évasion, au cours de laquelle il s'échappait d'un coffre-fort et ouvrait ensuite le coffre pour montrer son assistant, menottes aux poings, alors que l'instant d'avant il se trouvait encore sur la scène. Il avait chaque fois un grand succès. Un soir, après la représentation, son imprésario lui avait annoncé qu'il avait été réclamé par Mme Stuyvesant Fish, de la 78e Rue, qui voulait l'engager pour une de ses soirées. Mme Fish appartenait aux Quatre Cents Familles. Elle était célèbre pour son esprit. Elle avait donné une fois un bal où tout le monde devait s'exprimer en langage bébé. Mme Fish organisait ce bal en mémoire de son ami, feu Stanford White, l'architecte de sa maison, qu'il avait conçue dans le style du palais des doges – vous savez, les magistrats suprêmes d'une de ces vieilles républiques, Gênes ou Venise. Je ne veux rien avoir à faire avec ces gens-là, avait répondu Houdini à son imprésario. Docilement, celui-ci prévint Mme Fish que Houdini n'était pas disponible. Elle doubla le cachet. Le bal eut lieu un lundi soir. C'était le premier grand événement de la saison qui débutait. Vers 9 heures du soir, Houdini arriva dans une Pierce Arrow de location. Il était accompagné de son imprésario et de son assistant. Derrière la voiture venait un camion transportant l'équipement. On fit passer ses assistants par la porte de service.

Mme Stuyvesant Fish, Houdini l'ignorait, avait également engagé pour la soirée toute la galerie des phénomènes du cirque Barnum and Bailey. Elle aimait à choquer les gens vieux jeu et collet monté. Houdini fut conduit dans une sorte de salle d'attente, où il se trouva cerné par une foule de monstres qui, tous, avaient entendu parler de lui et voulaient le toucher. Des créatures à la peau écailleuse et iridescente et aux mains attachées aux épaules, des nains à la voix nasillarde, des sœurs siamoises penchant dans des directions opposées, un homme qui soulevait des poids accrochés à deux anneaux fixés à ses seins. Houdini enleva sa cape, son haut-de-forme et ses gants blancs et les tendit à son assistant. Il se laissa tomber dans un fauteuil. Ses machinistes attendaient des instructions. Les monstres piaillaient autour de lui.

Mais la pièce elle-même était d'une grande beauté, avec des plafonds en bois sculpté et des tapisseries flamandes représentant Actéon dévoré par ses chiens.

Au début de sa carrière, Houdini avait travaillé dans un petit cirque en Pennsylvanie occidentale. Il fit appel au souvenir de ses servitudes anciennes pour se ressaisir. L'un des nains, une femme, s'isola du reste du groupe et fit reculer tout le monde de quelques pas. Il se trouva que c'était l'éminente Lavinia Warren, la veuve du général Tom Pouce, le plus célèbre de tous les nains. Lavinia Warren Pouce était vêtue d'une somptueuse robe fournie par Mme Fish : il fallait y voir une plaisanterie aux dépens de l'ennemie jurée de Mme Fish, Mme William Astor, qui avait porté un modèle identique le printemps précédent. Lavinia Pouce arborait une coiffure Astor et était parée de copies scintillantes des bijoux Astor. Elle avait près de soixante-dix ans et observait un maintien plein de dignité. A l'occasion de son mariage, cinquante ans plus tôt, le colonel Pouce et elle avaient été reçus à la Maison-Blanche par les Lincoln. Houdini eut envie de pleurer. Lavinia ne travaillait plus au cirque, mais elle était venue à New York depuis sa demeure de Bridgeport, une maison en bardeaux avec un pignon aux montants festonnés et un balcon, qui coûtait fort cher à entretenir. C'était la raison pour laquelle elle avait accepté ce travail pour la soirée. Elle vivait à Bridgeport afin d'être près de la tombe de son mari, mort bien des années auparavant et immortalisé dans la pierre, au sommet d'une colonne monumentale, au cimetière de Mountain Grove. Lavinia mesurait soixante centimètres. Elle arrivait au genou de Houdini. Sa voix était devenue plus grave avec l'âge et elle parlait maintenant comme une jeune fille normale de vingt ans. Elle avait des yeux bleus brillants, des cheveux blancs argentés et sa peau claire était striée d'un fin réseau de rides. Elle rappela à Houdini sa propre mère. Allez, petit, montre-nous un ou deux tours, dit Lavinia.

Houdini amusa les gens du cirque par quelques tours de prestidigitation et de passe-passe des plus simples. Il glissa une boule de billard dans sa bouche, ferma celle-ci, la rouvrit; la boule de billard avait disparu. Il ferma la bouche, l'ouvrit de nouveau et en tira la boule de billard. Il se planta dans la joue une aiguille à coudre ordinaire et la ressortit par l'intérieur de la bouche. Il ouvrit la main et exhiba un poussin vivant. Il extirpa de son oreille un flot de soie colorée. Les monstres étaient ravis. Quand il s'estima quitte, Houdini se leva et annonça à son imprésario qu'il ne se produirait pas devant Mme Stuyvesant Fish. On lui fit des remontrances. Houdini sortit en trombe de la pièce. Le scintillement des lustres de cristal l'éblouit. Il se trouvait dans la grande salle de bal du palais des doges. Un orchestre à cordes jouait sur un encorbellement. De grands doubles rideaux rouge pâle encadraient les fenêtres ogivales et quatre cents personnes valsaient sur un sol de marbre. S'abritant les yeux, il vit Mme Fish en personne marcher vers lui, un bouquet de plumes ornées de bijoux couronnant ses cheveux relevés en chignon sur la tête, des rangs de perles oscillant à son cou, la raillerie aux lèvres comme la bave à celles d'un épileptique.

En dépit de ce genre d'expérience, Houdini n'acquit jamais ce que l'on qualifie aujourd'hui de conscience politique. Il ne tirait aucune leçon des blessures d'amour-propre qu'on lui avait infligées. Jusqu'à la fin, il ne prendrait presque pas conscience du sens profond de sa carrière, du grand tracé de la révolution même accomplie par sa vie. Il était juif et s'appelait de son vrai nom Erich Weiss. Il était passionnément amoureux de sa vieille mère, qu'il avait installée dans sa maison en grès brun de la 113e Rue Ouest. Mais Sigmund Freud venait d'arriver en Amérique pour une série de conférences à la Clark University de Worcester, Massachusetts. De ce fait Houdini était destiné à être, avec Al Jolson, le dernier d'une certaine sorte d'hommes à pouvoir ressentir sans honte une passion pour leur mère, tendance du XIXe siècle qu'il partageait avec Poe, John Brown, Abraham Lincoln et James McNeil Whistler. Bien entendu, l'accueil réservé à Freud, à son arrivée en Amérique, ne fut pas des plus favorables. Quelques aliénistes professionnels comprirent son importance; mais, pour la majorité du public, il apparaissait comme une espèce de sexologue, un partisan de l'amour libre à l'allemande qui employait de grands mots pour parler de choses honteuses. Une décade au moins s'écoulerait avant que Freud prenne sa revanche et voie ses idées commencer à détruire à jamais le sexe, en Amérique.

6

Freud arriva à New York sur le paquebot de la Lloyd *George Washington.* Il était accompagné de ses disciples, Jung et Ferenczi, tous deux de quelques années ses cadets. Ils furent accueillis au port par deux freudiens plus jeunes encore, les Drs Ernest Jones et A. A. Brill. Le groupe au complet dîna au Jardin en Terrasse du Hammerstein's. Il y avait des palmiers en pot. Un piano et un violon jouèrent en duo la *Rhapsodie Hongroise* de Liszt. Tous parlaient autour de Freud, ne cessaient de lui lancer des coups d'œil pour jauger son humeur. Il mangea de la crème renversée. Durant le séjour de Freud, Brill et Jones entreprirent de servir de guides. Les jours suivants, ils lui montrèrent Central Park, le Metropolitan Museum et Chinatown. Des Chinois aux allures de chats les contemplaient depuis leurs boutiques sombres. Il y avait des vitrines remplies de litchis. Le groupe vit un de ces films muets si populaires dans toute la ville et que montraient des boutiques et les nickelodéons. Une fumée blanche jaillissait du canon des fusils et des hommes aux lèvres et aux joues fardées de rouge tombaient à la renverse en se tenant la poitrine. Au moins, songea Freud, c'est silencieux. Ce qui l'oppressait dans le Nouveau Monde, c'était le bruit. Le terrible fracas des charrettes attelées de chevaux, le tintamarre et les grincements des tramways, les coups de klaxon des voitures. Au volant d'une

Marmon décapotable, Brill fit visiter Manhattan aux freudiens. A un moment, dans la Cinquième Avenue, Freud eut la sensation d'être observé; levant les yeux, il vit des enfants qui le regardaient fixement depuis le sommet d'un autobus à double étage.

Brill emmena le groupe dans le Lower East Side avec ses théâtres yiddish, ses charrettes à bras et ses métros aériens. Dans un fracas terrifiant, les rames passaient devant les fenêtres d'immeubles où des gens étaient censés vivre. Les fenêtres tremblaient, toute la maison tremblait. Freud éprouva le besoin de se soulager et personne ne sembla pouvoir lui dire où trouver des toilettes publiques. Ils durent tous entrer dans un restaurant végétarien et commander de la crème aigre avec des légumes afin que Freud pût se soulager. Plus tard, ayant repris la voiture, ils s'arrêtèrent à un coin de rue pour observer un artiste du trottoir au travail, un vieil homme qui, nanti seulement d'une paire de ciseaux et de papier, fabriquait des silhouettes miniatures pour quelques *cents.* Une femme superbe, fort élégante, posait pour son portrait. Ferenczi, prompt à s'enflammer, cachant son admiration pour la beauté de la femme, expliqua à ses collègues dans la voiture à quel point il était heureux de voir fleurir dans les rues de New York l'art ancien de la silhouette. Freud, les dents serrées sur son cigare, demeura silencieux. Le moteur tournait au ralenti. Seul, Jung remarqua la petite fille en tablier légèrement en retrait de la jeune femme, dont elle serrait la main. La petite fille regardait Jung à la dérobée et Jung, avec son crâne rasé, qui déjà divergeait sur certains points cruciaux de son maître bien-aimé, observa à travers ses épaisses lunettes à monture d'acier la ravissante fillette et éprouva un choc, comme s'il l'avait reconnue, bien que sur le moment, il eût été incapable d'expliquer pourquoi. Brill appuya sur la pédale d'embrayage et le groupe poursuivit sa promenade. Leur dernière étape était Coney Island, à une assez grande distance de la ville. Ils y arrivèrent en fin d'après-midi et se lancèrent immédiatement dans une visite des trois grands parcs d'attractions, commençant par Steeplechase, pour passer ensuite à Dreamland et finir tard dans la soirée par les tours et les dômes, festonnés d'ampoules électriques, de Luna Park. Les dignes visiteurs firent un tour sur les montagnes russes et Freud et Jung prirent ensemble un bateau pour traverser le Tunnel d'Amour. La journée ne se termina que lorsque Freud, fatigué, fut victime d'une de ces défaillances qui le terrassaient depuis quelque temps, quand il était en présence de Jung. Quelques jours plus tard, le groupe au complet se rendit à Worcester pour les conférences de Freud. La série de conférences terminée, on persuada Freud de se rendre en excursion aux chutes du Niagara, cette grande merveille de la nature. Des milliers de jeunes mariés, par couples, admiraient les gigantesques cascades. Une vapeur, telle une pluie inversée, s'élevait au-dessus de la chute d'eau. Un fil avait été tendu dans les airs, d'une rive à l'autre, et un fou furieux, en chaussons et collant de danseur, avançait le long du fil, se maintenant en équilibre à l'aide d'une ombrelle. Freud secoua la tête. Le groupe se rendit plus tard à la Grotte des Vents. Là, à l'amorce d'une passerelle souterraine, un guide fit signe aux autres de reculer et prit Freud par le coude. Laissez d'abord passer le vieux monsieur, dit le guide. L'illustre docteur, âgé de cinquante-trois ans, décida à ce moment-là qu'il en avait assez de l'Amérique. En compagnie de ses disciples, il regagna l'Allemagne à bord du *Kaiser Wilhelm der Grosse.* Il n'avait jamais pu vraiment s'habituer à la nourriture et à la rareté des toilettes publiques en Amérique. Il était convaincu que le voyage lui avait démoli aussi bien l'estomac que la vessie. La population tout entière lui paraissait surexcitée, insolente et barbare. La vulgaire annexion, à une vaste échelle, de l'art et de l'architecture européens lui semblait terrifiante. Il avait vu, dans notre insouciant mélange de grande richesse et de grande pauvreté, le chaos d'une civilisation européenne en pleine entropie. Assis dans l'atmosphère calme et feutrée de son cabinet de travail, à Vienne, il se réjouissait d'être de retour. Il déclara à Ernest Jones : L'Amérique est une erreur, une gigantesque erreur.

A cette époque, bien entendu, nombreux, sur ces rivages, étaient ceux qui étaient prêts à exprimer la même opinion. Des millions d'hommes étaient sans travail. Ceux qui avaient la chance d'occuper un emploi hésitaient à former des syndicats. Les tribunaux les poursuivaient, les policiers les assommaient, leurs leaders étaient jetés en prison et de nouveaux venus prenaient leur travail. Un syndicat était un affront à Dieu. Le travailleur serait protégé et défendu non par les agitateurs de la classe ouvrière, déclara un nanti, mais par les chrétiens auxquels Dieu dans son infinie sagesse avait confié le contrôle des richesses du pays. Quand toute autre méthode échouait, on faisait intervenir la troupe. Des armureries surgirent dans toutes les villes du pays. Dans les mines de charbon, un mineur gagnait un dollar soixante par jour s'il réussissait à extraire trois tonnes de houille. Il vivait dans les baraquements de la compagnie et achetait sa nourriture dans les magasins de la compagnie. Sur les plantations de tabac, les nègres cueillaient les feuilles de tabac treize heures par jour et gagnaient six *cents* de l'heure, homme, femme ou enfant. Les enfants ne souffraient d'aucun traitement discriminatoire. Ils étaient appréciés partout où ils travaillaient. Ils ne se plaignaient pas comme les adultes avaient tendance à le faire. Les employeurs se plaisaient à les considérer comme de joyeux petits lutins. S'il y avait un problème avec la main-d'œuvre enfantine, c'était uniquement au niveau de l'endurance. Les enfants étaient plus agiles que les adultes, mais leur rendement au cours des dernières heures de la journée tendait à baisser. Dans les conserveries et les manufactures, c'était au cours de ces heures-là qu'il leur arrivait le plus souvent de perdre quelques doigts, d'avoir les mains broyées ou les jambes écrasées; il fallait leur conseiller la vigilance. Dans les mines, ils travaillaient à trier le charbon et étaient parfois étouffés dans les glissières à minerai; on leur recommandait de rester sur leurs gardes. Cent nègres par an étaient lynchés. Cent mineurs brûlés vifs. Cent enfants mutilés. Il semblait exister des pourcentages pour ce genre d'accidents. Il semblait exister des pourcentages de morts d'inanition. Il y avait des trusts du pétrole, des trusts de l'acier. Il devint de bon ton d'honorer les pauvres. Dans les palais de New York et de Chicago, les gens donnaient des Bals de la Pauvreté. Les invités arrivaient vêtus de haillons, mangeaient dans des assiettes en fer-blanc et buvaient dans des chopes ébréchées. Les salles de bal étaient décorées de façon à ressembler à des mines avec des poutres, des rails d'acier et des lampes de mineurs. Des entreprises de décors de théâtre étaient engagées pour transformer des jardins en cour de ferme et des salles à manger en filatures de coton. Les invités fumaient des mégots de cigare qu'on leur présentait sur des plats d'argent. Les « minstrels » se produisaient le visage barbouillé de noir. Une hôtesse lança des invitations à un bal dans un décor représentant un parc à bestiaux. Les invités portaient de longs tabliers et avaient un calot blanc sur la tête. Ils dînèrent et dansèrent tandis que des carcasses sanguinolentes de bœufs mues par des poulies défilaient le long des murs. Les entrailles se répandaient sur le sol. Les bénéfices étaient destinés aux œuvres de bienfaisance.

7

Un jour, après sa visite aux Tombs, Evelyn Nesbit remarqua par hasard à travers la vitre arrière de sa voiture électrique que, pour la première fois depuis des jours, aucun reporter ne la suivait. En général elle était harcelée par des meutes de journalistes de Hearst et de Pulitzer.

Sous le coup d'une impulsion, elle ordonna au chauffeur de faire demi-tour et de rouler vers l'est. Au service de la mère de Harry Thaw, le chauffeur se permit un froncement de sourcils. Evelyn n'y prêta nulle attention. La voiture traversa la ville, son moteur ronronnant dans l'air chaud de l'après-midi. C'était une Detroit Electric avec des pneus en caoutchouc plein. Au bout d'un moment, Evelyn découvrit par la portière les colporteurs et les charrettes à bras du Lower East Side.

Des yeux sombres scrutaient l'intérieur de la voiture. Des hommes avec de grandes moustaches souriaient, exhibant leurs dents d'or. Des ouvriers de la voirie, assis sur les trottoirs dans la chaleur, s'éventaient avec leur chapeau. Des jeunes garçons en knickers couraient le long de la voiture, portant sur leurs épaules de volumineux ballots.

Evelyn vit des boutiques avec des mots en hébreu sur les vitrines; les caractères hébraïques lui firent l'effet d'ossements assemblés. Elle vit les échelles de secours métalliques aux murs des maisons, superposées telles les rangées de cellules à la prison. Des petits chevaux courbés sous le harnais relevaient la tête pour la regarder. Des chiffonniers tirant péniblement leurs grandes charrettes à deux roues chargées d'un ramassis hétéroclite, des femmes vendant des pains rangés dans des paniers qu'elles portaient dans leurs bras : tous regardaient. Le chauffeur était nerveux. Il portait une livrée grise avec des jodhpurs de cuir noir. Il dirigeait l'étincelante voiture dans les rues étroites et crasseuses. Une fillette en tablier et bottines lacées jouait dans la fange, assise au bord du trottoir. Une petite fille au visage malpropre. Arrêtez la voiture, dit Evelyn. Le chauffeur contourna le véhicule en courant pour venir ouvrir la porte. Evelyn descendit dans la rue. Elle s'agenouilla. La fillette avait des cheveux noirs et raides qui la coiffaient comme un casque. Elle avait un teint mat et des yeux si bruns qu'ils paraissaient noirs. Elle considérait Evelyn sans curiosité. C'était la plus belle enfant qu'Evelyn eût jamais vue. Une corde à linge était attachée à son poignet. Evelyn se releva, suivit la corde et se retrouva en face d'un vieux fou avec une courte barbe grise. Le bout de la corde était noué autour de la taille du vieil homme. Il portait une veste élimée dont une manche était déchirée, une casquette souple et un col avec une cravate. Il se tenait sur le trottoir devant un éventaire de silhouettes encadrées, épinglées à un rideau de velours noir. C'était un artiste en silhouettes. Muni seulement de petits ciseaux et de colle, il pouvait faire votre portrait en découpant un morceau de papier blanc et en le montant sur un fond noir. Le tout, avec le cadre, coûtait quinze *cents*. Quinze *cents,* madame, dit le vieil homme. Pourquoi attachez-vous cette enfant avec une corde? dit Evelyn. Le vieil homme parcourut du regard son élégante toilette. Il se mit à rire, secoua la tête, se parla à lui-même en yiddish. Il lui tourna le dos. Une foule de badauds s'était assemblée lorsque la voiture s'était arrêtée. Un ouvrier de haute taille s'avança d'un pas et leva son chapeau d'un geste plein de respect avant de traduire à Evelyn ce qu'avait dit le vieil homme. Faites excuse, ma bonne dame, c'est pour qu'on ne lui vole pas la petite fille. Evelyn eut l'impression que l'interprète était également diplomate. Le vieil artiste riait avec amertume et pointait le menton dans sa direction, émettant manifestement des commentaires à son sujet. Il dit que la dame riche ne sait peut-être pas que des petites filles des quartiers pauvres sont volées chaque jour à leurs parents et vendues comme esclaves. Evelyn fut horrifiée. Cette enfant n'a pas plus de dix ans, dit-elle. Le vieil homme se mit à vociférer et montra du doigt de l'autre côté de la rue un immeuble lépreux, puis il se tourna et tendit le doigt vers le coin de la rue, se tourna encore pour indiquer un autre coin de rue. Faites excuse, ma bonne dame, dit l'ouvrier, femmes mariées ou enfants, ils mettent la main sur n'importe qui. Ils les déshonorent et ensuite, de honte, la femme s'adonne au vagabondage. Il y a des maisons dans cette rue même à cet usage. Où sont les parents de l'enfant? demanda Evelyn. Le vieil homme s'adressait maintenant à la foule, se frappait la poitrine, le doigt pointé vers le ciel. Une femme en châle noir secoua la tête et poussa un gémissement de compassion. Le vieil homme ôta son chapeau et se tira les cheveux. L'ouvrier lui-même était si ému par ce récit qu'il en oublia de traduire. Faites excuse, ma bonne dame, finit-il par dire, cet homme est justement le père de l'enfant. Il désigna la manche déchirée de l'artiste. Sa propre femme, pour les nourrir, s'est offerte à un autre et il l'a maintenant chassée de chez lui et la pleure comme nous pleurons les morts. Ses cheveux ont blanchi au cours du dernier mois. Il a trente-deux ans.

Le vieil homme qui se mordait les lèvres, les yeux pleins de larmes, se tourna vers Evelyn et vit alors qu'elle aussi était émue. Pendant un moment, tous ceux qui se tenaient au coin de la rue partagèrent son infortune – Evelyn, le chauffeur, l'ouvrier, la femme au châle noir, les badauds. Puis une personne s'éloigna et ensuite une autre. La foule se dispersa. Evelyn se dirigea vers la petite fille toujours assise au bord du trottoir. Elle s'agenouilla, les yeux étoilés de larmes, et plongea son regard dans les yeux secs de la fillette. Bonjour, mon chaton, dit-elle. Ce fut ainsi que Evelyn commença à s'intéresser à ce vieil artiste de trente-deux ans et à sa fille. L'homme avait un interminable nom juif qu'elle n'arrivait pas à prononcer, aussi prit-elle l'habitude de l'appeler Tateh, le nom que lui donnait la petite fille. Tateh était président de l'Association des Artistes socialistes du Lower East Side. C'était un homme fier. Evelyn découvrit qu'elle ne pouvait établir aucun contact avec lui sauf en venant faire faire sa silhouette. Durant une période de deux semaines, le vieil homme exécuta cent quarante portraits en silhouette d'Evelyn. Après chacun d'entre eux, elle lui remettait quinze *cents*. Parfois elle réclamait un portrait de la petite fille. Tateh en exécuta plus de quatre-vingt-dix et il leur consacrait un peu plus de temps. Evelyn demanda ensuite de doubles portraits d'elle et de la petite fille. Sur quoi le vieil homme la regarda droit dans les yeux et un terrible anathème hébraïque parut flamboyer dans son regard. Il fit néanmoins ce qu'elle demandait. Avec le temps, Evelyn se rendit compte que si les gens s'arrêtaient parfois pour regarder travailler le vieil homme, très peu lui demandaient d'exécuter leur portrait. Il se mit à créer des silhouettes de plus en plus compliquées, en pied, se détachant sur un arrière-plan, d'Evelyn, de la petite fille, d'un cheval de trait cheminant lourdement dans la rue, de cinq hommes en col dur assis dans une voiture ouverte. Avec ses ciseaux, il suggérait non seulement des contours, mais des textures, des humeurs, un caractère, le désespoir. La plupart de ces œuvres se trouvent aujourd'hui dans des collections privées. Evelyn venait presque tous les après-midi et restait aussi longtemps qu'elle le pouvait. Elle s'habillait le plus discrètement possible. Suivant une méthode Thaw, elle payait grassement le chauffeur pour s'assurer de son silence. Les échotiers commencèrent à déduire des disparitions d'Evelyn qu'elle s'était lancée dans des aventures scabreuses et on lui prêta en ville des douzaines d'amants. Peu lui importait. Elle sortait subrepticement pour aller retrouver son nouvel amour dans le Lower East Side. Elle portait un châle sur la tête et un sweater déchiré et mangé aux mites par-dessus son chemisier; le chauffeur les lui gardait sous le tapis de la voiture. Elle se rendait au coin de rue où se tenait Tateh, posait pour son portrait et se repaissait de la vue de la petite fille au bout de sa corde à linge. Elle était sous le charme. Et pendant tout ce temps-là, il n'y avait pas d'autre homme dans sa vie que son mari détraqué, Harry K. Thaw. A moins qu'elle ne voulût tenir compte de son secret admirateur, le jeune homme aux pommettes hautes et à la moustache blonde qui la suivait partout où elle allait. Elle l'avait remarqué pour la première fois au coin de la rue de Tateh, debout sur le trottoir d'en face, détournant les yeux chaque fois qu'elle le défiait du regard. Elle savait que sa belle-mère employait des détectives privés, mais le jugeait trop timide pour être un détective. Il avait appris où elle habitait et son emploi du temps quotidien, mais jamais il ne l'abordait. Elle se sentait non pas intimidée mais protégée par l'intérêt qu'il lui portait. De façon intuitive, elle réagissait à son admiration par une altération subtile de son souffle. La nuit, elle rêvait de la petite fille, s'éveillait, pensait à elle. Des projets d'avenir fleurissaient dans son esprit comme des feux d'artifice, pour s'évanouir aussitôt. Elle était angoissée, nerveuse, excitée, heureuse inexplicablement. Elle témoignerait en faveur de son mari et ferait de son mieux. Elle espérait qu'il serait déclaré coupable et bouclé pour la vie.

La petite fille en tablier lui tenait la main mais refusait de lui adresser la parole. Même à Tateh, elle ne disait que quelques mots. Tateh affirmait que personne ne pleurait une disparue comme un enfant, pas même un amant. Evelyn se rendait compte que le vieil homme, dans son orgueil, l'aurait déjà chassée depuis longtemps s'il n'avait pas compris que ses attentions envers la petite fille étaient bénéfiques. Un jour, Evelyn vint pour faire faire son portrait mais ni le père ni la fille n'étaient en vue. Heureusement, elle savait où ils habitaient, dans Hester Street, au-dessus d'un établissement de bains publics. Elle s'y rendit, marchant rapidement, n'osant penser à ce qui avait bien pu se passer. Hester Street, transformée en marché fourmillant d'activité, avec ses colporteurs qui vendaient des fruits, des légumes, des poulets, du pain, sur leurs éventaires alignés le long du trottoir. La chaussée était encombrée de gens faisant leurs emplettes; des poubelles trop pleines étaient rangées à côté de l'entrée de l'escalier de chaque maison. Des draps et des couvertures pendaient aux échelles de secours. Evelyn monta en courant une volée de marches métalliques et s'engagea dans un couloir sombre où régnait une incroyable puanteur. Tateh et la petite fille habitaient au dernier étage, deux petites pièces à l'arrière du bâtiment. Elle frappa à la porte. Elle frappa de nouveau. Un instant plus tard, la porte s'entrebâilla légèrement. Elle était retenue par une chaîne. Que se passe-t-il? dit Evelyn. Laissez-moi entrer.

Tateh fut scandalisé par sa visite. Il ne portait que sa chemise et son pantalon retenu par des bretelles et était chaussé de pantoufles. Il insista pour que la porte d'entrée restât ouverte malgré les effluves malodorants montant de la cage de l'escalier, et enfila précipitamment sa veste et ses chaussures. Il se hâta de faire son lit, rabattant par-dessus un couvre-pied aux couleurs vives. La petite fille était couchée dans son lit de cuivre dans la pièce voisine. Elle avait une forte fièvre. Les deux pièces étaient éclairées à la bougie. La chambre à coucher, bien qu'il y eût une fenêtre, était presque aussi sombre que la pièce de devant. Elle donnait sur un puits d'aération. Le tout était à peine plus grand qu'un placard. Pourtant, lorsque les yeux d'Evelyn s'accoutumèrent à l'obscurité, elle constata que le logement était d'une propreté méticuleuse. Son arrivée avait plongé dans une consternation fébrile le vieil artiste qui s'était mis à marcher de long en large à la lueur des bougies, ne sachant quoi faire de sa visiteuse. Au comble de la confusion, il fuma une cigarette qu'il tenait entre le pouce et l'index, la paume de la main en l'air, à la façon européenne. Je resterai avec l'enfant, insista Evelyn, pendant que vous irez travailler. Le vieil homme céda finalement, ne fût-ce que pour échapper à la terrible tension que lui imposait la présence de la jeune femme chez lui. Il s'enfuit, emportant son éventaire avec les rideaux noirs pliés sur ses bras et la boîte en bois, semblable à une valise, qui contenait son matériel. Evelyn referma la porte derrière lui. Elle regarda l'armoire vitrée, les quelques tasses et assiettes de faïence écornée. Elle examina le linge dans les tiroirs, les chaises et la table en chêne bien astiquée où la famille prenait ses repas. Il y avait une pile de culottes inachevées sur une machine à coudre près de la fenêtre de la chambre. La machine avait une pédale en métal ajouré. Le reflet des bougies brillait aux vitres de la fenêtre dans la chambre à coucher. Le cuivre du petit lit luisait. Evelyn se sentait une étroite parenté avec la mère disparue. La fillette la regardait du creux de ses oreillers, sans sourire, sans dire un mot. Evelyn enleva son châle et son vieux sweater et les rangea sur une chaise. Dans une caisse d'emballage posée de côté près du lit, comme une table de chevet, étaient étroitement empilés des livres en yiddish. Il y avait également des livres en anglais, sur le socialisme, et des brochures avec, sur la couverture, des ouvriers aux épaules puissantes, se donnant le bras et avançant résolument. Aucun d'entre eux ne ressemblait au frêle Tateh couronné de cheveux blancs. Il n'y avait pas de miroir aux murs, aucune photographie de la famille, de la mère, de l'épouse disparue. Elle trouva un tub en zinc galvanisé dans la pièce de devant. Elle trouva un seau et descendit l'escalier pour aller le remplir d'eau à l'évier du rez-de-chaussée. Elle chauffa l'eau sur le poêle à charbon dans la pièce de devant et porta le tub, le seau d'eau et une mince serviette amidonnée dans la chambre à coucher. La petite fille se cramponnait à ses couvertures. Evelyn les rabattit avec douceur, assit la fillette au bord du lit, retroussa la chemise de nuit, la mit debout et lui enleva la chemise par-dessus la tête, ressentant comme la caresse d'un rayon de soleil les chaudes exhalaisons de son jeune corps. Viens un moment dans le tub, dit-elle, et elle s'agenouilla devant la fillette et la lava avec l'eau chaude prise au creux de ses mains, la caressant encore et encore avec ses mains qui faisaient ruisseler l'eau sur les épaules brunes, le bouton naissant des seins bistre, le visage, le dos duveteux, les cuisses minces, la courbe tendre du ventre, la jeune féminité – l'eau s'écoulant du corps enfiévré dans le tub tandis que Evelyn la baignait avec ses mains. Puis avec la serviette pliée en quatre, elle tapota doucement la petite fille pour la sécher et la vêtit ensuite d'une autre chemise qu'elle avait trouvée dans le tiroir – plus grande celle-là, en fine cotonnade, beaucoup trop grande, si drôle que la petite fille se mit à rire. Evelyn lissa les draps, tapota les oreillers, installa de nouveau la petite fille dans le lit, lui tâta le front et le trouva frais. Les yeux sombres de l'enfant brillaient dans la demi-obscurité. Evelyn coiffa ses cheveux noirs, effleura son visage, se pencha sur elle et la petite fille, nouant les bras autour du cou de Evelyn, l'embrassa sur les lèvres.

Ce fut ce jour-là que Evelyn envisagea d'enlever la petite fille et d'abandonner Tateh à son sort. Le vieil artiste ne s'était jamais enquis de son nom et ne savait rien d'elle. C'était faisable. Mais elle se contenta de redoubler d'efforts pour s'intégrer à la vie de la famille, apportant des provisions, du linge et tout ce qui ne risquait pas trop de heurter l'orgueil tourmenté du vieil homme. Un désir insensé d'entrer dans leur vie la possédait et elle incitait Tateh à parler avec elle; elle apprit même avec la petite fille à coudre des culottes. Pendant des heures chaque jour, chaque soir, elle menait la vie d'une femme du bas quartier juif et était ensuite ramenée chez elle par le chauffeur des Thaw qui la reprenait à un point convenu à l'avance loin de là, toujours au désespoir. Elle était si désespérément amoureuse que sa vue s'était brouillée; il était arrivé quelque chose à ses yeux et elle clignait constamment les paupières comme pour mieux voir clair. Elle distinguait tout à travers un voile de larmes salées et sa voix s'était enrouée, car sa gorge était serrée par l'irrépressible et perpétuelle envie de pleurer que lui donnait son bonheur.

8

Un jour, Tateh l'invita à un meeting placé sous l'égide de l'Association des Artistes socialistes du Lower East Side, ainsi que de sept autres organisations. C'était un événement d'importance. L'orateur prévu n'était autre que Emma Goldman. Tateh expliqua avec soin que, en dépit de son opposition totale à Goldman – elle était anarchiste et lui socialiste – il éprouvait le plus grand respect pour son courage et sa sincérité personnels; il avait donc admis l'opportunité d'un accord provisoire entre socialistes et anarchistes, ne fût-ce que pour la soirée, car les fonds recueillis à cette occasion serviraient à aider les ouvriers d'une fabrique de chemisiers, alors en grève, et ceux d'une aciérie de McKeesport, en Pennsylvanie, également en grève, et l'anarchiste Francisco Ferrer, qui allait être condamné et exécuté par le gouvernement espagnol pour avoir fomenté une grève générale en Espagne. En cinq minutes, Evelyn fut submergée par la tonifiante terminologie de l'idéalisme révolutionnaire. Elle n'osa pas avouer à Tateh qu'elle avait toujours ignoré qu'il y eût une différence entre le socialisme et l'anarchisme ou que l'idée de voir la scandaleusement célèbre Emma Goldman la terrifiait. Elle rabattit son châle sur sa tête et, tenant bien serrée la main de la petite fille, emboîta le pas à Tateh qui remontait vers le nord en direction de la Maison des Ouvriers dans la 14e Rue Est. Mais elle se retourna néanmoins à un moment pour voir si son étrange et timide admirateur la suivait, et il la suivait en effet, cent mètres en arrière, son maigre visage dissimulé dans l'ombre de son canotier.

Le sujet de la conférence de Emma Goldman était le grand dramaturge Ibsen dont l'œuvre, disait-elle, contenait tous les instruments permettant une dissection radicale de la société. Petite, épaisse de taille, avec un visage masculin à la mâchoire lourde, ce n'était pas une femme au physique imposant. Elle portait des lunettes à monture d'écaille qui lui agrandissaient les yeux, donnant l'impression qu'elle était perpétuellement offensée par tout ce qui s'offrait à sa vue. Elle dégageait une immense vitalité, sa voix était sonore, et Evelyn, une fois soulagée d'avoir découvert que Goldman était une simple femme, et même une femme de petite taille, fut soulevée d'enthousiasme par une puissante rhétorique qui emportait son esprit comme un fleuve en crue. Dans la chaleur et l'atmosphère de perpétuelle excitation qui s'élevaient du public, elle laissa glisser son châle sur ses épaules. Il y avait peut-être une centaine de personnes présentes, assises sur des bancs ou debout le long des murs, tandis que Goldman parlait, assise derrière une table à l'extrémité de la pièce. La police avait posté des hommes bien en vue aux portes et, à un certain moment, un sergent de police tenta d'arrêter la harangue de Goldman, prétendant qu'elle était censée parler du théâtre de Ibsen, mais parlait en fait de lui. Des lazzis et des coups de sifflet le chassèrent de la salle. Goldman, néanmoins, ne se joignit pas aux rieurs, sachant par expérience comment réagit inévitablement la police lorsqu'elle est provoquée. Elle se mit à parler avec un débit extrêmement rapide et son regard parcourant nerveusement l'assistance se posait sans cesse sur le visage d'albâtre d'Evelyn Nesbit, assise entre Tateh et la petite fille au premier rang à droite, place d'honneur qui revenait de droit à Tateh en tant que président de l'Association des Artistes socialistes. L'amour dans la liberté! criait Goldman. Celles qui comme Mme Alving ont payé de leur sang et de leurs larmes leur éveil spirituel répudient le mariage qu'elles considèrent comme une contrainte, une mascarade vide et creuse. Certains parmi l'assistance, dont notamment Tateh, hurlèrent : Non! non! Mes camarades, mes frères, dit Goldman, pouvez-vous, vous autres socialistes, ignorer la double servitude d'une moitié de la race humaine? Croyez-vous que la société qui exploite votre labeur ne s'intéresse pas à la façon dont on vous demande de vivre avec les femmes? Non pas dans la liberté, mais dans l'esclavage? Tous les réformateurs de nos jours parlent du problème de la traite des Blanches. Mais si la traite des Blanches pose un problème, pourquoi pas le mariage? N'y a-t-il aucun rapport entre l'institution du mariage et l'institution du bordel? A l'énoncé de ce mot, des cris s'élevèrent dans la salle. C'est une honte! une honte! Tateh plaqua ses mains sur les oreilles de la petite fille et pressa sa tête contre son flanc. Un homme se leva et vociféra. Goldman leva les mains pour obtenir le silence. Camarades, nous pouvons ne pas être d'accord, bien entendu, mais pas en perdant notre dignité au point que la police y voie une excuse pour nous interrompre! Les gens se tournant sur leur siège virent effectivement une douzaine de policiers qui s'étaient maintenant mêlés à la foule à proximité des portes. La vérité, poursuivit vivement Goldman, c'est que les femmes ne peuvent pas voter, elles ne peuvent pas aimer qui elles veulent, elles ne peuvent pas cultiver leur esprit et leur intelligence, elles ne peuvent pas vouer leur existence à l'aventure spirituelle de la vie, elles ne peuvent pas, camarades! Et pourquoi? Notre génie se limite-t-il à nos entrailles? Ne pouvons-nous pas écrire des livres, faire des études approfondies, jouer de la musique, offrir des modèles philosophiques pour faire progresser l'humanité? Sommes-nous destinées à jouer un rôle purement physique? Parmi nous, ce soir, se trouve une des plus brillantes femmes d'Amérique, une femme contrainte par cette société capitaliste à se réaliser dans l'exercice de son attraction sexuelle – et elle l'a fait, camarades, à tel point qu'un Pierpont Morgan ou un John D. Rockefeller pourrait envier sa réussite. Pourtant, son nom est objet de scandale et les leurs sont prononcés avec respect et vénération par les obséquieux législateurs de cette société. Evelyn se sentit soudain glacée. Elle eut envie de rabattre son châle sur sa tête, mais craignit par ce geste d'attirer l'attention sur elle. Observant une parfaite immobilité, elle considérait fixement ses mains posés sur ses genoux. La femme, au moins, avait eu la discrétion de ne pas regarder dans sa direction en parlant. Les gens parmi le public qui tendaient le cou pour essayer de repérer l'objet des remarques de Goldman furent distraits par un hurlement poussé au fond de la salle. Une phalange d'uniformes bleus faisait irruption par les portes. Il y eut un cri. Et brusquement toute la salle fut en effervescence. C'était la conclusion typique d'un discours de Emma Goldman. Les policiers s'engouffraient dans l'allée centrale. L'anarchiste, debout derrière sa table, remit calmement ses papiers dans son porte-documents. Evelyn sentait sur elle les yeux de Tateh et, tournant la tête, dut affronter le regard flamboyant qui la jugeait. Il la regardait comme elle l'avait vu regarder un cancrelat avant de l'écraser sous son talon. Puis, son visage vieilli parut fondre et se recomposer, marqué d'un réseau plus complexe de sillons et de rides, comme projeté de tout son être au dernier stade précédant la mort, et les yeux caves au creux de leurs orbites osseuses lui traduisirent les mots chuchotés en yiddish qui se formaient sur les lèvres crispées : ma vie est souillée par les putains, voilà ce qu'il disait. Empoignant le main de la petite fille en tablier, il disparut dans la foule.

Evelyn, debout, les regarda partir. Il lui semblait qu'un voile sombre lui obscurcissait la vue. Elle tendit la main pour trouver un appui. Une voix maintenant familière dit à son oreille : par ici, venez avec moi, et Goldman elle-même la saisit par le bras. Elle avait une poigne d'acier. Goldman lui fit franchir une petite porte derrière la table de l'estrade et juste avant que la porte ne se refermât, Evelyn, laissant échapper du fond de la gorge une mince plainte aiguë, détourna la tête et entrevit le jeune homme blond et timide qui la suivait comme son ombre, se frayer curieusement un passage dans sa direction. J'ai l'habitude de ce genre de situations, dit Emma Goldman, en lui faisant descendre un escalier obscur. Ce n'est qu'une soirée tout à fait ordinaire. L'escalier donnait sur une rue latérale par rapport à l'entrée de la salle de réunion. Une voiture de police passa devant les deux femmes, dans le carillonnement précipité de sa cloche. Elle tourna le coin. Venez, dit Emma Goldman et, la prenant par le bras, elle entraîna vivement Evelyn dans la direction opposée.

Lorsque le Jeune Frère de Mère émergea dans la rue, il eut juste le temps d'apercevoir deux silhouettes féminines passant sous un lampadaire deux pâtés de maisons plus haut. Il s'élança à leur suite. La soirée était fraîche. La sueur qui perlait sur son cou le glaça. Le vent fouettait les jambes de son pantalon de toile. Il arriva à une cinquantaine de mètres derrière les deux femmes et pendant quelques minutes les suivit de cette distance. Elles tournèrent brusquement pour gravir l'escalier de pierre d'une maison. Il se mit alors à courir et lorsqu'il arriva à hauteur de la maison constata que c'était un meublé. Il entra et monta sans bruit l'escalier, ne sachant quelle chambre il cherchait mais persuadé qu'il la trouverait quand même. Au palier du premier, il s'abrita dans l'encoignure sombre d'une porte. Goldman, portant une cuvette, passa devant lui pour se rendre à la salle de bains. Il entendit l'eau couler et trouva la porte de la chambre de Goldman. C'était une pièce exiguë et jetant un coup d'œil à l'intérieur, il aperçut Evelyn Nesbit assise sur le lit, le visage enfoui entre les mains. Son corps était secoué de sanglots. Les murs étaient tapissés d'un papier lilas délavé. Le seul éclairage provenait d'une lampe électrique au chevet du lit. Entendant revenir Goldman, Jeune Frère se faufila sans bruit dans la pièce et se glissa dans le placard dont il laissa la porte légèrement entrebâillée. Goldman posa la cuvette pleine d'eau sur la table de chevet et déplia d'une coup de poignet une petite serviette amidonnée. Pauvre petite, dit-elle, pauvre petite. Laissez-moi donc vous rafraîchir un peu. Je suis infirmière, vous savez, c'est comme ça que je gagne ma vie. J'ai suivi votre affaire dans les journaux. Depuis le début j'ai éprouvé de l'admiration pour vous. Je ne pouvais pas comprendre pourquoi. Elle délaça les hautes bottines d'Evelyn et les lui enleva. Vous ne voulez pas vous étendre un peu? dit-elle. Voilà, comme ça. Evelyn se laissa aller en arrière sur les oreillers et se frotta les yeux de la paume de la main. Elle prit la serviette que lui tendait Goldman. Oh, je déteste pleurer, dit-elle. Ça m'enlaidit. Elle pleura dans la serviette. Après tout, poursuivit Goldman, vous n'êtes rien de plus qu'une prostituée intelligente. Vous avez accepté la condition qui est maintenant la vôtre et vous avez triomphé. Mais quel genre de victoire avez-vous remportée? La victoire de la prostituée. Et quelles consolations avez-vous eues? Les consolations du cynisme, du dédain, du mépris du mâle. Pourquoi, ai-je pensé, cette femme m'apparaît-elle à ce point comme une sœur? Après tout, je n'ai jamais accepté la servitude. J'ai été libre. J'ai combattu toute ma vie pour être libre. Et je n'ai jamais accepté un homme dans mon lit sans l'aimer, sans le considérer, en amour, comme un être humain libre, son égal, prenant et donnant à part égale dans l'amour et la liberté. J'ai probablement couché avec davantage d'hommes que vous. J'ai aimé plus d'hommes que vous n'en avez aimé. Je parie que vous seriez choquée d'apprendre à quel point j'ai été libre, dans quelle liberté j'ai vécu ma vie. Parce que comme toutes les putains vous attachez de la valeur aux biens matériels. Vous êtes une créature du capitalisme, dont l'éthique est si totalement corrompue et hypocrite que votre beauté n'est rien de plus que la beauté de l'or, autrement dit fausse et froide et inutile.

Nul autre discours n'aurait pu sécher les larmes d'Evelyn aussi rapidement. Elle écarta la serviette de son visage et suivit des yeux la corpulente petite anarchiste, qui marchait maintenant de long en large devant le lit, tout en parlant. Alors pourquoi ai-je ressenti l'existence de liens aussi solides entre nous? Vous incarnez chez la femme tout ce que je plains et que j'abhorre. Quand je vous ai vue à mon meeting, j'étais prête à accepter l'aspect mystique de toute expérience. Vous êtes venue parce qu'il était dans l'ordre des choses que votre vie ait une interaction sur la mienne. A travers les pires turpitudes de votre propre existence, votre cœur vous a aiguillée vers le mouvement anarchiste.

Nesbit secoua la tête. Vous ne comprenez pas, dit-elle. Ses yeux s'emplirent de larmes à nouveau. Elle parla à Goldman de la petite fille en tablier. Elle lui parla de Tateh et de la vie secrète qu'elle menait dans les bas quartiers. Et maintenant je les ai perdus, dit-elle. J'ai perdu mon petit lutin. Elle pleurait amèrement. Goldman s'assit dans le fauteuil à bascule près du lit et posa ses mains sur ses genoux. Elle se pencha vers Evelyn Nesbit. Très bien, si je ne vous avais pas désignée, votre Tateh ne se serait pas enfui. Et alors? Ne vous inquiétez pas. La vérité vaut mieux que les mensonges. Quand vous les retrouverez, vous serez en mesure de vous conduire avec eux honnêtement, de vous montrer sous votre véritable jour. Et si vous ne les trouvez pas, ce sera peut-être pour le mieux. Qui peut dire quels sont les initiateurs des choses et quels sont leurs bénéficiaires. Lequel d'entre nous a le don de créer et suscite ce don chez les autres, et lequel d'entre nous en verra sa vie prendre un sens donné. C'est exactement là que je veux en venir. Savez-vous qu'à une certaine période de ma vie, je suis descendue dans les rues pour y vendre mon corps? Vous êtes la première personne à qui je le dise. Heureusement, la novice que j'étais a vite été détectée et on m'a renvoyée chez moi. C'était dans la 14e Rue. J'essayais de jouer les filles publiques et n'abusais personne. Je suppose que le nom d'Alexander Berkman ne signifie rien pour vous. Evelyn secoua la tête. Lorsque Berkman et moi avions une vingtaine d'années, nous étions à la fois amants et révolutionnaires. Il y avait une grève à Pittsburgh. A l'aciérie de M. Carnegie. Et M. Carnegie décida de briser le syndicat. Il fila donc prendre des vacances en Europe et laissa son âme damnée, cette larve infâme de Henry Clay Frick, s'en charger. Frick fit venir toute une armée d'employés de l'agence Pinkerton. Les ouvriers étaient en grève pour protester contre la diminution des salaires. L'usine est située au bord de la rivière Monongahela et Frick amena ses Pinkerton par bateau et les fit débarquer devant l'usine. Il y eut une bataille rangée. C'était une véritable guerre. Lorsque ce fut terminé, il y avait dix morts et des douzaines et des douzaines de blessés. Les Pinkerton furent repoussés. Frick réussit alors à obtenir l'appui du gouvernement et la milice d'Etat fut envoyée pour cerner les ouvriers. Ce fut alors que Berkman et moi décidâmes de notre *attentat*. Nous allions donner du courage aux ouvriers assiégés. Nous allions conférer à leur lutte un caractère révolutionnaire. Nous allions tuer Frick. Mais nous étions à New York et nous n'avions pas d'argent. Nous en avions besoin pour acheter un billet de chemin de fer et un revolver. Ce fut alors que je mis des dessous brodés et fis le trottoir dans la 14e Rue. Un vieil homme me donna dix dollars et me dit de rentrer chez moi. J'empruntai le reste. Mais je l'aurais fait, la putain, au besoin, pour l'*attentat*. C'était pour Berkman et la révolution. A la gare, je l'étreignis dans mes bras. Il projetait d'abattre Frick et de se suicider lors de son procès. Je courus le long du train qui s'éloignait. Nous n'avions d'argent que pour un seul billet. Il disait que ce travail ne nécessitait qu'une seule personne. Il fit irruption dans le bureau de Frick à Pittsburgh et tira trois balles sur cette crapule. Dans le cou, dans l'épaule. Il y eut du sang. Frick s'écroula. Des hommes accoururent. Ils prirent le revolver. Il avait un couteau. Il poignarda Frick à la jambe. On lui prit le couteau. Il glissa quelque chose dans sa bouche. Ils le plaquèrent au sol. Il lui ouvrirent de force les mâchoires. C'était une capsule de fulminate de mercure. Il lui aurait suffi de refermer les dents sur la capsule et la pièce aurait sauté ainsi que tous ceux qui s'y trouvaient. Ils lui renversèrent la tête en arrière. Ils enlevèrent la capsule. Ils l'assommèrent de coups.

Evelyn s'était redressée sur le lit, les genoux repliés vers la poitrine. Goldman fixait le sol. Il a passé dix-huit ans en prison, dit-elle, dont la plupart en réclusion, au cachot. Je suis allée le voir une fois. Je n'ai pas pu supporter l'idée d'y retourner. Et cette canaille de Frick s'en est tiré, la presse a fait de lui un héros, le public s'est retourné contre les travailleurs et la grève a été brisée. On a dit que nous avions fait reculer le mouvement ouvrier en Amérique de quarante ans. Il y avait un autre anarchiste, Most, un homme plus âgé, que je vénérais. Il nous attaqua, Berkman et moi, dans son journal. Lorsque je revis Most à une autre réunion, j'étais prête. J'avais acheté une cravache. Je le cravachai devant tout le monde, puis je brisai la cravache et la lui jetai à la figure. Berkman n'est sorti de prison que l'année dernière. Il a perdu ses cheveux. Son visage est couleur de parchemin. Le jeune homme que je chérissais marche le dos courbé. Ses yeux sont comme des puits noirs. Nous ne sommes plus amis qu'en principe. Nos cœurs ne battent plus à l'unisson. Ce qu'il a enduré dans cette prison, on a peine à l'imaginer.

Vivant dans l'obscurité et l'humidité, attaché, contraint de coucher dans ses propres déjections. Evelyn avait tendu le bras vers cette femme plus âgée qu'elle et Goldman, lui prenant la main maintenant, la serra étroitement dans la sienne. Nous savons, n'est-ce pas, toutes les deux, ce que cela signifie d'avoir un homme en prison. Les deux femmes se dévisagèrent. Le silence régna un certain moment. Evidemment, votre homme est un pervers, un parasite, une sangsue, un immonde et affreux sybarite, dit Goldman. Evelyn se mit à rire. Un porc frappé de démence, dit Goldman, avec une sordide mentalité de cochon. Elles riaient toutes les deux maintenant. Oui, je le hais, s'écria Evelyn. Goldman devint songeuse. Mais il y a des rapports, voyez-vous, une similitude dans nos vies; nos esprits s'harmonisent comme des notes de musique, et dans la perspective du destin de l'humanité, nous sommes sœurs. Comprenez-vous cela, Evelyn Nesbit? Elle se leva et effleura le visage de Nesbit. Le voyez-vous, ma beauté?

Quelque chose dans le maintien d'Evelyn retint le regard de Goldman tandis qu'elle parlait. Portez-vous un corset? demanda-t-elle. Evelyn acquiesça d'un signe de tête. Vous devriez avoir honte. Regardez-moi, même avec ma silhouette, je ne possède pas un seul vêtement qui me serre, tout ce que je porte est lâche et souple, je donne à mon corps la liberté de respirer et d'exister. Voilà bien ce que je veux dire, vous êtes une créature de leur fabrication. Vous n'avez pas plus besoin d'être corsetée qu'une nymphe des bois. Elle prit Nesbit par les deux mains pour la faire asseoir au bord du lit. Elle lui palpa la taille. Mon Dieu, des baleines dures comme de l'acier! Votre taille est plus étroitement serrée que les cordons d'une bourse. Levez-vous. Evelyn obéit docilement et Goldman, avec toute l'habileté d'une infirmière, lui déboutonna rapidement son chemisier et le lui enleva. Elle dégrafa la jupe d'Evelyn et la lui fit enjamber. Elle dénoua les cordons de son jupon et le lui ôta. Evelyn portait autour de la taille un léger corset. Le sommet du corset soulevait les seins. Au bas étaient fixées des sangles qui lui passaient entre les cuisses. Le corset était lacé dans le dos. Quelle ironie de penser que vous êtes considérée dans toute l'Amérique comme une dévergondée débauchée et impudique, dit Goldman en sortant les lacets des œillets et en desserrant le corset, qu'elle fit glisser le long des jambes d'Evelyn. Dégagez vos pieds, dit-elle. Evelyn obéit. Sa chemise restait collée à son corps, encore striée par l'empreinte des baleines du corset. Respirez, ordonna Goldman, levez les bras, tendez les jambes et respirez. Evelyn obéit. Goldman tira sur la chemise, puis la lui fit passer par-dessus la tête. Elle s'agenouilla alors et rabattit le pantalon bordé de dentelles d'Evelyn jusqu'à ses chevilles. Levez les pieds, ordonna-t-elle. Evelyn dégagea ses pieds. Elle était nue maintenant, dans la lumière de la lampe, à l'exception de ses bas de coton noir brodé, maintenus par des jarretières élastiques au sommet des cuisses. Goldman roula les bas le long des jambes d'Evelyn qui s'en débarrassa, puis croisa les bras sur ses seins. Goldman se releva et la fit tourner lentement sur elle-même pour l'examiner, les sourcils froncés. Regardez-moi ça, c'est encore un miracle que vous n'ayez pas la circulation complètement coupée. Les marques des baleines boursouflaient la taille de Nesbit de raies verticales. Les jarretières avaient laissé une traînée rouge autour de ses cuisses. Les femmes se mettent à la torture, dit Goldman. Elle rabattit les couvertures du lit, puis alla chercher sur sa commode un petit sac noir comme ceux que portent les médecins. Un corps superbe comme le vôtre et voyez comment vous le traitez. Etendez-vous. Evelyn s'assit au bord du lit et regarda ce que Goldman sortait du sac noir. A plat ventre, dit Goldman. Elle tenait une bouteille contenant un liquide dont elle versa une partie au creux de sa main. Evelyn s'étendit à plat ventre et Goldman appliqua le liquide à l'endroit où les marques des baleines marbraient la chair de rouge. Aïe, s'écria Evelyn. Ça pique! C'est un astringent – la première chose à faire, c'est de rétablir la circulation, expliqua Goldman en frottant le dos, les fesses et les cuisses d'Evelyn. Evelyn se tortillait et sa chair se rétractait à chaque application. Elle enfouit son visage dans l'oreiller pour étouffer ses cris. Je sais, je sais, dit Goldman. Mais vous me remercierez. Sous la vigoureuse friction de Goldman, la chair d'Evelyn semblait atteindre peu à peu son plein épanouissement. Evelyn frissonnait maintenant et ses fesses étaient crispées comme pour se défendre de la fraîcheur revigorante de l'astringent. Elle serrait étroitement les jambes. Goldman sortit ensuite de son sac une bouteille d'embrocation et commença à pétrir le cou d'Evelyn, ses épaules, son dos, ses cuisses, ses mollets et la plante des pieds. Peu à peu, Evelyn se détendit et sa chair frémissait et tressautait sous les mains expertes et robustes de Goldman. Goldman lui fit pénétrer l'huile dans la peau jusqu'à ce que son corps tout entier eût acquis la roseur nacrée qui lui était naturelle et commençât à vibrer de bien-être. Retournez-vous, lui enjoignit Goldman. Les cheveux maintenant dénoués d'Evelyn étaient répandus sur l'oreiller, lui auréolant le visage. Elle avait fermé les yeux et un sourire involontaire lui étira les lèvres tandis que Goldman lui massait les seins, le ventre, les jambes. Oui, même ici, dit Goldman en lui passant la main d'un geste vif sur le mont de Vénus. Vous devez avoir le courage de vivre. La lumière de la lampe de chevet parut un instant décliner. Evelyn posa les mains sur ses seins et du creux des paumes imprima une légère rotation aux tétons. Puis ses mains coulèrent le long de ses flancs. Elle se frotta les hanches. Ses pieds se cambrèrent comme ceux d'une danseuse et ses orteils se crispèrent. Son pelvis se souleva au-dessus du lit comme à la recherche de quelque chose dans le vide. Goldman, revenue vers sa commode, rebouchait la bouteille de liniment, tournant le dos à Evelyn tandis que la jeune femme commençait à onduler sur le lit comme une vague marine. A cet instant, un cri rauque, inhumain, jaillit de l'intérieur du mur, la porte du placard s'ouvrit à la volée et le Jeune Frère de Mère se rua dans la pièce, le visage convulsé en un paroxysme de sainte mortification. Il serrait à deux mains, comme pour tenter de l'étrangler, son pénis arrogant qui, au mépris de ses intentions, parut l'entraîner vers le sol, tout en projetant, parmi ses cris d'extase désespérée, de longs filaments de sperme, qui volèrent dans l'air comme des projectiles, puis retombèrent lentement sur le corps d'Evelyn allongée sur le lit, telle une pluie nacrée de confettis.

9

A New Rochelle, Mère depuis quelques jours était préoccupée au sujet de son frère. Il lui avait téléphoné de New York une ou deux fois, mais se refusait à dire pourquoi il était parti, où il habitait et quand il rentrerait. Il marmonnait. Il restait muet. Elle était furieuse contre lui. Il ne réagissait pas à sa colère. Depuis ses coups de fil, elle était même allée jusqu'à pénétrer dans sa chambre pour y jeter un coup d'œil. L'ordre y régnait comme d'habitude. Il y avait sa table avec la machine pour recorder les raquettes de tennis. Il y avait ses avirons accrochés au mur. Il faisait lui-même le ménage dans sa chambre et il n'y avait pas un grain de poussière, même maintenant en son absence. Ses brosses à cheveux sur la commode. Son chausse-pied d'ivoire. Un petit coquillage en forme de dé à coudre, avec quelques grains de sable collés dessus, qu'elle n'avait encore jamais vu. Un portrait découpé dans un magazine et épinglé au mur, le dessin par Charles Dana Gibson de cette créature, Evelyn Nesbit. Il n'avait pas pris de bagages, ses chemises et les cols remplissaient le tiroir. Envahie d'un sentiment de culpabilité, elle referma la porte, C'était un étrange jeune homme. Jamais il ne se faisait d'amis. Il était solitaire et secret, manifestant néanmoins une tendance à l'indolence qu'il ne pouvait ou ne voulait se donner la peine de dissimuler. Elle savait que Père trouvait cette indolence regrettable. Il l'avait néanmoins promu à de plus grandes responsabilités.

Elle ne pouvait pas faire partager ses inquiétudes à Grand-Père, qui avait conçu le jeune homme à un âge avancé et était maintenant totalement étranger aux réalités pratiques de l'existence. Grand-Père avait plus de quatre-vingt-dix ans. C'était un ancien professeur de grec et de latin qui avait enseigné à des générations de séminaristes épiscopaux, au Shady Grove College dans l'Ohio central. C'était un humaniste de campagne. Enfant, il avait connu l'antiesclavagiste John Brown dans le Hudson County de la Western Reserve, et pouvait vous en parler vingt fois par jour si vous le laissiez faire. Depuis le départ de Père, Mère pensait de plus en plus souvent à la vieille demeure de l'Ohio. Les étés y étaient riches de promesses et des merles aux ailes rouges s'envolaient des prairies. Les meubles étaient rares dans la maison et de fabrication locale. Des chaises en bois de pin au dossier à barreaux. Des planchers en bois poli faits de larges lattes chevillées entre elles. Elle avait adoré la maison. Elle et Jeune Frère jouaient par terre à la lueur du feu. Dans leurs jeux, c'était toujours elle qui prenait les initiatives. En hiver leur jument Bessie était attachée au traîneau, on lui attachait des clochettes au collier et ils volaient à la surface de l'épais tapis de neige humide de l'Ohio. Elle se souvenait de Frère alors qu'il était plus jeune que son propre fils. Elle s'occupait de lui. Les jours de pluie, dans la douce chaleur du grenier à foin, ils jouaient à des jeux secrets, chimériques, avec les chevaux qui s'ébrouaient et hennissaient au-dessous d'eux. Le dimanche matin, elle portait sa robe et son pantalon du blanc le plus pur et elle se rendait à l'église, le cœur battant d'excitation. C'était une enfant à l'ossature robuste avec des pommettes hautes et des yeux gris étirés vers les tempes. Elle avait vécu à Shady Grove toute sa vie à l'exception de quatre années durant lesquelles elle avait été pensionnaire dans une école de Cleveland. Elle avait toujours présumé qu'elle épouserait un des séminaristes. Mais au cours de sa dernière année à l'école, elle avait fait la connaissance de Père. Il voyageait dans le Midwest afin de recruter de nouveaux clients pour son affaire de drapeaux et d'oriflammes. Lors de deux voyages successifs, il vint lui rendre visite à Shady Grove. Lorsqu'ils se marièrent et qu'elle partit pour l'Est, elle emmena son père avec elle. Et comme Frère n'avait jamais réussi à se fixer quelque part, lui aussi était venu rejoindre la maisonnée de New Rochelle. Maintenant, à ce stade de son existence, dans sa maison moderne bâtie au sommet de la colline dans l'élégante Broadview Avenue, seule avec son petit garçon et son vieux père, elle se sentait abandonnée par la race des mâles et s'en voulait terriblement de ces vagues de nostalgie qui la submergeaient sans avertissement à toute heure du jour ou de la nuit. Le Comité d'Inauguration Républicain avait envoyé une lettre demandant si la firme désirait soumissionner pour la décoration et le feu d'artifice qui égaieraient le défilé et le bal en l'honneur de l'avènement du nouveau président, en janvier, date à laquelle on s'attendait à voir M. Taft succéder à M. Roosevelt. C'était un moment historique pour la firme et ni Père ni Jeune Frère n'étaient accessibles. Elle s'enfuit dans son jardin y chercher quelque consolation. C'était la fin de septembre et toutes les fleurs aux lourdes corolles oscillantes étaient épanouies, sauge pourpre, chrysanthèmes, soucis. Elle avançait le long des plates-bandes du jardin les mains crispées l'une contre l'autre. D'une fenêtre du premier, le petit garçon l'observait. Il remarqua que les impulsions en avant de son corps se transmettaient latéralement à ses vêtements. Le bord de sa jupe oscillait d'un côté à l'autre, effleurant les brins d'herbe. Il tenait à la main une lettre de son père qui avait été postée à Cape York au nord-ouest du Groenland. Elle avait été apportée aux Etats-Unis par le bateau de ravitaillement *Eric*, qui avait transporté au Groenland trente-cinq tonnes de viande de baleine pour les chiens du commandant Peary. Mère avait recopié la lettre et jeté l'original à la poubelle parce qu'il évoquait pour elle une forte odeur de baleine morte. Mais le petit garçon l'avait récupéré et avec le temps, ses petites mains avaient fait pénétrer jusque dans les fibres du papier les taches de graisse de l'enveloppe. La lettre était maintenant translucide.

Le petit garçon vit sa mère émerger de l'ombre mouchetée des érables, et ses cheveux dorés, qu'elle portait en chignon sur la tête à la mode de l'époque, flamboyèrent comme un soleil. Elle s'immobilisa un moment comme à l'écoute de quelque chose. Elle porta les mains à ses oreilles et lentement, près d'un massif de fleurs, se laissa tomber sur les genoux. Puis elle se mit à gratter le sol. Le petit garçon s'éloigna de la fenêtre et dévala l'escalier. Il traversa la cuisine pour sortir par la porte de derrière, suivant la bonne irlandaise qui courait maintenant dans la cour en s'essuyant les mains à son tablier.

Mère avait déterré quelque chose. Elle faisait tomber la terre maculant le paquet qu'elle tenait sur ses genoux. La bonne laissa échapper un cri et se signa. Le petit garçon essaya de voir de quoi il s'agissait, mais Mère et la bonne étaient à genoux, nettoyant le paquet et, pendant un moment, il ne réussit pas à franchir le barrage qu'elles lui opposaient. Mère était devenue si pâle, avec une expression d'une telle intensité, que toute l'ossature de son visage en paraissait comme accentuée et cette femme dont il vénérait l'opulente beauté était affreusement décomposée, comme un être sans âge. Tandis qu'elles continuaient à faire tomber la terre, il vit qu'il s'agissait d'un bébé qui avait de la terre dans les yeux, dans la bouche. Il était minuscule, fripé, avec les yeux fermés. C'était un poupon noir, étroitement entortillé dans une couverture de coton. Mère lui libéra les bras. Il poussa un faible cri et les deux femmes devinrent hystériques. La bonne rentra en courant dans la maison. Le petit garçon suivit sa mère jusqu'à la maison, trottant à sa hauteur, tandis que les petits bras du bébé noir s'agitaient en l'air.

Les femmes lavèrent le bébé dans une cuvette sur la table de la cuisine. C'était un nouveau-né encore sanglant, qui n'avait pas été nettoyé. La bonne examina le cordon et déclara qu'il avait été coupé d'un coup de dent. Elles emmaillotèrent l'enfant dans des serviettes et Mère se précipita dans l'entrée pour téléphoner au médecin. Le petit garçon observait le bébé avec attention pour voir s'il respirait. Il bougeait à peine. Puis ses doigts minuscules se crispèrent sur les serviettes. Il tourna lentement la tête comme s'il avait trouvé quelque chose à regarder à travers ses paupières closes.

Lorsque le docteur arriva dans sa Ford, on l'introduisit dans la cuisine. Il posa son stéthoscope sur la petite cage thoracique décharnée, ouvrit la bouche du bébé et lui glissa un doigt jusqu'au fond de la gorge. Ces gens-là... dit-il. Il secoua la tête. Les muscles de ses joues étiraient les commissures de ses lèvres. Mère lui décrivit les circonstances de sa découverte; comment elle avait entendu un cri, sortant de la terre, à ses pieds, et songé au moment même où elle entendait : non, je n'ai rien entendu. Et si j'avais poursuivi mon chemin, se dit-elle à elle-même. Le docteur demanda de l'eau chaude. Il sortit de son sac un instrument. La bonne tenait étroitement serrée au creux de sa main la petite croix suspendue à son cou par une chaînette. Un coup de sonnette retentit et le petit garçon la suivit dans l'entrée. La police était arrivée. Mère s'avança et raconta de nouveau son histoire. Le policier demanda l'autorisation de se servir du téléphone. L'appareil était sur une table près de la porte d'entrée. Il ôta son casque, décrocha, appliqua l'appareil à son oreille et attendit la standardiste. Il adressa un clin d'œil au petit garçon.

En moins d'une heure, on retrouva une femme noire dans la cave d'une maison voisine. C'était une laveuse qui travaillait dans le quartier. Elle était assise devant la maison dans l'ambulance de la police et Mère lui apporta le bébé. Quand la femme prit le bébé dans ses bras, elle se mit à pleurer. Mère fut choquée par sa jeunesse. Elle avait un visage d'enfant, un visage naïf d'une grande beauté. Elle était couleur chocolat foncé et ses cheveux grossièrement coupés étaient mal soignés. Une infirmière s'occupait d'elle. Mère recula sur le trottoir. Où allez-vous l'emmener? dit-elle au docteur. A l'hospice, dit-il. Et il est probable qu'elle devra passer en jugement. Pour quels motifs? dit Mère. Eh bien, tentative de meurtre, selon moi. A-t-elle de la famille? dit Mère. Non, madame, dit le policier, pas que nous sachions. Le docteur tira sur le bord de son chapeau melon, regagna sa voiture et mit son sac sur la banquette. Mère fit une profonde aspiration. J'en prends la responsabilité, dit-elle. Emmenez-la dans la maison. Et malgré les exhortations du médecin et les mises en garde de la police, elle refusa de changer d'avis.

Le jeune femme noire et son enfant furent donc installés dans une pièce au dernier étage. Mère passa un certain nombre de coups de fil. Elle se décommanda à la réunion de son Comité de Bienfaisance. Elle faisait les cent pas dans son salon. Elle était très agitée. Elle ressentait intensément l'absence de son mari et se reprochait d'avoir si aisément accepté ses voyages. Elle n'avait aucun moyen de lui faire part des problèmes et des soucis de son existence. Elle n'aurait pas de nouvelles de lui avant l'été prochain. Elle fixait le plafond comme si elle espérait voir au travers. La jeune négresse et son bébé avaient fait pénétrer dans la maison une atmosphère de malheur, de chaos, et maintenant ce sentiment persistait et semblait rôder comme une sorte d'épidémie. Elle avait peur. Elle s'approcha de la fenêtre. Tous les matins, ces laveuses remontaient la colline depuis la ligne de tramway de North Avenue et s'égaillaient dans les maisons. Des jardiniers italiens itinérants entretenaient les pelouses. Les marchands de glace marchaient le long de leurs carrioles, leurs chevaux peinant sous le harnais pour tirer jusqu'en haut de la colline les voitures grinçantes chargées de glace.

Lorsque le soleil se coucha ce soir-là, il s'immobilisa un instant au bas de la colline comme s'il y avait roulé. Il était rouge sang. Tard dans la nuit, le petit garçon s'éveilla et trouva sa mère assise à côté du lit en train de le contempler, avec ses cheveux dorés tressés en nattes, et ses seins épanouis si doux contre le bras lorsqu'elle se pencha pour l'embrasser.

10

En vérité, Père écrivit tous les jours, durant les longs mois d'hiver, des lettres qui, en attendant d'être transmises plus tard, prenaient la forme de notes de journal. Il mesurait ainsi le flot ininterrompu d'obscurité crépusculaire. Les membres de l'expédition jouissaient d'un confort surprenant à bord du *Roosevelt* qui avait été soulevé à son mouillage par la banquise jusqu'à ce qu'il y reposât comme une noix mise à la glace. C'était Peary qui vivait le plus confortablement de tous. Il avait un piano mécanique dans sa cabine. C'était un homme de haute taille au torse puissant, avec des cheveux roux qui commençaient à grisonner. Il portait une longue moustache. Il avait perdu ses orteils lors d'une précédente expédition et se déplaçait d'une étrange démarche traînante, faisant glisser les pieds sur le sol sans les soulever. Il actionnait la pédale de son piano avec ses moignons sans doigts. Il avait des rouleaux des meilleurs numéros de Victor Herbert et Rudolf Frial ainsi qu'un pot pourri des chansons du Bowdoin College et une version de La Valse Minute de Chopin qu'il pouvait, en forçant sur la pédale, enlever en quarante-huit secondes. Mais les mois d'hiver ne s'écoulaient pas dans l'oisiveté. Il y avait des sorties pour aller chasser le bœuf musqué; il y avait des traîneaux à construire, et le camp de base devait être installé à cent trente kilomètres de là, à Cape Columbia, le point d'où s'élancerait la véritable expédition polaire vers la calotte glaciaire. Tout le monde devait apprendre à conduire les attelages de chiens et à construire un igloo. L'adjoint noir de Peary, Mathew Henson, supervisait l'entraînement. Après un certain nombre d'expéditions, Peary avait mis au point un système. Les moindres détails de la vie dans l'Arctique, minutieusement étudiés, faisaient partie de ce système. Le matériel et la forme des traîneaux, les aliments qui devaient être consommés, les boîtes métalliques dans lesquelles devait être transportée la nourriture, la façon dont les boîtes devaient être fixées aux traîneaux, le genre de vêtements et de sous-vêtements qui devaient être portés, la façon de harnacher les chiens, le genre de couteau et d'armes à feu qu'il fallait emporter, le genre d'allumettes et la façon de les conserver sèches, la forme des lunettes à utiliser pour éviter la cécité des neiges, et ainsi de suite. Peary adorait discuter de son système. Pour l'essentiel – à savoir, l'utilisation des chiens et des traîneaux, les vêtements en fourrure et la nourriture tirée de la faune locale – le système Peary copiait simplement le mode de vie des Esquimaux. Père s'en était rendu compte un jour avec surprise. Se trouvant sur le gaillard d'arrière, il avait une fois par hasard vu Peary morigéner vertement un des Esquimaux qui n'avait pas exécuté correctement sa tâche. Peary revint ensuite de sa démarche traînante le long du pont, passa devant Père et lui dit : Ce sont des enfants et il faut les traiter comme des enfants. Père avait tendance à partager ce point de vue qui correspondait en fait à l'opinion générale. Il se rappela une observation faite dix années auparavant dans les Philippines où il avait combattu sous les ordres du général Leonard F. Wood contre les guérilleros Moros. Nos petits frères noirs ont besoin d'une leçon, avait déclaré un officier d'état-major en plantant une épingle sur une carte. Indiscutablement les Esquimaux étaient des primitifs. Ils étaient affectueux, pleins de douceur, émotifs, dignes de confiance et volontiers facétieux. Ils adoraient rire et chanter. Au cœur même de l'hiver plongé dans la nuit continuelle, quand de terribles tempêtes arrachaient des blocs de pierre aux falaises, que les vents hurlaient, et que le froid était si terrible que Père avait l'impression d'avoir la peau en feu, Peary et la plupart de ses hommes se retranchaient derrière les fondements théoriques de son système et neutralisaient ainsi leur peur. Les Esquimaux, qui n'avaient pas de système et se contentaient de vivre là, subissaient les terreurs de leur univers. Parfois les femmes esquimaudes arrachaient sans raison leurs vêtements et se précipitaient dans l'obscurité et la tourmente en hurlant et en se roulant sur la glace. Leurs maris devaient employer la force pour les empêcher de se tuer. Père conservait son empire sur lui-même en rédigeant son journal. C'était là également un système, le système du langage et de la conceptualisation. Il reposait sur l'idée que, en assumant le rôle de témoin, l'homme avait la faculté d'accéder à d'autres temps et lieux que ceux auxquels il était soumis.

Mais, de cette longue nuit hivernale et glacée, semblait émaner une force irrésistible qui vous agrippait par le cou pour vous contraindre d'y plonger. Les familles esquimaudes s'étaient installées dans tout le navire, campant sur les ponts et dans les cales. Elles ne montraient aucune discrétion dans les rapports sexuels. On s'accouplait sans même se dévêtir, par des ouvertures dans les fourrures et l'on copulait avec des grognements et des cris de joie sauvages. Un jour, Père tomba par hasard sur un de ces couples et fut choqué de voir la femme cambrer les reins au rythme des coups de boutoir de son mari. Une étrange incantation animale s'élevait de sa gorge. C'était là une chose qu'il ne pouvait décrire dans son journal, sauf en utilisant une sorte de code. La femme donnait vraiment des coups de reins. Il était stupéfait qu'elle pût réagir ainsi, cette Esquimaude crasseuse et édentée, avec son visage plat et ses yeux repoussés vers le haut par les pommettes, qui chantait sa chanson et donnait des coups de reins. Il pensa aux réticences de Mère, à sa distinction, à son intelligence, et se surprit à en vouloir à cette femme primitive de revendiquer ainsi son appartenance à l'espèce.

Le printemps arriva enfin et ce fut l'adjoint de Peary, Mathew Henson, qui vint trouver Père un matin et tendit le doigt vers l'arrière du bateau. Un mince rai de lumière filtrait dans le ciel au sud. Au cours des journées suivantes purent être établies, dans la qualité de l'obscurité, des nuances qui se précisèrent peu à peu. Finalement un matin s'éleva au-dessus de l'horizon un soleil voilé et rouge sang, non pas rond, mais déformé, elliptique, comme une chose qui vient d'être mise au monde. Ce fut une allégresse générale. De glorieuses couleurs, rose, vert, jaune, illuminaient les pics neigeux; tout ce monde magnifique et désolé s'offrait à qui voulait le prendre. Le ciel progressivement vira au bleu et Peary déclara que le moment était venu de conquérir le Pôle.

La veille du départ de l'expédition, Père accompagna Mathew Henson et trois des Esquimaux jusqu'aux falaises aux oiseaux, à une demi-journée de marche de la côte. Ils escaladèrent les falaises, des sacs en peau de phoque accrochés à l'épaule, et ramassèrent des douzaines d'œufs, mets délicat très recherché dans l'Arctique. Lorsque les oiseaux s'envolèrent, en piaillant et en décrivant des cercles, ce fut comme si toute une partie de la falaise rocheuse s'était détachée. Père n'en avait jamais vu autant. C'étaient des pétrels fulmars et des pingouins. Les Esquimaux tendaient entre eux des filets dans lesquels se prenaient les oiseaux. Les filets noués aux coins devenaient des sacs lestés de tas de plumes inertes qui piaillaient lamentablement. Lorsque les hommes en eurent attrapé autant qu'ils pouvaient en porter, ils redescendirent et massacrèrent immédiatement les oiseaux. Ils tordaient le cou des fulmars, qui avaient à peu près la taille de mouettes. Mais ce qui stupéfia Père, ce fut la façon dont on tuait le petit et inoffensif pingouin. On se contentait d'appuyer sur le cœur minuscule, dans la poitrine. Père regarda comment on s'y prenait puis essaya à son tour. Tenant un pingouin d'une main, il enfonça doucement son pouce dans la poitrine palpitante. La tête de l'oiseau s'affaissa; il était mort. Les Esquimaux adoraient les bébés pingouins et avaient l'habitude de les conserver en saumure dans des peaux de phoque.

En regagnant le camp, Père et Mathew Henson abordèrent le sujet de discussion favori de tous les hommes placés sous les ordres de Peary – qui aurait l'honneur de l'accompagner véritablement jusqu'au Pôle? Avant l'embarquement à New York, le commandant avait fait clairement comprendre à tout un chacun que lui et lui seul devait découvrir le Pôle : leur gloire serait de l'avoir assisté. J'ai passé toute ma vie à préparer ce moment, dit Peary, et je vais le garder pour moi seul. Ce point de vue paraissait raisonnable à Père. Il avait la modestie de l'amateur devant le professionnel. Mais de l'avis de Mathew Henson, quelqu'un en plus des Esquimaux devait aller jusqu'au bout avec le commandant, et il pensait, malgré tout par respect pour celui-ci, que ce serait lui. En fait, Père estimait que nombre d'arguments jouaient en faveur de Henson. Henson avait participé à toutes les précédentes expéditions de Peary et était lui-même un explorateur chevronné de l'Arctique. Il savait conduire les chiens presque aussi bien qu'un Esquimau, réparer les traîneaux, dresser un camp, il était d'une grande force physique et doué de multiples talents. Mais Père dut s'avouer que, sans raison précise, il en voulait à Henson de son assurance et il demanda au nègre comment il savait qu'il serait choisi. Ils avaient franchi une petite crête le long de la piste et s'étaient immobilisés pour laisser les chiens se reposer un moment, contemplant la vaste plaine de neige immaculée qui s'étendait devant eux. A ce moment-là, le soleil perça à travers les nuées et la terre entière se mit à étinceler comme un miroir. Ma foi, monsieur, dit Mathew Henson avec un sourire, je le sais, voilà tout.

Le lendemain l'expédition se mit en route en direction du nord sur la banquise. Elle était divisée en différents groupes composés d'un Blanc ou deux, de plusieurs jeunes Esquimaux, d'une meute de chiens et de quatre ou cinq traîneaux. Chaque groupe sauf celui de Peary devait pendant une semaine ouvrir la piste pour le reste de l'expédition. Puis, le moment venu, chacun d'entre eux devait se détacher des autres et rebrousser chemin, laissant Peary et ses jeunes garçons parcourir les cent cinquante et quelques derniers kilomètres, relativement frais et reposés. Tel était le système. Le gros travail consistait à ouvrir la piste. C'était une tâche dangereuse et épuisante. Il fallait attaquer au piolet des bourrelets de glace, hisser et tirer les lourds traîneaux le long de pentes glacées et les retenir ensuite dans les descentes abruptes. Chaque traîneau transportait plus de deux cent cinquante kilos d'outils et de provisions. Lorsqu'il cassait, il fallait le décharger et le réparer en ligaturant les éléments rompus, – travail qui devait être accompli à mains nues. Il y avait des ruissellements d'eau qu'il fallait franchir ou contourner. Les glaces se heurtaient à grand fracas, avec des grondements de canonnade dont l'écho se propageait sous les pieds comme la voix de l'océan lui-même. Des brouillards inexplicables voilaient le soleil. On était parfois réduit à ramper sur de minces pellicules de glace en formation; personne n'avait envie d'être emporté à la dérive par une glace flottante. Le temps était une torture perpétuelle, le vent soufflant si violemment par une température de dix ou quinze degrés en dessous de zéro que l'air même semblait avoir changé de nature physique et se muer dans les poumons en cristaux inassimilables. A chaque respiration, l'air se condensait dans la barbe ou sur les bords gelés des capuchons de fourrure. Tout le monde portait les chaussures réglementaires en peau de phoque souple, le pantalon en fourrure d'ours, la veste à capuchon, en caribou, mais ces équipements eux-mêmes, bien que d'origine locale, étaient rendus raides et cassants par le froid. Le soleil brillait maintenant au-dessus de l'horizon vingt-quatre heures par jour. A la fin d'une journée de voyage, vingt kilomètres peut-être d'effort soutenu, le groupe de pointe montait le camp, bâtissait des igloos pour l'expédition qui suivrait, nourrissait les chiens, démêlait les traits givrés des harnais, allumait le réchaud à alcool pour faire du thé et s'attaquait à un repas composé de pemmican gelé et de biscuits. Lentement, tout au long du mois de mars, l'expédition Peary progressa droit vers le nord. L'un après l'autre, chaque groupe rebroussait chemin et sa tâche consistait maintenant à aplanir la piste le plus possible pour faciliter l'avance des groupes qui suivraient. Chaque jour, Peary rattrapait son retard sur le groupe de pointe et occupait immédiatement un des igloos bâtis pour lui par Henson. Henson, entre-temps, soignait les chiens de Peary, réparait les traîneaux cassés, préparait les repas, s'occupait des Esquimaux qui commençaient maintenant à se montrer difficiles. Peary définissait les vertus des Esquimaux comme étant la loyauté et l'obéissance, les mêmes vertus en gros que celles qu'on attend d'un chien. Lorsque sonna enfin l'heure de la dernière étape vers le Pôle, Peary effectivement choisit Henson pour l'accompagner; et Henson prit ceux des Esquimaux qui à son avis étaient les meilleurs garçons, les plus loyaux et dévoués au commandant. Tout le reste du groupe fut renvoyé au camp de base.

Père avait fait demi-tour depuis longtemps. Il avait ouvert la piste la toute première semaine. Et il ne s'était pas révélé le plus robuste de l'expédition. Non pas par manque de courage, comme le lui avait dit Peary avant de le renvoyer, mais parce que ses extrémités avaient tendance à geler facilement. Le talon gauche de Père, par exemple, gelait tous les jours, quoi qu'il fît pour le protéger. Chaque soir au camp, il le dégelait douloureusement et le soignait du mieux qu'il pouvait, et chaque matin, il gelait à nouveau. Il en allait de même avec un de ses genoux et une petite zone sur le dessus de la main. Père était à l'improviste victime de gelures en telle ou telle partie de son corps; selon Peary, c'était là le destin de certains hommes dans le Nord et on ne pouvait rien faire pour y remédier. Peary n'était pas un chef brutal et il aimait bien Père. Durant les longs mois d'hiver à bord du *Roosevelt*, ils avaient découvert qu'ils étaient membres de la même association nationale d'étudiants et ce n'était pas un mince lien. Mais après toute une vie d'effort, Peary était impatient d'achever son œuvre. La firme de Père avait versé une somme substantielle dans les caisses de Peary et, pour le remercier, on l'avait emmené jusque-là – soixante-douze degrés, quarante-six minutes, c'était une latitude tout à fait respectable. Avant de partir, Père offrit à Peary un drapeau américain qu'il avait fabriqué pour l'occasion. Il était en pure soie et d'une bonne taille, mais une fois plié, n'occupait pas plus de place qu'un grand mouchoir. Peary le remercia, glissa le drapeau sous ses fourrures et après avoir recommandé à Père de faire attention aux eaux de ruissellement, l'expédia sur son chemin de retour vers le *Roosevelt* en compagnie de trois Esquimaux de fort méchante humeur.

Mais Peary était à un jour de voyage du but qu'il avait poursuivi toute sa vie. Harcelant Henson et les

Esquimaux sans répit, il avait refusé de les laisser dormir plus d'une heure ou deux à la fin de chaque journée épuisante. Maintenant le soleil étincelait, le ciel était pur, la lune était pleine dans l'azur du ciel et les gigantesques cuisses de glace de la terre se soulevaient, frémissaient et se cabraient vers la lune. Le 9 avril au milieu de la matinée, Peary ordonna une halte. Il commanda à Henson de lui construire un abri en neige pour le protéger pendant qu'il faisait ses observations. Peary s'étendit à plat ventre et nanti d'une cuve de mercure et d'un sextant, de papier et d'un crayon, il calcula sa position. Il ne se montra pas satisfait. Remontant un peu plus loin sur la banquise, il prit de nouveau des repères. Les résultats ne le satisfirent pas non plus. Peary, toute la journée, fit la navette sur la glace, un kilomètre et demi dans un sens, trois dans l'autre et répéta ses observations. Aucune ne le satisfaisait. Il avançait de quelques pas droit vers le nord et se retrouvait progressant droit au sud. Sur cette planète aqueuse, la mer mouvante refusait de se laisser fixer. Il n'arrivait pas à trouver l'endroit précis dont il pût dire : ce point précis est le pôle Nord. Il était néanmoins évident qu'il s'y trouvait. Toutes les observations réunies l'indiquaient. Pousse trois hourras, mon garçon, dit-il à Henson, et déploie le drapeau. Henson et les Esquimaux lancèrent de bruyantes acclamations, qui furent couvertes par les hurlements du vent. Le drapeau claquait et ondulait. Peary fit poser Henson et les Esquimaux devant le drapeau et prit une photo. Elle montre quatre silhouettes trapues emmitouflées de fourrures, le drapeau planté derrière eux sur un bloc paléocristique qui pourrait suggérer le véritable emplacement du Pôle. En raison de la lumière, les traits sont indiscernables et les visages réduits à des masses noires auréolées de fourrure de caribou.

11

Pendant tout ce temps, un important changement se produisait aux Etats-Unis. Il y avait un nouveau président, William Howard Taft, et il pesait cent cinquante kilos lorsqu'il entra en fonctions. Dans tout le pays, les hommes commencèrent à s'examiner. Ils étaient habitués à boire d'énormes quantités de bière. Ils avaient coutume de dévorer des miches de pain et s'empiffraient de ces médiocres saucisses huileuses qui s'empilaient sur les comptoirs des *saloons*. L'auguste Pierpont-Morgan engloutissait couramment des dîners de sept ou huit plats. Il prenait des petits déjeuners composés de steaks et de côtelettes, d'œufs, de crêpes, de poisson grillé, de petits pains et de beurre, de fruits frais et de crème. La consommation de nourriture était la consécration du succès. Un homme affligé d'un ventre proéminent passait pour déborder de santé. Des femmes entraient à l'hôpital pour y mourir d'éclatement de la vessie, d'affaissement des poumons, de surmenage cardiaque, de méningite cérébro-spinale. Il y avait foule dans les stations thermales et les villes d'eaux sulfureuses où l'on attribuait aux purgatifs le don d'ouvrir l'appétit. Quant au pet, l'Amérique atteignait au grandiose. Tout cela commença à changer lorsque Taft s'installa à la Maison-Blanche. Son accession au poste légendaire dans l'imagination des Américains accabla tout le pays. Son énorme silhouette symbolisa aussitôt l'apothéose de ce type d'homme. La mode bascula alors dans l'autre sens et seuls les pauvres furent désormais corpulents.

A cet égard, comme dans la plupart des autres domaines, Evelyn Nesbit fut en avance sur son temps. Son ex-amant notoire, Stanford White, avait eu un embonpoint de bon ton, et son mari, Harry K. Thaw, bien que moins étoffé, était néanmoins gros et mou, mais son nouvel amant, le Jeune Frère de Mère, était maigre et dur comme un jeune arbre. Ils faisaient l'amour lentement, sinueusement, accédant à de si subtils degrés dans l'orgasme qu'ils ne voyaient guère de raison de parler le reste du temps où ils étaient ensemble. Il était bien dans la nature d'Evelyn de ne pouvoir résister à un être sur lequel elle exerçait une si forte séduction. Elle entraîna Jeune Frère dans tout le Lower East Side, en de vaines recherches pour retrouver Tateh et la petite fille. Le logement de Hester Street avait été abandonné. Evelyn reprit la location et racheta au propriétaire le pitoyable mobilier. Elle passait des heures assise près de la fenêtre donnant sur le puits d'aération. Elle touchait les choses autour d'elle, une couverture, une assiette, comme une aveugle essayant de lire avec ses doigts. Elle s'effondrait alors et laissait le Jeune Frère de Mère l'apaiser sur l'étroit lit de cuivre.

Lorsque débuta le procès de Harry K. Thaw, Evelyn fut photographiée à son arrivée au palais de justice. Dans la salle d'audience, où aucun photographe n'était admis, son portrait fut fait par des artistes travaillant pour les illustrés. Elle pouvait entendre le grincement de leurs plumes d'acier. Elle vint à la barre des témoins et se décrivit à quinze ans se balançant jambes hautes sur une escarpolette en velours rouge tandis qu'un riche architecte étouffait un cri à la vue de ses mollets dévoilés. Elle avait une allure résolue et tenait la tête levée. Elle était vêtue avec une élégance du meilleur goût. Avec son témoignage naquit la première déesse du sexe dans l'histoire de l'Amérique. Deux fractions de la société s'en rendirent compte. Le milieu du négoce, tout d'abord, ou plus précisément un groupe de comptables et de fabricants de vêtements qui s'étaient également lancés dans la projection de films cinématographiques ou séances de cinéma comme on appelait ça. Certains de ces hommes constatèrent que le visage d'Evelyn en première page suffisait à faire vendre toute l'édition d'un journal. Ils découvraient l'existence d'un processus de sublimation par lequel la presse conférait à certains individus une dimension privilégiée. Ces individus étaient ceux qui incarnaient un trait humain exceptionnellement désirable, à l'exclusion de tous les autres. Les hommes d'affaires se demandèrent s'ils ne pourraient pas créer de tels personnages non pas à partir du hasard présidant aux événements diffusés par la presse mais en les fabriquant délibérément par leurs propres moyens. Evelyn fut donc ainsi à l'origine du concept du *star system* et devint le modèle de toutes les déesses du sexe, depuis Theda Bara jusqu'à Marilyn Monroe. Le deuxième groupe de personnes à saisir l'importance d'Evelyn se composait de divers leaders syndicalistes, d'anarchistes et de socialistes qui prophétisèrent à juste titre qu'elle constituerait à la longue une plus grande menace pour les intérêts du travailleur que les propriétaires de mines ou fabricants d'acier. A Seattle, par exemple, Emma prit la parole à une réunion locale de l'I.W.W. (1) et décrivit Evelyn Nesbit comme une fille issue de la classe ouvrière, dont la vie était exemplaire dans la mesure où elle montrait que toutes les filles et toutes les sœurs des hommes pauvres étaient utilisées pour le plaisir des riches. Dans le public, les hommes s'esclaffèrent, vociférèrent des propos égrillards et éclatèrent de rire. Et c'étaient des travailleurs militants, des syndicalistes radicalement conscients de leur situation. Goldman écrivit à Evelyn : je me suis souvent posé la question de savoir comment

(1) *I.W.W. Industrial Workers of the World :* Les Travailleurs de l'industrie mondiale.

les masses peuvent-elles se laisser exploiter par une minorité? Réponse : En se laissant persuader de s'identifier avec elle. Tenant à la main le journal avec votre photo, l'ouvrier rentre chez lui et retrouve sa femme, bête de somme épuisée aux jambes bosselées de varices, et il rêve non pas de justice, mais de richesse.

Evelyn ne savait pas comment prendre ce genre de remarques. Elle continuait à témoigner comme elle s'y était engagée. Elle apparaissait en compagnie de la famille Thaw et par des coups d'œil ou des petits gestes attentionnés, elle donnait l'image de la parfaite épouse. Elle joua son rôle à la perfection. Elle entendait le grincement des plumes à dessin en acier. Dans l'assistance, des hommes de loi à lunettes et col en celluloïd, venus en spectateurs, caressaient leurs moustaches. Tout le monde dans la salle d'audience était vêtu de noir. Elle s'interrogeait sur cette vaste confrérie des gens de loi dont l'existence se passait à attendre des réunions comme celle-ci. Juges, avocats, huissiers, policiers, gardiens et jurés; tous avaient su qu'il y aurait là un beau procès. Elle entendait grincer les plumes. Dans les couloirs attendaient des aliénistes prêts à témoigner que Harry était fou. C'était le seul argument de la défense qu'il refusait d'accepter. Son auguste mère voulait qu'il plaidât la démence. Sinon, elle craignait qu'il ne fût condamné à la chaise électrique. Evelyn l'observait au banc de la défense. Elle se demandait ce qui pourrait jamais apaiser ce cœur submergé de rage. Harry conformait ses mimiques aux termes des témoignages en cours. Aux passages drôles, il souriait. Aux passages tristes, il baissait les yeux. Quand on prononçait le nom de Stanford White, il fronçait les sourcils. Il alternait les attitudes contrites avec une fermeté pleine d'assurance ou même une ferveur vertueuse. Ce déploiement d'activité exigeait de sa part une grande concentration. Lorsqu'il pénétrait dans la salle d'audience ou en sortait, il se montrait calme et courtois, l'image même de la rationalité.

L'idée vint un jour à Evelyn que Harry, en fait, l'aimait peut-être vraiment. Elle en demeura stupéfaite. Elle essaya de définir la nature réelle de leurs relations. Pour la première fois, elle ressentit de façon aiguë la mort de Stanford White, la perte de Stanny. Il aurait pu lui dire où était la vérité. Et il en aurait plaisanté. Telle était sa façon d'être. C'était un vieux paillard et il adorait rire. Elle pouvait lui faire perdre l'esprit, tout comme elle pouvait faire perdre l'esprit à Harry. Mais elle se sentait plus à l'aise avec Stanny White. Il la laissait en paix lorsqu'il s'en allait bâtir Dieu sait quoi, alors que Harry ne la quittait pas d'une semelle parce qu'il n'avait rien d'autre à faire. Harry était simplement riche. Elle avait désespérément besoin de parler à quelqu'un et la seule personne avec qui elle avait jamais réussi à parler était l'homme dont elle avait directement causé la mort. Sur son papier à lettres en vélin bleu où était gravé le nom de Mme Harry K. Thaw, elle écrivit à Emma Goldman. Qu'ai-je donc fait? disait-elle dans sa lettre. La réponse vint de Californie où Goldman recueillait des fonds pour assurer la défense des frères militants McNamara, accusés d'avoir fait sauter l'immeuble du *Times* à Los Angeles. Ne surestimez pas le rôle que vous jouiez dans les relations qu'entretenaient ces deux hommes.

Entre-temps, les jurés s'étaient réunis pour délibérer sur le sort de Harry. Ils n'arrivèrent pas à formuler de verdict. On recommença le procès. Evelyn témoigna une fois de plus, avec les mêmes mots et les mêmes gestes. Quand tout fut terminé, Harry K. Thaw fut envoyé pour une période indéfinie au Matteawan Hospital pour Fous Criminels. Ses avocats entamèrent presque immédiatement une procédure de divorce.

Evelyn était prête. Son prix était d'un million de dollars. Les détectives privés fournirent alors les preuves de ses infidélités avec le Jeune Frère de Mère plus quelques autres de leur fabrication, et le divorce fut discrètement conclu, moyennant vingt-cinq mille dollars pour Evelyn. Dans l'appartement de l'hôtel auquel elle devait maintenant renoncer, Evelyn assise sur le lit contempla ses pantoufles qu'elle tenait à la main. En cette circonstance particulière, les caresses de Jeune Frère la laissèrent de glace. Elle se souvint de ce que lui avait dit Goldman lors de sa dernière visite à New York. Quelle que soit la somme que vous ayez obtenue de Thaw, elle ne représente que ce qu'il voulait bien vous donner. La loi des riches veut que ces gens-là ne tirent profit que de l'argent qu'on leur prend. C'est ainsi que fonctionne le système. D'une façon ou d'une autre, chaque dollar qui vous a été versé a contribué à l'enrichir. Et vous vous retrouverez avec une somme d'argent bien précise que vous dépenserez et gaspillerez jusqu'au jour où vous serez aussi pauvre qu'à votre point de départ. Elle savait que c'était la vérité. Même l'argent qu'elle possédait, représentant encore un gros paquet, lui inspirait des sentiments étranges et ambigus. Un homme viendrait qui feindrait l'amour, lui volerait son argent et lui briserait le cœur. De cette amère prescience elle n'avait à remercier que Goldman qui lui avait brossé deux tableaux de la société, l'un de cupidité et de barbarie, de famine, d'injustice et de mort, comme dans l'organisation actuelle du capital privé, et l'autre d'utopique sérénité dans une libre communauté d'égaux sans autorité supérieure, partageant équitablement entre eux leur travail et leurs richesses. Evelyn fit des donations au magazine anarchiste de Goldman, *La Terre Nourricière,* pour qu'il continuât à paraître. Elle souscrivit à des manifestes de militants de gauche lui parvenant du pays tout entier lorsque le bruit courut sous le manteau qu'elle s'était politisée. Elle donna de l'argent aux défenseurs légaux de leaders de la classe ouvrière jetés en prison. Elle donna de l'argent aux parents d'enfants mutilés dans les usines et les manufactures. Elle distribua en aumônes sa fortune si durement gagnée. Le public n'en sut jamais rien car elle insista pour garder l'anonymat. Elle n'éprouvait aucune joie. Elle se regardait dans son miroir et voyait les stigmates évidents de la maturité apparaître sur son visage enfantin. Son long cou harmonieux lui apparaissait comme une tige disgracieuse au bout de laquelle était perchée la ridicule tête aux yeux tristes d'une putain sur le retour. Elle pleurait l'absence d'un grand corps contre lequel se pelotonner comme celui de Stanford White. Et tout ce temps-là, le Jeune Frère de Mère, solennellement, et à sa façon silencieuse et obtinée, était à ses côtés pour la servir. Il ignorait le sens du mot réconfort. Il était aussi incapable de la taquiner ou de lui parler comme à un bébé que de lui expliquer comment examiner un diamant ou de l'emmener dans un restaurant où le maître d'hôtel rampait devant lui. Tout ce qu'il pouvait faire, c'était lui consacrer sa vie et s'escrimer pour satisfaire ses moindres caprices. Elle l'aimait mais elle aspirait à la présence d'un être qui la maltraitât et qu'elle pût maltraiter. Elle rêvait de voir son esprit mis au défi, elle rêvait de voir ses ambitions stimulées une fois encore.

12

Et que devenaient Tateh et sa petite fille? Après ce meeting, le vieil artiste passa toute la nuit et toute une journée sur une chaise, sans manger, sans prononcer un mot, à fumer à la chaîne ses cigarettes Sobrany, tout en songeant à la rigueur de son destin. De temps à autre, il contemplait son enfant et pressentant que, à force d'échecs successifs, il finirait par entraîner la destruction inéluctable de la merveilleuse beauté de la petite fille, il la serrait contre lui et les larmes lui montaient aux yeux. Elle préparait sans bruit leurs simples repas et ses gestes lui rappelaient tellement ceux de sa femme que bientôt cette situation lui devint insupportable. Jetant leurs quelques vêtements dans une valise moisie dont la courroie était depuis longtemps pourrie, il ficela son bagage d'un bout de corde à linge, prit la petite fille par la main et quitta à jamais l'appartement de Hester Street. Ils gagnèrent le coin de la rue et montèrent dans le tramway n° 12 pour Union Square. A Union Square, ils prirent le n° 8 et suivirent Broadway en direction du nord. Il faisait chaud en ce début de soirée et toutes les fenêtres du tram étaient baissées. Les rues étaient encombrées de fiacres et d'automobiles qui circulaient dans un grand vacarme de cornes et de trompes. Les tramways passaient en chapelets, au tintement sonore de leurs cloches, leurs pantographes, crépitant d'éclairs le long des fils au-dessus d'eux, écho en miniature des éclairs de chaleur qui illuminaient le ciel, au-dessus de la ville étouffante où descendait le soir. Tateh n'avait aucune idée de sa destination. La petite fille lui tenait étroitement la main. Ses yeux noirs fixaient d'un regard solennel le défilé des flâneurs le long de Broadway, les hommes en canotier, blazer bleu et pantalon de toile blanche, les femmes en robe d'été blanche. Au fronton de chaque music-hall, les guirlandes d'ampoules palpitaient selon des rythmes variés. Elle sentait autour de ses pupilles vibrer un anneau de lumière. Trois heures plus tard, ils étaient à bord d'un tramway remontant vers le nord le long de Webster Avenue dans le Bronx. La lune s'était levée, la température avait baissé et le tram filait le long du vaste boulevard, ne s'arrêtant que de loin en loin. Ils passèrent près de terrains vagues séparant des rangées de maisons encore en cours de construction. Les lumières finalement disparurent complètement et la petite fille s'aperçut qu'ils roulaient en bordure d'un grand cimetière bâti à flanc de colline. Les pierres tombales et les caveaux se détachant sur le froid ciel nocturne évoquèrent pour elle le destin de sa mère. Pour la première fois, elle demanda à son Tateh où ils allaient. Il ferma la fenêtre pour les protéger du vent froid qui s'engouffrait maintenant en sifflant dans le bruit de ferraille du tramway oscillant. Ils étaient les seuls passagers. *Sha,* lui dit-il. Ferme les yeux. Dans ses poches et ses chaussures étaient réparties toutes ses économies, une trentaine de dollars. Il avait décidé de quitter New York, la ville qui avait ruiné sa vie. Il existait à cette époque de notre histoire un réseau extrêmement développé de lignes interurbaines de tramways. On pouvait parcourir de grandes distances sur de durs sièges de paille ou des banquettes en bois en prenant chaque ligne jusqu'à son terminus et en enchaînant avec la suivante. Tateh ignorait tout des itinéraires prévus. Il comptait seulement aller aussi loin que pourrait le mener chaque tramway.

Au petit matin de leur voyage dans la nuit, ils franchirent les limites de la ville pour pénétrer dans Mount Vernon, Etat de New York, où ils apprirent que le prochain service ne partirait pas avant le lever du jour. Ils trouvèrent un petit parc et dormirent dans le kiosque à musique. Plus tard, ils se lavèrent et se rafraîchirent dans des toilettes publiques. Le soleil se levait lorsqu'ils montèrent à bord d'un tramway rouge vif et jaune et le conducteur les salua avec enjouement. Tateh paya un *nickel* pour lui, deux *cents* pour l'enfant. Sur le plancher de bois de la voiture, au fond, étaient entassées des caisses pleines de bouteilles de lait humides et luisantes. Tateh demanda à en acheter une. Le conducteur le regarda, puis regarda la petite fille et lui dit d'en prendre une, mais n'attendit pas qu'il la lui payât. Il tira sur une corde, la cloche du tramway tinta, et la voiture s'ébranla. Le conducteur se mit à chanter. C'était un homme robuste et bedonnant à la voix de ténor. Il avait une machine pleine de pièces de monnaie fixée à la ceinture. Un peu plus tard, le tramway pénétra dans la ville de New Rochelle, dont il remonta lentement la grand-rue. La circulation était plus intense maintenant, le soleil montait dans le ciel et la petite ville bourdonnait d'activité. On expliqua à Tateh que s'il voulait la traverser, il lui fallait changer à Post Road Shore Line, à l'angle de North Avenue. Chaque changement lui coûterait un autre penny. Tateh et la petite fille descendirent au coin de Main Street et de North Avenue et attendirent la communication. Un petit garçon et sa mère passèrent devant eux. La petite fille regarda le garçon. Il avait des cheveux blonds filasse. Il portait une marinière, des knickers bleu foncé, des chaussettes blanches et des chaussures blanches cirées. Il donnait la main à sa mère et, comme il passait à hauteur de la petite fille debout auprès de son vieux père, leurs regards se croisèrent. A ce moment, le tramway de Post Road arriva et Tateh, tenant la petite fille fermement par le poignet, descendit du trottoir et monta à bord du tramway. Lorsque la voiture démarra, la petite fille regarda le petit garçon s'éloigner à reculons. Debout sur la plate-forme arrière du tramway, elle le regarda jusqu'à ce qu'il disparût. Il avait les yeux bleus, jaunes et vert foncé, comme une mappemonde à l'école. Le tramway remonta Post Road, longea les berges du détroit de Long Island jusqu'à la frontière du Connecticut. A Greenwich, Connecticut, ils changèrent de nouveau. Ce nouveau tramway leur fit traverser les villes de Stanford, de Norwalk, puis les emmena jusqu'à Bridgeport, où était enterré Tom Pouce. Ils avaient appris à reconnaître l'approche du terminus de la ligne. Le conducteur remontait vers l'arrière du véhicule en inversant les sièges vides, avançant d'un pas égal dans l'allée centrale en tirant sur les poignées fixées au dossier des sièges. A Bridgeport, ils changèrent de nouveau. Les rails bifurquaient vers l'intérieur des terres. Ils s'arrêtèrent pour passer la nuit à New Haven, Connecticut. Ils dormirent dans une pension de famille et prirent leur petit déjeuner dans la salle à manger de la propriétaire. Tateh brossa vigoureusement son pantalon, sa veste et sa easquette avant de descendre. Il s'assura que la petite fille portait son tablier propre. C'était une pension pour les étudiants de l'université et certains d'entre eux se trouvaient à table avec eux. Ils portaient des lunettes à monture en or et des pull-overs à col roulé. Après le petit déjeuner, le vieil artiste et sa fille se dirigèrent vers les rails du tramway et reprirent leur voyage. Une voiture de la Springfield Traction Company les conduisit à New Britain, puis à la ville de Hartford. La voiture progressait lentement dans les rues étroites de Hartford; les maisons en bardeaux étaient si proches, qu'on aurait pu, semblait-il, tendre la main pour les toucher. Ils atteignirent bientôt les faubourgs et accélérèrent en direction du nord vers Springfield, Massachusetts. Le grand véhicule en bois se balançait d'un bord sur l'autre. Le vent leur soufflait au visage. Ils filaient le long des vastes champs d'où des oiseaux, surpris, s'envolaient pour se reposer ensuite après leur passage. La petite fille vit des troupeaux de vaches en train de paître. Elle vit des chevaux bruns bondissant sous le soleil. Une mince pellicule de poussière crayeuse se déposa sur son visage comme un masque, pâlissant son teint, faisant ressortir ses grands yeux humides, la rougeur de sa bouche et Tateh éprouva un choc soudain à la fugitive vision de ce qu'elle serait à l'âge adulte. La voiture brinquebalait sur ses rails en bordure de la route et à l'approche de chaque croisement lançait un coup de trompe. Elle s'arrêta une fois pour charger des marchandises. Des passagers s'entassèrent dans l'allée centrale. La petite fille attendit avec impatience que le véhicule reprît de la vitesse. Tateh se rendit compte qu'elle était heureuse. Le voyage l'enchantait. Maintenant la valise sur ses genoux d'un seul bras, Tateh posa l'autre sur les épaules de son enfant. Il s'aperçut qu'il souriait. Le vent lui soufflait au visage et lui emplissait la bouche. Le tram menaçait de quitter ses rails. Il cahotait d'un bord sur l'autre et tout le monde riait. Tateh se mit à rire. Il voyait maintenant défiler le village de sa jeunesse, à quelques verstes au delà de la prairie. Le clocher d'une église était visible au-dessus d'une colline. Enfant, il adorait les carrioles, il adorait se promener dans les grands tombereaux à la lueur de la lune en été, avec le corps des enfants qui basculaient les uns contre les autres, projetés par les violents cahots. Il examina alentour les passagers dans le tram et pour la première fois depuis son arrivée en Amérique, il songea qu'il lui serait peut-être possible de vivre ici. A Springfield, ils achetèrent du pain et du fromage et montèrent à bord d'une moderne voiture vert foncé de la Worcester Electric Street Railway. Tateh se rendit compte alors qu'il irait au moins jusqu'à Boston. Il calcula le prix global du voyage. Il se monterait à deux dollars quarante *cents* pour lui, un peu plus d'un dollar pour l'enfant. Le tram ronronnait le long des routes de campagne, le soleil, derrière lui maintenant, déclinant dans les monts du Berkshire. Des rangées de sapins projetaient des ombres allongées. Ils dépassèrent un rameur solitaire en skiff sur une large rivière tranquille. Ils virent la grande roue d'un moulin ruisselante d'eau qui tournait lentement au-dessus d'un petit ruisseau. Les ombres s'épaississaient. La petite fille s'endormit. Tateh serrait la valise sur ses genoux et gardait les yeux fixés sur les rails devant lui, étincelants maintenant sous l'unique faisceau du puissant phare électrique fixé à l'avant du véhicule.

13

Voies ferrées! Voies ferrées! Il semblait aux visionnaires qui travaillaient pour les magazines populaires que l'avenir s'ouvrait à l'extrémité de rails parallèles. Il y avait des chemins de fer tractés par des locomotives pour les longues distances, des chemins de fer électriques interurbains, des tramways, des trains aériens, déroulant tous leurs rubans d'acier sur le sol, se croisant et se recroisant comme la trame d'une infatigable civilisation. Et à Boston et New York, il y avait même des chemins de fer sous les rues, de nouveaux réseaux de métro rapides qui transportaient des milliers de personnes chaque jour. A New York, en fait, le succès remporté par le métro de Manhattan imposait la création d'une autre ligne jusqu'à Brooklyn. En conséquence, un miracle de la technique était en train de se produire : la construction d'un tunnel sous l'East River, depuis Brooklyn jusqu'à la Battery. Les « taupes » travaillant derrière un bouclier hydraulique creusaient le limon du fleuve centimètre par centimètre et assemblaient au fur et à mesure des éléments de conduites en fonte. Leur caisson était alimenté en air comprimé pompé depuis la surface. Le travail était dangereux. Les hommes qui l'accomplissaient – les

« taupes » – étaient considérés comme des héros. A travailler sous la rivière, ils étaient sous la menace d'horribles calamités. Un des risques classiques était la décompression brusque, accident causé par une fissure où s'engouffrait un flot violent d'air comprimé. Un jour, il se produisit une décompression si explosive que quatre ouvriers aspirés hors du tunel furent projetés à travers six mètres de limon fluvial et propulsés à dix mètres au-dessus du fleuve même, à la crête d'un geyser. Un des hommes seulement survécut. Le monstrueux accident eut droit à des gros titres dans tous les journaux, et lorsque Harry Houdini en lut le récit en buvant son café du matin, il s'habilla précipitamment et se rua au Bellevue Hospital où, selon l'article, avait été transporté le survivant. Je suis Harry Houdini, dit-il à la réception, et il faut que je voie ce plongeur. Pendant que les deux infirmières discutaient derrière le bureau, il jeta un coup d'œil aux tableaux et s'engouffra dans l'escalier. Vous ne pouvez pas venir ici, lui déclara une infirmière impitoyable lorsqu'il pénétra dans une salle pleine de malades et d'agonisants. Des flots d'un éclatant soleil matinal tombaient en rayons d'or solide des hautes fenêtres crasseuses de la salle. La famille de l'héroïque plongeur était groupée autour de son lit, – sa femme, sa mère, une vieille babouchka, deux fils bien découplés. Un médecin s'occupait du blessé. Couché dans son lit, il était entouré de pansements de la tête aux pieds. Ses bras, plâtrés, étaient maintenus en traction, ainsi qu'une jambe, dans une gouttière. De temps à autre s'échappait de la tête bandée un gémissement faible, ou simplement de circonstance peut-être. Houdini se racla la gorge. Je suis Harry Houdini, dit-il à la famille, je m'évade pour gagner ma vie, c'est mon métier, je suis un spécialiste de l'évasion. Mais laissez-moi vous dire que je n'ai jamais réussi une évasion qui vienne à la cheville de celle-ci. Il indiqua le lit. Les membres de la famille le regardèrent, leurs lourds visages slaves totalement vides d'expression. La grand-mère sans quitter Houdini des yeux prononça quelques mots dans une langue étrangère, – une question, certainement, car un des fils répondit dans la même langue et prononça le nom de Houdini. Ils continuaient à le dévisager. Je suis venu présenter mes respects, dit Houdini. Ils avaient tous des visages plats, de larges fronts, des yeux très écartés. Ils ne lui rendirent pas son sourire. Comment êtes-vous entré ici? dit le médecin. Je n'en ai que pour une minute, dit Houdini, je veux juste lui poser une question. Je crois que vous feriez mieux de vous en aller, dit le médecin. Houdini se tourna vers la famille. Je veux savoir quel effet ça faisait. Je veux savoir ce qu'il a fait pour remonter à la surface. Il est le seul qui ait réussi. Il a bien dû faire quelque chose. Je voudrais savoir, c'est extrêmement important pour moi. Il sortit son portefeuille, y prit quelques billets. Ceci vous serait sans doute utile, allez-y, prenez, j'aimerais vous aider. La famille continuait à le regarder. Un son s'échappa de la forme allongée dans le lit. Un des fils se pencha et approcha l'oreille. Il écouta un instant, puis acquiesça d'un signe de tête. Il s'approcha de l'autre fils et lui dit quelque chose. C'étaient de solides gaillards, plus d'un mètre quatre-vingts, avec des poitrines comme des barriques. Pas de brutalités, dit le médecin. Houdini se retrouva soulevé par les deux bras et emmené le long de l'allée centrale, les pieds effleurant à peine le sol. Il prit la décision de ne pas résister. Il connaissait les astuces de l'autodéfense, il aurait pu venir à bout de ces deux rustres, mais on était dans un hôpital après tout.

Houdini marchait à présent dans les rues, les oreilles brûlantes d'humiliation. Il portait un chapeau au bord rabattu. Il portait un veston croisé en toile de lin qui lui moulait le buste et il gardait les mains dans les poches de son veston. Il portait un pantalon beige et des souliers pointus marron et blanc. En cet après-midi d'automne il faisait frais et la plupart des gens étaient en manteau. Il avançait d'un pas rapide dans les rues encombrées de New York. Il était d'une incroyable agilité. Il existait donc un genre de numéro qui pouvait avoir pour cadre le monde réel. Inaccessible pour lui. Malgré toutes ses prouesses il n'était qu'un truqueur, un illusionniste, un simple magicien. Quel sens avait sa vie si les gens, une fois sortis du théâtre, l'oubliaient? Les manchettes des journaux dans les kiosques annonçaient que Peary avait atteint le Pôle. Ce qui figurait dans les livres d'histoire, c'était le spectacle du monde réel.

Houdini décida de se concentrer sur ses exploits en plein air. Au cours d'une tournée, il s'évada d'une caisse d'emballage clouée et attachée avec des cordes, qui avait été immergée dans la rivière de Detroit gelée. Il se fit immerger dans le fleuve à Boston et à Philadelphie. Des glaçons flottaient à la surface. Il s'entraînait à s'évader du fond des rivières glaciales en s'asseyant chez lui dans sa baignoire où le livreur de glace entassait des blocs de glace. Mais rien n'était changé pour autant. Il décida de partir en tournée en Europe. C'était en Europe qu'il avait fait ses débuts après avoir en vain cherché à percer dans les grands music-halls en vogue des Etats-Unis. Etrangement, continuait-il à penser, les gens en Europe le comprenaient mieux que ses propres compatriotes. Quelques jours avant son départ, il accepta de donner un spectacle de bienfaisance pour les vieux prestidigitateurs et les gens de théâtre à la retraite. Il voulut faire la surprise d'une nouvelle évasion. Il engagea une équipe d'infirmiers de Bellevue pour qu'ils montent sur la scène et l'entourent de pansements de la tête aux pieds. Ce qui fut fait. Ils l'enveloppèrent ensuite dans plusieurs draps, puis le ficelèrent sur un lit d'hôpital. Ils lui versèrent ensuite de l'eau dessus pour alourdir le cocon de tissu qui le ligotait. Houdini s'évada. Les vieux comédiens furent ravis, mais il demeura insatisfait.

Houdini devait s'embarquer pour l'Europe sur l'*Imperator,* un immense navire allemand avec une figure de proue, – détail singulier pour un paquebot moderne à trois cheminées. La vieille mère de Houdini, Mme Weiss, l'accompagna jusque sur le môle. C'était une petite femme d'allure soignée vêtue de noir. Il l'embrassa, la serra contre lui, lui baisa les mains et monta l'échelle de coupée. Il redescendit à terre en courant pour l'embrasser de nouveau, lui tenant le visage à deux mains pour lui baiser les yeux. Elle hocha du bonnet et lui tapota la joue. Il remonta vivement l'échelle de coupée et agita le bras. Il n'était pas sûr qu'elle pût le voir. Comme le grand transatlantique manœuvrait en marche arrière pour s'engager dans le fleuve, il s'approcha du bastingage et agita la main. Il agita sa casquette pour attirer l'attention de sa mère. De toute évidence, elle ne pouvait pas le voir. Il hurla, ce qui était ridicule, car les hélices du navire barattaient les eaux du fleuve. Il continua à observer la silhouette menue toute noire et se jeta sur la coursive à bâbord quand les remorqueurs firent tourner le navire dans le sens du courant. La vieille dame, frêle et charmante, debout sur le môle, regarda le paquebot disparaître au loin. La dévotion dont l'entourait son fils lui faisait plaisir. Un jour, il était venu la trouver et lui avait demandé de tendre son tablier. Dans le tablier, il avait versé cinquante pièces en or étincelantes d'un dollar. C'était un bon garçon. Elle regagna en taxi leur appartement de la 113e Rue pour l'attendre.

Houdini commença sa tournée européenne au Hansa Theatrum de Hambourg. Le public était enthousiaste. Les journaux lui consacrèrent de longs articles. Jamais il n'avait éprouvé un tel sentiment d'insatisfaction. Il se demandait pourquoi il avait consacré sa vie à mettre au point d'absurdes attractions. Les spectateurs l'acclamaient. Après chaque séance, il y avait toujours une petite foule assemblée à l'entrée des artistes. Il se montrait bref avec eux. Puis un jour il assista à la démonstration en public d'une machine volante de fabrication française, un Voisin, superbe biplan avec des ailes et un gouvernail entoilés et trois roues de bicyclette délicatement entretoisées. L'aviateur, après avoir survolé la piste, atterrit dans un champ de courses et son exploit fut décrit le lendemain dans tous les journaux. Houdini réagit promptement. En moins d'une semaine, il était devenu propriétaire d'un biplan Voisin neuf. Il lui en avait coûté cinq mille dollars. L'appareil avait été livré avec un mécanicien pour lui enseigner l'art de voler. Il obtint l'autorisation d'utiliser un terrain de manœuvres militaire dans la banlieue de Hambourg. Dans tous les pays où il jouait, il s'entendait toujours bien avec les militaires. Partout, les soldats raffolaient de lui. Tous les matins au petit jour il se rendait au champ de manœuvres et s'asseyait aux commandes du Voisin tandis que le mécanicien français lui expliquait la fonction et le but des leviers et des pédales qui se trouvaient à portée du pilote. L'avion était dirigé au moyen d'un large volant monté sur un plan vertical et relié par un arbre de transmission au gouvernail avant. Le pilote s'asseyait derrière le gouvernail avant sur un petit siège entre les deux ailes. Derrière lui se trouvait le moteur, et derrière le moteur l'hélice. Le Voisin était en bois. Les ailes étaient couvertes d'un tissu bien tendu et enduit d'un vernis. Les entretoises reliant les ailes doubles étaient garnies du même tissu. Le Voisin avait l'air d'un cerf-volant. Houdini fit peindre son nom en capitales sur les panneaux extérieurs des ailes et sur les gouvernails de profondeur à l'arrière. Il attendait avec impatience son premier vol. Le patient mécanicien l'entraînait aux différentes opérations nécessaires pour faire décoller la machine, la maintenir en vol et la poser. Tous les soirs, Houdini faisait son numéro et tous les matins à l'aurore il allait prendre ses leçons. Un matin enfin, où le ciel rougeoyant était dégagé et où le mécanicien jugea les conditions météorologiques favorables, ils poussèrent la machine hors de son hangar et l'orientèrent face au vent. Houdini monta à la place du pilote, tourna sa casquette à l'envers et l'enfonça étroitement sur sa tête. Il empoigna le volant. Les yeux plissés de concentration, il serra les mâchoires, tourna la tête et d'un mouvement du menton, fit signe au mécanicien qui lança l'hélice de bois. Le moteur démarra. C'était un Enfield de quatre-vingts chevaux, meilleur, disait-on, que celui utilisé par les Wright eux-mêmes. Osant à peine respirer, Houdini ouvrit les gaz, les diminua, les ouvrit de nouveau. Finalement, il leva le pouce. Le mécanicien se glissa sous les ailes et ôta les cales des roues. L'appareil se mit à avancer lentement. Houdini avait le souffle de plus en plus précipité à mesure que le Voisin prenait de la vitesse. Bientôt il se mit à rebondir le long du sol et il eut l'impression que les ailes douées de sensibilité acquéraient une sorte d'intelligence qui leur était propre, comme si quelque présence désincarnée s'était alliée à l'entreprise. L'appareil se détacha du sol. Il crut rêver. Il dut faire un effort pour maîtriser son émotion, s'exhortant sévèrement à maintenir les ailes à l'horizontale et à ouvrir progressivement la manette des gaz pour garder une accélération constante. Il volait! Ses pieds actionnèrent les pédales, il serra le volant à pleines mains, le gouvernail devant lui bascula doucement en avant et l'appareil se mit à monter vers le ciel. Il n'osait pas regarder en bas; la terre était à quinze mètres au-dessous de lui. Il n'entendait plus le moteur qui cliquetait derrière ses oreilles. Il sentait le vent lui fouetter le visage et il s'aperçut qu'il hurlait. Les fils métalliques des haubans semblaient chanter, les grandes ailes au-dessus et au-dessous de lui oscillaient, plongeaient, se livraient dans l'air à un jeu incroyablement subtil et intelligent. Les roues de bicyclette tournaient lentement, paresseusement dans le vent. Il survolait une rangée d'arbres. Prenant confiance, il amorça une manœuvre difficile, un virage sur l'aile. Le Voisin décrivit un vaste cercle au-dessus du champ de manœuvres. Il aperçut alors le mécanicien, debout au loin près du hangar, qui levait les deux bras pour le saluer. Maître de lui, Houdini redressa l'appareil, glissa sous le vent et amorça sa descente. A l'instant où les roues touchèrent le sol, la brutalité de l'impact le surprit. Et lorsque l'appareil s'immobilisa à bout de course, il n'avait qu'une envie : se retrouver dans les airs.

Au cours des vols qui suivirent, Houdini resta en l'air jusqu'à dix ou douze minutes. C'était pratiquement lancer un défi à la capacité du réservoir d'essence de l'avion. Il semblait par moments dériver, comme suspendu aux nuages au-dessus de sa tête. Il voyait dans leur totalité les villages nichés sous lui dans la campagne allemande et il pouvait suivre son ombre le long de routes incroyablement droites bordées de haies. Il vola une fois suffisamment haut pour voir se profiler à l'horizon la silhouette médiévale de Hambourg et apercevoir l'Elbe par intermittence. Il était extrêmement fier de son avion. Il voulait entrer dans l'histoire de l'aviation. De jeunes officiers de la caserne locale commencèrent à venir au champ de manœuvres pour voir voler Houdini. Il finit par en connaître certains par leurs noms. Puis le commandant, dont Houdini avait sollicité l'autorisation pour utiliser le champ de manœuvres, lui demanda s'il aimerait donner quelques conférences à ces jeunes officiers sur l'art du pilotage. Le magicien accepta avec empressement. Il organisa son emploi du temps en conséquence et commença une série de réunions sans cérémonie. Il aimait beaucoup les jeunes officiers. Ils étaient très intelligents et respectueux. Ils riaient à ses plaisanteries. Son allemand était défectueux et teinté de yiddish, mais ils ne semblaient pas s'en apercevoir.

Un matin après un vol, Houdini fit rouler son avion jusqu'au hangar et aperçut, rangée sur le côté, une Mercedes de l'état-major transportant des officiers généraux de l'armée impériale allemande. Avant qu'il ait pu descendre de l'appareil, son ami le commandant se leva du strapontin de la voiture, le salua et lui demanda du ton le plus cérémonieux s'il accepterait de décoller de nouveau pour un vol de démonstration. Houdini examina les deux hommes âgés, bardés de médailles, assis à l'arrière de la voiture. Ils le saluèrent d'un signe de tête. Assis le buste raide sur le siège avant à côté du chauffeur se trouvait un simple soldat en casque à pointe avec une carabine en travers de ses genoux. A ce moment, un landau Daimler blanc avec une cabine fermée pour les passagers vint s'arrêter lentement derrière la voiture d'état-major. Ses accessoires en cuivre étincelaient et même les rayons en bois de ses roues blanches étaient immaculés. Un fanion de commandement frangé d'or flottait à l'aile avant droite. Houdini ne pouvait pas voir à l'intérieur de la cabine. Bien sûr, dit-il. Il demanda au mécanicien de refaire le plein et quelques minutes plus tard, il volait de nouveau, effectuant de majestueux virages autour du champ. Il essaya d'imaginer le spectacle qu'il offrait depuis le sol. Il ressentait la griserie de l'exploit accompli. Il passa en vrombissant à trente mètres au-dessus des voitures et refit un passage dans l'autre sens à quinze mètres en faisant osciller ses ailes et en agitant la main. Il volait pour la personne inconnue qui se trouvait dans cette voiture blanche.

Lorsqu'il atterrit, il fut escorté jusqu'à la grande Daimler. Le chauffeur ouvrit la porte et se figea au garde-à-vous. Dans la voiture était assis l'archiduc François Ferdinand héritier du trône de l'Empire austro-hongrois. L'archiduc portait l'uniforme de maréchal de camp de l'armée autrichienne. Il tenait au creux du bras un casque à plumet. Ses cheveux étaient coupés très court et au carré sur le sommet du crâne, comme une brosse. Il avait de grandes moustaches cirées retroussées vers le haut et il contemplait Houdini du regard stupide de ses yeux voilés de lourdes paupières. Assise à côté de lui se trouvait sa femme, la comtesse Sophie, une imposante matrone qui bâillait avec délicatesse derrière sa main gantée. L'archiduc François Ferdinand ne semblait pas savoir qui était Houdini. Il le félicita d'avoir inventé l'aéroplane.

DEUXIÈME PARTIE

14

Quand Père revint à New Rochelle, il monta les marches de sa maison, passa sous les immenses érables de Norvège et trouva sa femme avec un bébé noir dans les bras. En haut, la jeune négresse était prostrée. La mélancolie lui avait enlevé toute énergie musculaire. Elle n'avait pas la force de tenir son bébé. Elle restait assise toute la journée dans sa chambre sous les combles et regardait les carreaux en losanges de la fenêtre capter la lumière, étinceler puis s'éteindre. Père l'examina par la porte ouverte. Elle ne lui prêta aucune attention. Il erra dans la maison, y découvrant partout des signes de sa propre exclusion. Son fils avait maintenant un bureau, comme il sied à tous les jeunes étudiants. Il crut entendre se lever le vent de l'Arctique; mais c'était la bonne, Brigit, qui poussait un aspirateur électrique sur le tapis du salon. Le plus étrange fut le miroir de sa salle de bains, qui lui renvoya l'image d'une épave humaine au visage barbu et émacié, le visage d'un pauvre hère sans foyer. La glace devant laquelle il se rasait à bord du *Roosevelt* ne lui avait pas apporté cette révélation. Il enleva ses vêtements. Il fut choqué par l'aspect de son corps, les côtes et les clavicules, fragiles et vulnérables sous la peau blafarde, le bassin maigre et l'organe qui y pendait, plus rouge que tout ce qu'on pouvait imaginer. Le soir, au lit, Mère le serra contre elle, collée à son dos, s'efforçant de lui réchauffer les reins, de l'arracher à son étrange froideur. Il leur paraissait évident à tous les deux que cette fois il était resté absent trop longtemps. En bas Brigit mit un disque sur le Victrola, remonta la manivelle et, assise au salon, fuma une cigarette en écoutant John McCormack chanter « I hear you calling me ». Elle faisait tout ce qu'elle pouvait pour perdre sa place. Elle ne montrait plus aucune efficacité ni aucun regret. Mère mettait ce changement sur le compte de l'arrivée de la jeune Noire. Père l'attribuait à la variation d'orbite de la planète morale. Il constatait partout les preuves de cette saison nouvelle, et elle le stupéfiait. A son bureau, on lui apprit que les couturières qui fabriquaient les drapeaux s'étaient inscrites à un syndicat de New York. Il endossa des vêtements pris dans son placard, qui pendirent sur lui, aussi informes que les fourrures qu'il avait portées pendant un an. Il avait rapporté des présents. Il donna à son fils une paire de défenses de morse et une dent de baleine sculptée par un Esquimau. Il donna à sa femme la fourrure d'un ours polaire blanc. Il sortit de sa malle des trésors de l'Arctique – les carnets où il avait tenu son journal, dont la couverture se retroussait aux angles, dont les pages avaient la raideur du papier longtemps imprégné d'humidité; une photographie dédicacée du commandant Peary; une pointe de harpon en os; trois ou quatre boîtes de thé qui n'avaient pas été utilisées, inestimables trésors dans le Nord, mais ici dans le salon embarrassant bric-à-brac de sauvage. Les membres de la famille, debout autour de lui, le regardaient, à genoux par terre. Il n'avait rien à leur dire. L'obscurité et le froid du cercle polaire s'étaient emparés de lui et lui avaient voûté les épaules. Attendant le retour de Peary au *Roosevelt*, il avait entendu le vent hurler la nuit et il avait étreint avec reconnaissance, avec amour, le corps répugnant, et puant le poisson, d'une femme esquimaude. Il avait pénétré de son corps ce poisson puant. Il osait à peine évoquer un mot plus cru. Voilà ce qu'il avait fait. Maintenant à New Rochelle il sentait sur lui l'odeur de l'huile de foie de poisson dans ses narines. Il frotta son corps jusqu'à ce qu'il fût rouge. Il chercha au fond des yeux de Mère un verdict. Il y trouva en fait une femme curieuse et attentive au changement qui s'était opéré en lui. Il prit conscience du fait que toutes les nuits depuis son retour ils avaient dormi dans le même lit. Elle était en un sens d'une pudeur moins intransigeante qu'autrefois. Elle acceptait son regard. Elle venait au lit les cheveux dénoués. Sa main une nuit effleura la poitrine de son mari et descendit pour venir se poser résolument sous sa chemise de nuit. Il décida que Dieu avait en réserve des châtiments si tortueux qu'il était inutile d'essayer d'en découvrir la forme. Avec un gémissement, il se tourna vers elle et la trouva prête. Les mains de sa femme qui attiraient son visage contre le sien ne sentirent pas ses larmes.

Mais la maison avec ses bow-windows, ses pans coupés et ses mansardes se profilait dans le jardin comme un navire. Les stores roulés étaient attachés aux fenêtres. Le matin d'une brillante journée de novembre le vit debout sur le trottoir. Les feuilles tranchées par le gel jonchaient le sol comme des vagues autour de la maison. Le vent soufflait. Il boitait légèrement depuis son voyage. Il songeait à préparer sa conférence de retour pour le Club des Explorateurs de New York. Mais il constata qu'il préférait rester assis au salon, les pieds devant un petit radiateur électrique. Tout le monde dans la famille le traitait comme un convalescent. Son fils lui apportait du bouillon de viande. L'enfant avait grandi, perdu son côté grassouillet. Il avait acquis de l'instruction, rendait des services. Il discutait intelligemment de la comète de Halley. Père se sentait puéril à côté de lui.

Dans le journal, on parlait du safari africain de Teddy Roosevelt. Le fervent protecteur de la nature avait abattu dix-sept lions, onze éléphants, vingt et un rhinocéros, huit hippopotames, neuf girafes, quarante-sept gazelles, vingt-neuf zèbres et un nombre incalculable de kudus, de gnous, d'impalas, d'élans, d'antilopes et de phacochères.

Quant à la firme de Père, elle semblait avoir fort bien marché en son absence. Mère pouvait maintenant parler avec autorité de sujets tels que prix au détail, inventaire, publicité. Elle avait assumé des responsabilités de chef d'entreprise. Elle avait modifié divers procédés de facturation et passé des contrats avec quatre nouveaux représentants en Californie et dans l'Oregon. Toutes les décisions qu'elle avait prises se révélèrent judicieuses. Il en fut stupéfait. Sur la table de chevet de Mère se trouvait un livre intitulé *Le Combat des Femmes,* de Molly Elliot Seawell. Il remarqua également une brochure sur la limitation des naissances dont l'auteur était Emma Goldman, la révolutionnaire anarchiste. En bas dans l'atelier, sous une fenêtre aux vitres dépolies il découvrit son beau-frère penché sur une table à dessin. Le Jeune Frère de Mère perdait ses cheveux blonds. Il était pâle et maigre, et plus renfermé que jamais. Le plus remarquable était le temps qu'il consacrait maintenant à son travail, douze ou quinze heures par jour. Le domaine qu'il s'était choisi était la section feux d'artifice de la firme et il avait inventé des douzaines de nouvelles fusées, de roues et un pétard de conception nouvelle, de forme sphérique et non cylindrique. Avec sa mèche semblable à une courte tige, il fut baptisé la Bombe Cerise. Les deux hommes se rendirent un matin au terrain d'essai de Jeune Frère au bout de la ligne de tramway, dans les marais salants. Ils portaient de lourds manteaux noirs et des melons. Père s'immobilisa en haut d'un petit monticule en bordure des hautes herbes. Sur une zone plate de boue séchée à cinquante mètres de lui, Jeune Frère se pencha pour préparer sa démonstration. Il avait été convenu avec Père que l'on commencerait par faire éclater un pétard classique pour passer ensuite à la Bombe Cerise. Il se redressa brusquement, leva un bras et recula de quelques pas. Père entendit le léger plop du pétard après avoir vu un filet de fumée balayé par le vent. Jeune Frère s'avança de nouveau, se baissa, puis recula, cette fois plus vivement. Il leva les deux bras. L'explosion qui se produisit alors fut aussi violente que celle d'une vraie bombe. Les mouettes se mirent soudain à tournoyer dans les airs et Père ressentit l'onde de choc comme un sifflement dans ses oreilles. Il fut extrêmement alarmé. Quand Jeune Frère vint le rejoindre, son visage était empourpré et ses yeux brillaient. Père suggéra que la charge était peut-être trop forte et risquait d'être dangereuse. Je ne veux pas fabriquer quelque chose qui puisse crever l'œil d'un enfant, dit Père. Jeune Frère ne répliqua pas, mais retourna à son terrain d'essai pour allumer une autre Bombe Cerise, et s'immobilisa cette fois à un pas ou deux à peine du détonateur. Il se tenait comme s'il avait été sous sa douche, le visage levé vers l'eau. Il écarta les bras. La bombe explosa. De nouveau il se baissa et de nouveau il écarta les bras. La bombe explosa. Les oiseaux tournoyaient en cercles de plus en plus grands, fusaient vers le ciel au-dessus du détroit, plongeaient vers les vagues moutonnantes et planaient dans le vent.

Le jeune homme était plongé dans l'affliction. Peu à peu Evelyn Nesbit s'était détachée de lui et comme il s'obstinait à lui prouver son amour, elle s'était montrée franchement hostile. Finalement un jour elle était partie avec un danseur professionnel de ragtime. Elle laissait un mot : ils allaient monter un numéro ensemble. Frère rapporta chez lui dans sa chambre de New Rochelle une caisse en bois remplie de portraits en silhouettes auxquels il avait ajouté une paire de petits souliers de satin beige jetée par Evelyn. Une fois, ne portant que ces souliers et des bas blancs brodés, elle avait posé les mains sur les cuisses et l'avait regardé par-dessus son épaule. Rentré à la maison, il resta étendu sur son lit pendant des journées entières. Parfois, il empoignait son sexe comme pour l'arracher à ses racines. Il marchait de long en large dans sa chambre, et se plaquait les mains sur les oreilles en fredonnant fort quand il croyait entendre la voix d'Evelyn. Il ne pouvait pas regarder les silhouettes. Il avait envie de bourrer son cœur de poudre à canon et de le faire sauter. Sans avertissement un matin à l'aube, il se réveilla avec le parfum de la jeune femme dans les narines. De tous les souvenirs, celui-là avait été le plus crucifiant. Il descendit en courant et jeta le paquet de silhouettes et les chaussures en satin dans la poubelle. Ensuite il se rasa et partit pour la fabrique de drapeaux et de feux d'artifice.

Les portraits en silhouettes furent récupérés par son neveu.

15

Le petit garçon gardait précieusement tout ce qui était jeté. Il faisait étrangement son éducation et vivait une vie intellectuelle totalement secrète. Il convoitait le journal tenu par son père dans l'Arctique mais il répugnait à le lire du moment que Père ne s'en était pas détaché. Dans son esprit, l'objet n'acquérait de sens qu'une fois délaissé. Il examina les silhouettes, les étudiant avec soin et en choisit une pour l'accrocher à l'intérieur de sa penderie contre la porte. C'était une étude du modèle le plus fréquent de l'artiste, une fillette avec des cheveux comme un casque et l'attitude d'un être prêt à la fuite. Elle portait les bottines lacées et les chaussettes en tire-bouchon des enfants pauvres. Il cacha le reste de la collection de silhouettes dans le grenier. Il s'intéressait non seulement aux objets mis au rebut mais aux événements inattendus et aux coïncidences. Il n'apprenait rien en classe, mais réussissait néanmoins car on n'exigeait rien de lui. Son professeur était une femme aux cheveux gris fer qui enseignait à ses élèves la déclamation et tapait dans les mains tandis qu'ils s'exerçaient dans leurs cahiers à tracer les courbes, les pleins et les déliés censés leur permettre d'acquérir une belle écriture. Chez lui, il avait un faible pour les livres de mécanique enfantine et manquait rarement un numéro de l'*Illustré du Far West* et, chose étrange, ces goûts rassuraient sa famille qui n'y voyait rien d'exceptionnel. Mère le soupçonnait d'être un enfant bizarre, encore qu'elle n'eût confié cette impression à personne, pas même à Père. Tout ce qui semblait indiquer que son fils était un enfant ordinaire la réconfortait. Elle aurait aimé qu'il ait des amis. Père n'était pas redevenu lui-même et Jeune Frère était trop tourmenté par ses propres problèmes pour être de la moindre utilité, aussi était-ce à Grand-Père qu'incombait le rôle de cultiver l'éventuelle singularité du petit garçon ou simplement son indépendance d'esprit.

Le vieil homme était maigre et voûté, et dégageait un relent de moisi, peut-être parce qu'il possédait peu de vêtements et refusait d'en acheter ou d'en accepter des neufs. Ses yeux en outre pleuraient continuellement. Mais il s'asseyait dans le salon et racontait à l'enfant des histoires tirées d'Ovide. Des histoires de gens qui devenaient des animaux, ou des arbres ou des statues. Des histoires de métamorphoses. Des femmes transformées en tournesols, en araignées, en chauves-souris, en oiseaux; des hommes métamorphosés en serpents, en cochons, en pierres et même en air impalpable. L'enfant ne savait pas qu'il écoutait Ovide et peu eût importé s'il l'avait su. Les histoires de Grand-Père lui enseignaient que les formes de la vie étaient mouvantes et que tout dans le monde pouvait tout aussi aisément être autre chose. Grand-Père au cours de ses récits passait parfois de l'anglais au latin sans même s'en rendre compte, comme quand il s'adressait à une de ses classes d'élèves quarante ans auparavant, et il semblait donc que rien n'échappât au principe de la mouvance, pas même le langage.

Le petit garçon considérait son grand-père comme un trésor jeté au rebut. Il considérait les histoires comme des reflets de la vérité et par conséquent comme des propositions susceptibles d'être mises à l'épreuve. Il trouvait dans sa propre expérience une preuve de l'instabilité à la fois des choses et des gens. Par exemple il regardait la brosse à cheveux posée sur la commode et il arrivait que la brosse glissât vers le bord du meuble et tombât à terre. S'il ouvrait la fenêtre de sa chambre, elle était parfois capable de se refermer d'elle-même au moment où il songeait que la pièce était en train de se refroidir. Il aimait aller au cinématographe au New Rochelle Theatre dans Main Street. Il connaissait les principes de la photographie mais pressentait également que les films dépendaient de la capacité des humains, des animaux ou des objets à aliéner certains fragments d'eux-mêmes, résidus d'ombre et de lumière qu'ils laissaient derrière eux. Il écoutait avec fascination le Victrola et ne cessait de rejouer le même rouleau quel qu'il fût, comme pour vérifier la stabilité d'un phénomène constamment répété.

Il prit ensuite l'habitude de s'examiner dans le miroir, espérant peut-être voir quelque changement s'opérer sous ses yeux. Il ne se rendait pas compte qu'il était plus grand qu'il ne l'avait été ne fût-ce que quelques mois auparavant, ou que ses cheveux étaient en train de foncer. Mère remarqua qu'il s'intéressait maintenant à lui-même et y vit la vanité d'un jeune garçon qui commence à se prendre pour un homme. Il avait certes passé l'âge des costumes marins. Toujours discrète, elle ne dit rien. En fait, il persista dans cette habitude non par vanité mais parce qu'il avait découvert le miroir comme un moyen de se multiplier soi-même. Il se contemplait jusqu'à ce qu'il y eût deux personnes face à face, sans que l'une ou l'autre pût prétendre être la vraie. Il avait la sensation d'être désincarné. Il ne représentait plus rien de précis en tant qu'être humain. Il avait le sentiment vertigineux de se séparer indéfiniment de lui-même. Il sombrait alors dans des transes si profondes qu'il lui était absolument impossible de s'y arracher, bien que son esprit gardât toute sa lucidité. Il devait donc compter sur un stimulus venu de l'extérieur, un grand bruit ou un changement dans la lumière filtrant par la fenêtre, pour capturer son attention et lui permettre de retrouver son unité.

Et que penser de son propre père, cet homme robuste, sûr de soi, qui était parti pour revenir émacié, voûté et barbu? Ou de son oncle qui perdait ses cheveux en même temps que son indolence? Au bas de la colline de Broadview Avenue un jour, les édiles de la cité dévoilèrent la statue en bronze d'un vieux gouverneur hollandais, un homme au visage farouche avec un chapeau carré, une cape, une culotte et des chaussures à boucles. La famille assistait à la cérémonie. il y avait d'autres statues dans les parcs de la ville et l'enfant les connaissait toutes. Il croyait que les statues étaient un des moyens de transformer les humains et dans certains cas les chevaux. Et pourtant, les statues elles-mêmes ne demeuraient pas identiques, mais prenaient différentes couleurs ou perdaient des morceaux et des fragments d'elles-mêmes.

Il était évident pour lui que le monde se composait et se recomposait sans cesse en un éternel processus d'insatisfaction.

L'hiver se fit extrêmement froid et sec et les étangs de New Rochelle devinrent des patinoires idéales. Le samedi et le dimanche, Mère, Jeune Frère et le petit garçon allaient patiner sur l'étang dans les bois au bas de Paine Avenue, la rue adjacente à Broadview. Jeune Frère patinait de son côté, à longues foulées solennelles et gracieuses sur la glace, les mains derrière le dos, la tête penchée. Mère portait une toque de fourrure et un long manteau noir, et les mains dans un manchon elle patinait avec son fils qui lui donnait le bras. Elle espérait le détourner de ses quêtes solitaires à la maison. C'était un joyeux spectacle, avec les enfants et les adultes venus de tout le quartier qui glissaient sur la glace immaculée, de longues écharpes de couleur flottant à leur cou, les joues et le nez rougis par le froid. Les gens tombaient, riaient quand on les relevait. Les chiens luttaient pour garder leur équilibre en courant après les enfants. Il y avait le perpétuel crissement des lames de patins sur la glace. Certaines familles avaient des fauteuils en osier montés sur patins pour les personnes âgées ou les moins téméraires que l'on poussait devant soi avec sollicitude. Mais les yeux du petit garçon ne voyaient que les traces laissées par les patins, – traces promptement effacées de moments passés, de voyages accomplis.

16

Le même hiver vit Tateh et sa fille dans la ville industrielle de Lawrence, Massachusetts. Ils y étaient arrivés à l'automne précédent, ayant entendu dire qu'on y trouvait du travail. Tateh se tenait devant un métier à tisser cinquante-six heures par semaine, et gagnait un peu moins de six dollars. La famille vivait dans un bâtiment en bois sur une colline. Ils n'avaient pas de chauffage. Ils occupaient une pièce donnant sur une ruelle où les locataires avaient l'habitude de jeter leurs ordures. De peur de voir sa fille devenir la victime des éléments douteux du quartier, il refusa de l'inscrire à l'école – il était plus facile ici qu'à New York d'éviter les autorités – et l'obligea à rester à la maison quand il n'était pas là pour sortir avec elle. Après son travail, il se promenait en sa compagnie dans les rues sombres. Elle devint pensive. Elle tenait les épaules droites et marchait comme une femme. Il se torturait à la perspective de sa maturité prochaine. A ce moment de la vie où une fille devient femme, elle a besoin d'une mère pour la guider. Devrait-elle affronter toute seule ce difficile passage? Par ailleurs, s'il trouvait une femme à épouser, comment réagirait-elle devant la nouvelle venue? Cela risquait d'être pour elle la pire expérience du monde.

Les mornes bâtisses de bois s'alignaient en interminables rangées. Toutes les nationalités d'Europe s'y trouvaient représentées : Italiens, Polonais, Belges, Juifs russes. L'atmosphère était tendue entre les différents groupes. Un jour, la plus importante des manufactures, l'American Woolen Company, distribua des enveloppes contenant une paye réduite. Une sorte de frémissement se propagea parmi tous les employés de l'usine. Plusieurs ouvriers italiens abandonnèrent leurs machines. Ils se mirent à parcourir l'usine en appelant à la grève. Ils arrachèrent les fils électriques et jetèrent des morceaux de charbon par les fenêtres. D'autres les suivirent. La colère gagna du terrain. Dans toute la ville, les ouvriers désertaient leurs machines. Ceux qui n'arrivaient pas à se décider étaient emportés par l'élan général. En trois jours, toutes les usines textiles de Lawrence étaient pratiquement fermées.

Tateh était fou de joie. Nous allions mourir de faim ou de froid, dit-il à sa fille. Maintenant on va nous tirer dessus. Mais des représentants syndicaux qui savaient organiser une grève arrivèrent rapidement de New York et prirent les choses en main. Un comité de grévistes fut formé avec chacune des races représentées et un message transmis aux ouvriers : pas de violence. Emmenant la fillette avec lui, Tateh alla se joindre aux milliers d'ouvriers qui formaient des piquets de grève et encerclaient l'usine, une construction massive de briques qui occupait plusieurs pâtés de maisons. Ils avançaient à pas lourds sous le ciel gris et froid. Les tramways descendaient la rue, leurs conducteurs tournant la tête pour contempler les milliers de marcheurs qui avançaient silencieusement dans la neige. Au-dessus d'eux, les fils du téléphone et du télégraphe étaient alourdis par la glace. Des miliciens nerveux armés de fusils gardaient les portails de l'usine. Tous les miliciens portaient des manteaux.

Les incidents furent nombreux. Une ouvrière fut abattue en pleine rue. Les seuls à être armés de fusils étaient les miliciens et les policiers, mais les deux leaders de la grève, Ettor et Giovanetti, furent arrêtés pour participation à la fusillade. Ils furent emprisonnés en attendant d'être jugés. Tout le monde s'était attendu à un incident de ce genre. Tateh se rendit à la gare de chemin de fer pour accueillir à Lawrence les deux hommes envoyés pour remplacer Ettor et Giovanetti. Il y avait une foule immense. Du train descendit Big Bill Haywood, le membre le plus célèbre du syndicat. Il était natif de l'Ouest et portait un Stetson qu'il enleva pour l'agiter en l'air. Des acclamations s'élevèrent. Haywood leva les mains pour réclamer le silence. Il prit la parole. Il avait une voix admirable. Les seuls étrangers ici sont les capitalistes, dit-il. Ce fut du délire. Ensuite, tout le monde défila dans les rues en chantant l'*Internationale*. La petite fille n'avait jamais vu Tateh aussi enflammé. Elle aimait bien la grève qui l'avait sortie de sa chambre. Elle tenait la main de son père.

Mais la lutte se poursuivit semaine après semaine. Des comités d'entraide avaient installé des cuisines dans tous les quartiers. Ce n'est pas de la charité, dit une femme à Tateh quand, après que l'enfant eut reçu sa part, il refusa la sienne. Les patrons veulent que vous soyez faibles, par conséquent il faut être fort. Les gens qui nous aident aujourd'hui auront besoin de notre aide demain. Chaque jour dans le froid, en procession, ils s'emmitouflaient dans leurs écharpes et tapaient des pieds sur la neige gelée. La petite cape de l'enfant était élimée jusqu'à la trame. Tateh offrit ses services au comité d'organisation de la grève et échappa avec sa fille aux rues glacées en dessinant des pancartes. Les pancartes étaient très belles. Mais le responsable lui dit qu'elles n'étaient pas bien. Nous ne voulons pas des œuvres d'art, dit l'homme. Nous voulons quelque chose pour stimuler la colère. Nous voulons attiser le feu. Tateh avait dessiné les piquets de grève, silhouettes rigides debout dans la neige. Il avait dessiné des familles entassées dans leurs pauvres logements. Il se mit alors à dessiner des lettres. Un pour tous et tous pour un. Il se sentit mieux. Le soir, il ramenait chez lui des feuilles de papier, de carton, des plumes, de l'encre de Chine, et pour distraire l'enfant de leurs soucis, il l'amusait en dessinant pour elle des silhouettes. Il créa une scène représentant un autocar avec les passagers qui montaient ou qui descendaient. L'image enchanta sa fille. Elle la posa contre son oreiller et l'examina sous des angles différents. Il eut, en la voyant faire, une inspiration. Il fit plusieurs études du tramway et, les maintenant ensemble, les feuilleta vivement, ce qui donnait l'impression que le tramway arrivait sur ses rails d'une certaine distance et s'arrêtait pour que les gens puissent monter ou descendre. Son propre ravissement n'avait d'égal que celui de la fillette. Elle le contemplait d'un regard si serein et approbateur que l'envie de créer pour elle le saisit comme une fièvre. Il ramena à la maison d'autres morceaux de papier. Il imagina l'enfant sur des patins à glace. En deux nuits, il dessina cent vingt silhouettes sur des pages pas plus grandes que sa main. Il les relia avec une ficelle. Elle tint le petit livre et, du pouce, en feuilleta les pages, se regardant s'éloigner sur ses patins, revenir, décrire en glissant la double boucle d'un huit, repartir, pirouetter et s'incliner gracieusement devant son public. Tateh la serra contre lui et pleura de sentir la fragilité de ce corps, le contact léger des lèvres sur sa joue. Et si en vérité il était incapable de rien faire d'autre pour elle que des dessins? S'ils devaient se contenter ainsi de vivre d'espérances qui ne se réaliseraient jamais vraiment? Elle grandirait en maudissant son nom.

Entre-temps, la grève était devenue célèbre. Des reporters arrivaient quotidiennement de tout le pays. D'autres villes envoyaient des secours. Mais une faiblesse croissante perçait dans l'unité du front de grève. Pour un homme avec des enfants, il était difficile de conserver son courage et sa résolution. Un plan fut mis sur pied pour envoyer les enfants des grévistes dans d'autres villes où les accueilleraient des familles de sympathisants. Des centaines de familles à Boston, New York et Philadelphie offrirent de les prendre chez eux. D'autres envoyèrent de l'argent. Le comité des grévistes enquêta avec soin sur chaque famille. Les parents des enfants durent signer des autorisations. L'expérience commença. Des femmes riches arrivèrent de New York pour escorter les cent premiers dans le train. Chaque enfant avait subi un examen médical et portait des vêtements neufs. Ils arrivèrent à la gare de Grand Central à New York comme une armée de pèlerins. Il y avait foule pour les accueillir et pendant un moment tout le monde eut sous les yeux le spectacle d'enfants qui se tenaient, main dans la main, regardant résolument droit devant eux, – comme contemplant le sort funeste que l'Amérique industrielle leur réservait. La presse s'empara de l'événement. Les propriétaires des manufactures de Lawrence se rendirent compte que de tous les stratagèmes imaginés par les ouvriers, ce serait celui-ci, la croisade des enfants, qui leur porterait le plus grand préjudice. Si on les laissait continuer, la sympathie du public dans toute la nation irait aux ouvriers et les patrons seraient obligés de céder. Cela signifierait une augmentation des salaires qui amènerait certains ouvriers à gagner jusqu'à huit dollars par semaine. Ils seraient en outre payés pour leurs heures supplémentaires et pour l'accélération des cadences de production. Ils se tireraient sans châtiment de leur grève. C'était inconcevable. Les patrons des usines savaient qui étaient les gardiens de la civilisation, les instigateurs du progrès et de la prospérité dans la ville de Lawrence. Pour le bien du pays et du système démocratique américain, ils décidèrent qu'il n'y aurait plus de croisades des enfants.

Entre-temps, Tateh était la proie d'un conflit intérieur; de toute évidence, la meilleure solution pour la fillette aurait été de passer quelques semaines dans un foyer stable. Elle serait convenablement nourrie, elle aurait chaud, et elle goûterait à une vie de famille normale. Mais il ne pouvait supporter d'être séparé d'elle. Cette seule idée l'emplissait de sombres pressentiments. Il se rendit au comité de secours, installé dans une boutique pas très loin de l'usine, et parla à l'une des responsables. Elle lui affirma qu'il y avait beaucoup plus d'honnêtes familles ouvrières volontaires pour accueillir des enfants que l'on ne pouvait en utiliser. Juives? dit Tateh. Nous avons tout ce que vous voulez, dit la femme. Mais il ne pouvait se résigner à signer les papiers. On se renseigne sur chaque famille, lui dit la femme. Le risque serait bien trop grand en pareil domaine. J'ai été socialiste toute ma vie, lui affirma Tateh. Bien entendu, dit la femme. Un docteur lui auscultera les poumons. Rien que pour cela, ça vaut la peine. Mais personne ne vous force. Regardez, regardez cette queue derrière vous, ce ne sont pas les clients qui manquent.

Me voilà face à la solidarité en pleine action, songea Tateh, et je raisonne comme un bourgeois du *Shtetl.* Il signa l'autorisation.

Une semaine plus tard, il conduisit la fillette à la gare de chemin de fer. Elle faisait partie d'un contingent de deux cents enfants se rendant à Philadelphie. Elle portait une robe neuve et un chapeau qui lui tenait les oreilles au chaud. Il ne cessait de la regarder à la dérobée. Elle était d'une grande beauté, avec son port de tête naturellement royal. Elle était contente d'avoir des vêtements neufs. Il affectait une attitude détachée et s'efforçait de réprimer son amertume. Elle avait accepté l'idée de partir sans un mot de protestation.

Evidemment il en était mieux ainsi à tous points de vue. Mais si c'était si facile pour elle, que réservait l'avenir? Certains traits de son caractère lui échappaient. Elle exerçait une attirance sur les autres.

Nombre de mères la dévisageaient. Tateh en était fier, mais terrifié en même temps. Ils se tenaient dans la salle d'attente, où était entassée une cohue de mères et d'enfants. Le voilà! lança quelqu'un, et la foule se rua vers les portes tandis que le train entrait en gare en sifflant et en crachant de grands nuages de vapeur.

Un wagon réservé aux enfants était accroché à l'arrière du train. C'était la ligne de Boston et du Maine. La locomotive était une Baldwyn 4-6-0. Tout le monde sortit sur le quai, les infirmières diplômées du Comité des Femmes de Philadelphie venant en tête de la procession. N'oublie pas tes bonnes manières, dit Tateh à sa fille en avançant parmi les autres. Quand on te pose une question, réponds. Parle assez fort pour qu'on t'entende. Une fois passé le coin de la gare, il remarqua dans la rue une rangée de miliciens avec leurs casques. Ils tenaient leurs fusils en travers de la poitrine et tournaient le dos au quai. La procession s'immobilisa et reflua sur elle-même. Il y eut de violents remous parmi les premiers rangs. Puis il entendit un cri, des policiers surgirent de partout et brusquement ce fut la panique dans la foule. Tandis que les voyageurs sidérés regardaient depuis les fenêtres du train, les policiers commencèrent à séparer les enfants des mères. Ils entraînaient celles-ci, qui hurlaient, se débattaient et ruaient, vers des camions garés au bout du quai. Les camions étaient des Reos de l'armée avec des capots en forme de pagode et une transmisssion à chaîne. Des enfants étaient piétinés. Ils s'éparpillèrent dans toutes les directions. Une femme courait, un filet de sang lui coulant de la bouche. La vapeur s'échappant de la locomotive dérivait en nappes de brume. La cloche tintait paisiblement. Une femme apparut devant Tateh. Elle essaya de dire quelque chose. Elle se tenait le ventre à deux mains. Elle tomba. Tateh empoigna sa fille à bras-le-corps et la hissa sur la plate-forme du wagon le plus proche, pour la mettre à l'abri. Il reporta ensuite son attention sur la femme qui gisait à terre. La saisissant sous les bras, il la tira à travers la foule en direction d'un banc. Il était en train de l'asseoir lorsqu'un policier le remarqua. Le policier lui abattit son bâton sur les épaules et le crâne. Qu'est-ce que vous faites, cria Tateh. il ne comprenait pas ce que lui voulait ce fou furieux. Il recula parmi la foule. L'autre le suivit en lui tapant dessus. Il s'écarta en vacillant de la foule et continua à être frappé. Il finit par s'écrouler.

Cette opération policière avait été déclenchée par un arrêté du shérif interdisant à tous les enfants de quitter Lawrence, Massachusetts. C'était pour leur propre bien. Ils étaient à genoux, se serrant contre les corps inertes de leurs parents couverts de sang. Certains étaient en pleine crise de nerfs. En quelques minutes, la police avait dégagé le quai, les camions s'ébranlaient, la milice s'éloignait et il ne resta plus que quelques adultes meurtris qui sanglotaient et des enfants qui pleuraient. L'un de ces êtres était Tateh. Adossé à un pilier, il s'efforçait de reprendre ses forces. Il n'avait pas l'esprit clair. Il prit lentement conscience de sons émis plusieurs minutes auparavant. Il entendit la voix de la petite fille : Tateh! Tateh! A ce moment il s'aperçut que le quai de la gare était anormalement clair. Le train était parti. Il en prit conscience avec un terrible coup au cœur. Il était maintenant complètement lucide. Et il continuait à entendre la voix. Tateh, Tateh! Regardant le long de la voie, il vit le dernier wagon du train pour Philadelphie à quelques mètres passé l'extrémité de la gare. Le train était immobile. Il se mit à courir. Tateh, Tateh! Tandis qu'il courait, le train s'ébranla lentement. Il se rua sur la voie. Il courait, vacillant, les bras tendus devant lui. Ses mains agrippèrent la balustrade de la plate-forme extérieure. Le train prenait de la vitesse. Ses pieds décollèrent du sol. Les traverses sous lui commençaient à courir et se brouiller. Cramponné à la balustrade, il réussit enfin à hisser ses genoux sur la plate-forme au-dessus de lui et demeura ainsi accroché, la tête appuyée contre les barreaux comme un homme en prison implorant sa délivrance.

17

Tateh fut secouru par deux contrôleurs qui le soulevèrent par les bras et le fond de son pantalon et le hissèrent sur la plate-forme d'observation. Ils durent d'abord desserrer ses doigts crispés sur la balustrade. Il trouva sa fille dans le train et sans prêter attention à ceux qui l'entouraient, employés, passagers, il l'étreignit dans ses bras et pleura. Il remarqua alors que sa cape neuve était tachée de sang. Il regarda les mains de l'enfant. Elles étaient barbouillées de sang. Où es-tu blessée? hurla-t-il. Où es-tu blessée? Elle secoua la tête, tendit les doigts vers lui et il comprit alors que le sang dont elle était couverte était le sien. Il s'écoulait d'une plaie au cuir chevelu, poissant sa chevelure blanche.

Un docteur qui se trouvait par hasard à bord du train soigna les blessures de Tateh et lui fit une piqûre. Après quoi, il n'eut guère conscience de ce qui se passait. Il dormit, couché sur le côté en travers de deux sièges, avec son bras comme oreiller. Il se rendait compte que le train roulait et que sa fille était assise sur la banquette en face de lui. Elle regardait par la fenêtre. Ils étaient les seuls passagers dans ce wagon spécial pour Philadelphie. Parfois il entendait des voix, mais ne réussissait pas à sortir de son engourdissement pour comprendre ce qu'elles disaient. En même temps, il voyait clairement les yeux de l'enfant avec des collines couvertes de neige qui défilaient en arc de cercle au ralenti dans ses pupilles. Ce fut de cette façon qu'il descendit en direction du sud vers Boston, puis New Haven, qu'il traversa dans le comté de Westchester les villes de Rye et de New Rochelle et les gares de triage de New York, qu'il franchit le fleuve pour atteindre Newark, dans le New Jersey, et enfin Philadelphie.

Le train arrêté en gare, les deux réfugiés trouvèrent un banc dans la gare et y passèrent la nuit. Tateh était un peu désorienté. Il avait en poche, fort heureusement, la part de son salaire hebdomadaire qu'il avait mise de côté pour le loyer : deux dollars et cinquante cents. La petite fille, assise à côté de lui sur le banc luisant, observait les allées et venues des gens à travers la gare. Aux premières heures de la matinée, il ne restait plus qu'un porteur qui poussait un grand balai sur le sol en marbre. Comme d'habitude, elle semblait accepter totalement la situation dans laquelle elle se trouvait. Tateh avait le crâne douloureux. Ses mains étaient enflées et écorchées. Assis sur le banc, il tenait les mains plaquées sur ses oreilles. Il ne savait pas quoi faire. Il n'arrivait pas à réfléchir. Sans bien savoir comment, ils se trouvaient à Philadelphie.

Au matin, il ramassa un journal jeté dans un coin. En première page figurait un récit de la terreur policière qui s'était déchaînée à Lawrence, Massachusetts. Il trouva son paquet de cigarettes au fond d'une poche et fuma en lisant le journal. Un éditorial exigeait une enquête du gouvernement fédéral sur ce scandale. Ainsi donc les grévistes allaient gagner. Et puis après? Il entendait le claquement des métiers à tisser. Un salaire de six dollars et quelque? Leur existence en serait-elle transformée? Ils continueraient à vivre dans cette chambre misérable et cette sinistre rue sombre. Tateh secoua la tête. Ce pays ne me laissera pas respirer. Dans cet état d'esprit, il prit lentement la décision de ne pas retourner à Lawrence, Massachusetts. Ses affaires, ses misérables vêtements, il les abandonnerait au propriétaire. Qu'est-ce que tu as avec toi, dit-il à sa fille. Elle lui montra le contenu de sa petite valise, – ce qu'elle avait emporté pour son voyage. Ses dessous, son peigne et sa brosse, une barrette, des jarretières, des bas, et les livres qu'il avait faits pour elle du tramway et de la patineuse. Ce fut à partir de ce moment-là, peut-être, que Tateh commença à concevoir son destin comme distinct de celui de la classe ouvrière. Je hais les machines, dit-il à sa fille. Il se leva, elle se leva à son tour et lui prit la main, et ils cherchèrent ensemble la sortie. Le syndicat a gagné, dit-il. Mais qu'a-t-il gagné? Quelques sous de plus pour les salaires. Et les usines, elles sont à lui maintenant? Non.

Ils se lavèrent et se rafraîchirent dans les toilettes publiques. Ils se rendirent au café de la gare pour y déjeuner de café et de petits pains et passèrent la journée à marcher dans les rues de Philadelphie. Il faisait froid et le soleil brillait. Ils regardèrent les vitrines des boutiques et lorsqu'ils eurent les pieds engourdis par le froid, entrèrent dans un grand magasin pour se réchauffer. C'était une salle gigantesque dont chaque allée était encombrée de clients. La fillette remarqua avec intérêt les paniers en fil de fer qui se balançaient aux câbles mobiles au-dessus des comptoirs. Ils faisaient la navette entre les comptoirs et la caisse pour transporter l'argent et les reçus. Les vendeurs tiraient sur une cordelette terminée par une poignée en bois pour faire descendre les paniers puis tiraient sur une autre cordelette pour les remonter. Des mannequins, telles des poupées de grande taille, étaient coiffés de toques en satin et de chapeaux à larges bords décorés d'aigrettes. Un de ces chapeaux coûte plus d'une semaine de salaire, dit Tateh.

Plus tard, de nouveau dans les rues, ils passèrent devant des immeubles à la charpente métallique où des camions venaient se garer à hauteur des plates-formes de chargement. Les vitrines des dépôts de marchandises et des grossistes n'offraient guère d'intérêt. Mais le regard de l'enfant fut attiré par une vitrine crasseuse derrière laquelle étaient exposés tous les articles de fantaisie d'un établissement de vente par correspondance. A cette époque les hommes d'affaires découvraient le bénéfice qu'on pouvait tirer des farces et attrapes et de la prestidigitation de salon. Il y avait des cigares explosifs, des roses en caoutchouc pour la boutonnière qui crachaient un jet d'eau, des boîtes de poudre à éternuer, des télescopes qui vous laissaient l'œil au beurre noir, des paquets de cartes explosifs, des ballons siffleurs à placer sous les coussins des chaises, des presse-papiers en verre avec des scènes hivernales où la neige se mettait à tomber quand on les secouait, des allumettes explosives, des statuettes de la Liberté servant de clochette et d'autres en plomb, des anneaux magiques, des stylos explosifs, des livres donnant la clef des songes, des danseuses du ventre égyptiennes en caoutchouc, des montres explosives, des œufs explosifs.

Tateh continua à regarder fixement la vitrine bien après que la petite fille eut cessé de s'y intéresser. Il la conduisit dans le magasin, puis il ôta son chapeau et parla à un homme en chemise rayée aux manches maintenues par des élastiques qui s'avançait pour les accueillir. L'homme se montra aimable. Bien sûr, dit-il, faites voir. Tateh prit la valise de la fillette, en sortit le livre de la patineuse. Debout à côté du patron de la boutique, il tint le livre à bout de bras et d'un coup de pouce expert en fit tourner vivement les pages. La petite patineuse avança, recula, décrivit un huit, revint, exécuta une pirouette et s'inclina en une gracieuse révérence. L'homme haussa les sourcils, tendit la lèvre inférieure. Laissez-moi essayer, dit-il.

Une heure plus tard, Tateh sortit de là avec vingt-cinq dollars en liquide et une lettre-contrat qu'il avait signée, prévoyant quatre autres livres à vingt dollars pièce. La compagnie – elle s'appelait la Franklin Novelty Company – publierait les livres et les ajouterait à ses autres articles. Afin de les désigner dans le contrat, on les baptisa « livres animés ». Viens, dit Tateh à l'enfant, nous allons trouver une pension de famille dans un bon quartier et nous allons nous offrir un repas et un bain chaud.

18

Ainsi l'artiste orienta-t-il sa vie dans le sens des lignes de force de l'énergie américaine. Les ouvriers se mettaient en grève et mouraient, mais dans les rues des villes, un individu ingénieux pouvait faire cuire des patates douces dans un seau de braises et les vendre pour un *cent* ou deux. Un souriant joueur de vielle réussissait à emplir sa sébille. Phil le Violoneux, bravant la neige, coupait les doigts de ses gants et jouait sous les fenêtres illuminées des hôtels particuliers. Frank le Caissier guettait l'apparition d'un cheval emballé emportant la fille d'un courtier de Wall Street. D'un bout à l'autre du continent, les marchands appuyaient sur les larges touches rondes de leurs caisses enregistreuses. On prenait partout conscience de la valeur de l'événement susceptible d'être reproduit. Chaque ville avait son distributeur de glaces et sorbets en marbre de Belgique. Parker le Dentiste offrait en tous lieux de guérir sans douleur les maux de dents. A Highland Park, Michigan, la première automobile Modèle T construite sur chaîne de montage mobile descendait une rampe en cahotant et venait s'arrêter dans l'herbe sous un ciel sans nuages. Elle était noire, disgracieuse et haut perchée sur le sol. Son inventeur l'examinait d'une certaine distance, son chapeau melon rejeté en arrière sur la nuque. Il mâchonnait un bout de paille. Dans sa main gauche, il tenait une montre gousset. Il employait de nombreux ouvriers, pour la grande majorité étrangers, et croyait depuis longtemps la plupart des êtres humains trop stupides pour bien gagner leur vie. Il avait conçu l'idée de morceler les opérations de montage d'une automobile en les réduisant chacune à la tâche la plus simple, afin que n'importe quel imbécile fût capable de les accomplir. Au lieu d'enseigner à un homme les centaines de gestes nécessaires à la construction d'une automobile, de l'obliger à circuler de-ci de-là pour aller chercher les diverses pièces sur un vaste comptoir, pourquoi ne pas l'immobiliser toujours à la même place, répétant sans cesse le même geste, et faire circuler devant lui sur un tapis roulant les pièces nécessaires? Ainsi le niveau mental de l'ouvrier ne serait pas mis à l'épreuve. L'homme qui pose un boulon ne pose pas l'écrou, dit l'inventeur à ses associés. L'homme qui pose l'écrou ne le serre pas. Il avait le don de la parole. L'inspiration lui était venue lors d'une visite à la conserverie de viande de bœuf où les vaches circulaient à travers l'usine suspendues par des élingues à des câbles aériens. Du bout de la langue, il faisait passer son brin de paille d'un coin de la bouche à l'autre. Il consulta de nouveau sa montre. Son génie consistait en partie à donner l'impression à ses directeurs et à ses concurrents qu'il avait l'esprit plus lent qu'eux. Six minutes exactement après que la voiture eut descendu la rampe, une voiture identique apparut au sommet de la rampe, resta un instant immobile face au froid soleil matinal, puis descendit à son tour et alla heurter l'arrière de la première voiture. Henry Ford avait été autrefois un banal fabricant d'automobiles. Maintenant il éprouvait une extase plus grande et plus intense que celle qui avait pu être accordée à n'importe quel autre Américain avant lui, sans excepter Jefferson. Grâce à lui, une machine allait se reproduire indéfiniment. Ses directeurs, ses ingénieurs et ses adjoints se pressaient autour de lui pour lui serrer la main. Ils avaient les larmes aux yeux. Il leur accorda soixante secondes sur sa montre gousset pour manifester leurs sentiments. Après quoi il renvoya tout le monde au travail. Il savait qu'il y avait des améliorations à trouver et il avait raison. En contrôlant la vitesse des tapis roulants, il pouvait contrôler le taux de production de l'ouvrier. Il ne voulait pas qu'un ouvrier se courbât en avant ou s'écartât de plus d'un pas de l'emplacement de son travail. L'ouvrier devait disposer de chaque seconde nécessaire à sa tâche mais pas d'une seule seconde inutile. Partant de ces principes, Ford établit la proposition finale de la théorie de la fabrication industrielle, – non seulement les pièces du produit fini doivent être interchangeables, mais les hommes qui fabriquent les produits doivent être eux-mêmes des pièces interchangeables. Bientôt il produisait trois mille voitures par mois et les vendait aux foules. Il allait vivre une vie longue et active. Il adorait les oiseaux et les animaux et comptait parmi ses amis John Burroughs, le vieux naturaliste qui étudiait les humbles créatures des bois, l'écureuil et le raton laveur, la fauvette des roseaux, le roitelet et la mésange charbonnière.

19

Mais l'œuvre accomplie par Ford ne l'avait pas hissé pour autant au sommet de la pyramide des affaires. Un seul homme occupait cette position élevée.

Les bureaux de la J.P. Morgan Company étaient situés au 23 Wall Street. Un matin le grand financier vint au travail, arborant un complet bleu marine, un pardessus noir à col d'astrakan et un haut-de-forme. Il affectait les styles légèrement démodés. Quand il descendit de sa limousine, la couverture de la voiture lui tomba autour des pieds. Un des employés de la banque – ils s'étaient précipités à plusieurs pour l'accueillir – récupéra la couverture et la rangea sur son support contre la portière. Le chauffeur se répandit en remerciements. Pour une raison ou une autre, le tube acoustique était tombé de son crochet et un autre employé de la banque le remit en place. Entre-temps, Morgan avait pénétré à grands pas dans l'immeuble, environné d'assistants, d'adjoints et même de certains clients de la firme qui tournoyaient autour de lui comme des oiseaux. Morgan portait une canne à pommeau d'or. Il avait à cette époque atteint la soixante-quinzième année de son existence – homme robuste d'un mètre quatre-vingts avec une tête volumineuse couverte de cheveux blancs clairsemés, une moustache blanche et des yeux au regard féroce, intraitable, et suffisamment rapprochés pour trahir la nature psychopathique de sa volonté. Acceptant les hommages de ses employés, il se dirigea vers son bureau, une modeste pièce entièrement vitrée au rez-de-chaussée de la banque d'où il pouvait voir tout le monde et où tout le monde le voyait. On l'aida à se débarrasser de son chapeau et de son pardessus. Il portait un col cassé et une large cravate Ascot. Il s'assit derrière son bureau et, sans prêter attention aux comptes des déposants dont il prenait en général connaissance avant toute chose, il déclara à ses adjoints : Je veux rencontrer ce bricoleur. Comment s'appelle-t-il déjà? Le mécanicien de garage. Ford.

Il avait flairé dans la réussite de Ford une passion de l'ordre aussi impérieuse que la sienne. C'était le premier signe qui lui avait été donné depuis un certain temps indiquant qu'il n'était peut-être pas unique sur la planète. Pierpont Morgan était le héros américain classique : un homme né dans l'extrême opulence et qui à force de travail opiniâtre et de dureté impitoyable avait fait fructifier la patrimoine familial jusqu'à le rendre incommensurable. Il détenait 741 postes de direction dans 112 sociétés. Il avait un jour consenti au Gouvernement des Etats-Unis un prêt qui l'avait sauvé de la banqueroute. Il avait à lui tout seul arrêté la panique de 1907 en négociant l'importation de cent millions de dollars en lingots d'or. Se déplaçant en wagons de chemin de fer particuliers ou en yachts, il avait franchi toutes les frontières et se sentait chez lui dans n'importe quel coin du monde. C'était un monarque du royaume invisible et transnational du capital dont la souveraineté était partout reconnue. Maître de ressources qui dépassaient de loin les fortunes les plus royales, c'était un révolutionnaire qui laissait leurs territoires aux présidents et aux rois tout en s'adjugeant le contrôle de leurs banques et de leurs trusts, de leurs usines industrielles et de leurs services publics. Pendant des années, il s'était entouré de groupes d'amis et de connaissances, dont il étudiait minutieusement le comportement à l'affût de tout indice laissant supposer qu'il leur inspirât moins de considération qu'ils ne lui en témoignaient. Il était invariablement déçu. Partout les hommes se soumettaient devant lui et les femmes se déshonoraient. Il connaissait mieux que quiconque l'univers glacé et désolé du succès sans limite. Les démarches ordinaires de son intelligence et de son instinct lui avaient conféré au cours des cinquante dernières années un rôle de premier plan dans les affaires de la nation, et il estimait que ce n'était guère à l'honneur de l'humanité. Une seule chose venait rappeler à Pierpont Morgan qu'il était un simple mortel, et c'était une affection cutanée qui avait pris possession de son nez et en avait fait une fraise géante de concours comme celle créée en Californie par ce sorcier de l'horticulture, Luther Burbank. Cette tare affligeait Morgan depuis son adolescence. A mesure qu'il vieillissait et s'enrichissait, son nez grossissait. Il apprit à faire baisser les yeux à ceux qui le regardaient, mais chaque jour de sa vie, en se levant, il l'examinait dans la glace, le trouvant effectivement répugnant tout en éprouvant en même temps une exquise satisfaction. Il lui semblait que chaque fois qu'il faisait une nouvelle acquisition, qu'il raflait un paquet d'actions ou acquérait le contrôle d'une industrie, un nouveau péricarpe rouge vif fleurissait sur son appendice nasal. Son histoire favorite en littérature était un conte de Nathaniel Hawthorne, intitulé *La tache de naissance,* dont l'héroïne est une jeune femme d'un charme extraordinaire, seule une petite envie sur la joue entachant sa beauté parfaite. Quand son mari, un naturaliste, lui fait avaler une potion destinée à la débarrasser de ce défaut, la tache disparaît; mais au moment où la dernière trace s'efface sur sa peau, lui donnant accès à la perfection, elle meurt. Pour Morgan, la difformité de son nez monstrueux constituait la marque de Dieu sur lui, la garantie de sa mortalité. C'était sa garantie la plus formelle.

Une fois, des années auparavant, il avait organisé un dîner dans sa résidence de Madison Avenue où ses invités étaient les douze hommes les plus puissants d'Amérique en dehors de lui-même. Il espérait que l'énergie réunie de leurs esprits ferait peut-être vaciller les murs de sa demeure. Rockefeller le surprit en lui révélant qu'il souffrait d'une constipation chronique et qu'une bonne partie de ses idées lui venait aux toilettes. Carnegie somnolait sur son cognac. Harriman proférait des inanités. Réunie dans cette pièce, l'élite du monde des affaires n'avait rien à dire. Comme ils le terrifiaient. Comme il sentait trembler son cœur. Il percevait à travers son cerveau le passage des vents électriques d'un univers vide. Il ordonna aux domestiques de placer des couronnes de laurier sur le crâne de chaque invité. Sans exception, les douze hommes les plus puissants d'Amérique avaient l'air d'imbéciles. Leur suffisance qui n'avait fait que croître avec leur fortune les convainquait que ces feuillages ridicules avaient peut-être une quelconque signification. Aucune des femmes présentes n'eut l'idée de rire. C'étaient toutes de vieilles peaux. Elles étaient assises sur leurs vastes postérieurs enfanfreluchés, les seins pendants sous leur décolleté. Pas un gramme d'esprit entre elles. Pas une lueur dans leurs yeux. C'étaient les épouses loyales de grands hommes et les féroces exigences de la réussite effrénée avaient vidé leur chair de sa substance. Ne révélant rien de ce qu'il ressentait, Morgan s'abritait derrière son expression farouche et hautaine. On appela un photographe pour qu'il prît une photo. Il y eut un flash; cet instant solennel fut immortalisé.

Il s'enfuit vers l'Europe, s'embarquant sur l'*Oceanic,* paquebot de la White Star. Il avait fusionné la White Star, la Red Star, les compagnies de transport Dominion et Atlantic et la Leyland en une seule compagnie comptant cent vingt navires transatlantiques. Il méprisait la concurrence tout autant sur mer que sur terre. Debout cette nuit-là à la lisse du navire, il entendait la mer tumultueuse, sentait les mouvements de la houle mais sans la voir. La mer et le ciel noirs se confondaient. Un oiseau, une sorte de mouette, surgit de l'obscurité et se percha sur le bastingage à un mètre de lui. Peut-être avait-il été attiré par son nez. Je n'ai pas d'égaux, dit Morgan à l'oiseau. Cette vérité semblait indiscutable. Il s'était en quelque sorte catapulté lui-même au delà du système de valeurs en cours dans le monde. Mais ce fait même lui imposait la terrible responsabilité d'entretenir les illusions des autres hommes. Pour ses frères épiscopaliens, il bâtirait une cathédrale, St John le Divin, dans la 110e Rue Ouest à New York. Pour sa femme et ses grands enfants, il continuerait à offrir l'image de la stabilité domestique. Et pour le bien de son pays, il vivrait sur un pied aussi grandiose que possible, dînerait avec des rois, achèterait des chefs-d'œuvre artistiques à Rome et à Paris, ou serait vu en compagnie de beautés célèbres à Aix-les-Bains.

Morgan avait tenu ses promesses. Il passait chaque année six mois en Europe, se déplaçant majestueusement d'un pays à un autre. Les cales de ses navires regorgeaient de collections de tableaux, de manuscrits rares, de premières éditions, de jades, de bronzes, d'autographes, de tapisseries, de cristaux. Il plongeait son regard dans les yeux des bourgeois de Rembrandt et des prélats du Greco comme pour y découvrir des royaumes de vérité qui le feraient tomber à genoux. Il effleurait des doigts les textes illustrés de bibles rares du Moyen Age comme pour y palper la poussière de la Cité de Dieu. Il sentait que s'il avait quelque chose à apprendre, il le trouverait plutôt dans le passé que dans le présent dont la faillite totale lui semblait inéluctable. Il était le présent. Il employait des conservateurs de musée pour lui trouver des œuvres d'art et des érudits pour lui enseigner l'histoire des civilisations anciennes. Il erra à tâtons dans le passé des tapisseries flamandes. Il caressa les statues romaines. Il parcourut l'Acropole en poussant du bout du pied les fragments de pierres descellées. Sa quête désespérée le rabattit, inévitablement, sur les civilisations de l'Egypte ancienne, où il est enseigné que l'univers est immuable et que la mort est suivie par la résurrection de la vie. Il fut fasciné. Sa vie prit un nouveau tournant. Il finança les expéditions archéologiques égyptiennes du Metropolitan Museum. Il assista à l'exhumation des profondeurs du sable sec de chaque nouvelle stèle, de chaque amulette, de chaque canope contenant des viscères. Il se rendit dans la Vallée du Nil où le soleil ne manque jamais de se lever ni le fleuve d'inonder ses berges. Il étudia les hiéroglyphes. Un soir, il quitta son hôtel au Caire et parcourut douze kilomètres par tramway spécial pour arriver jusqu'au site de la Grande Pyramide. Sous la claire lumière azurée de la lune, il écouta un guide local lui parler de la révélation accordée au Grand Osiris et selon laquelle une tribu sacrée de héros, une colonie issue des dieux, naît régulièrement chaque année pour aider l'humanité. L'idée le frappa de stupeur. Plus il y réfléchissait, plus elle prenait corps pour lui. Ce fut à son retour en Amérique qu'il commença à songer à Henry Ford. Non pas qu'il prît Ford pour un gentleman. Il reconnaissait en lui un provincial rusé, aussi fruste qu'une écorce de bois. Mais il pensait déceler dans l'utilisation que faisait Ford des hommes une résurrection du système pharaonique. Non seulement cela : il avait examiné des photographies du fabricant d'automobiles et lui avait trouvé une extraordinaire ressemblance avec Seti Ier, le père du grand Ramsès et la momie la mieux conservée que l'on eût exhumée de la nécropole de Thèbes dans la Vallée des Rois.

20

La résidence de Morgan à New York, au 219 Madison Avenue, à Murray Hill, était une imposante demeure qui se dressait à l'angle nord-est de la 36e Rue. A côté se trouvait la Bibliothèque Morgan en marbre blanc, qu'il avait fait construire pour abriter les milliers de livres et d'objets d'art rassemblés au cours de ses voyages. Elle avait été dessinée dans le style de la Renaissance italienne par Charles McKim, un associé de Stanford White. Les blocs de marbre étaient ajustés sans ciment. Une couche de neige fraîche moins éclatante que les pierres de la Bibliothèque recouvrait les rues le jour où Henry Ford arriva pour déjeuner. Tous les bruits de la ville étaient assourdis par la neige. Un policier de la ville était en faction devant la porte de la résidence. De l'autre côté de la rue et à chaque coin de la 36e Rue et de Madison, des petits groupes d'hommes, le col de leur pardessus relevé, se tenaient immobiles, contemplant la demeure du grand homme.

Morgan avait commandé un déjeuner léger. Ils n'échangèrent que de rares paroles au cours du repas en tête à tête où figuraient au menu une bisque de tortue, un Montrachet, un carré d'agneau, un Château Latour, des tomates fraîches et des endives, une tarte à la rhubarbe généreusement nappée de crème et du café. Le service était magique, deux des domestiques de Morgan faisant apparaître et disparaître les plats avec une telle discrétion que la main de l'homme ne semblait nullement intervenir. Ford mangea bien, mais ne toucha pas au vin. Il termina avant son hôte. Il examina franchement le nez de Morgan. Il trouva une miette sur la nappe et la déposa dans la soucoupe de sa tasse de café. Ses doigts palpèrent négligemment l'assiette en or.

Le repas terminé, Morgan annonça à Ford qu'il aimerait le conduire à la Bibliothèque. Il sortirent de la salle à manger et traversèrent une sorte d'antichambre obscure où étaient assis trois ou quatre hommes qui espéraient soustraire quelques instants de son temps à Pierpont Morgan. C'étaient ses avocats. Ils étaient venus le conseiller au sujet de son imminente comparution devant la Commission parlementaire sur la Banque et la Finance, réunie alors à Washington, pour enquêter sur l'éventuelle existence d'un trust de l'argent aux Etats-Unis. Morgan renvoya d'un geste les avocats qui s'étaient levés en le voyant apparaître. Se trouvait également présent un antiquaire en jaquette venu spécialement de Rome pour le voir. L'antiquaire ne se leva que pour s'incliner.

Ford enregistra dans tous ses détails cette exhibition. C'était un homme aux goûts rustiques, mais que n'impressionnait nullement cet empire qu'il savait ne différer du sien que par le style. Morgan l'amena à la célèbre Salle Ouest de la Bibliothèque. Là, ils s'assirent dans des fauteuils encadrant une cheminée de la taille d'un homme. Journée idéale pour allumer un feu, dit Morgan. Ford acquiesça. On passa des cigares. Ford refusa. Il remarqua que le plafond était doré, les murs tendus de soie damassée rouge. Il y avait des drôles de tableaux accrochés derrière des vitres dans des cadres massifs, des portraits de gens jaunâtres et éthérés avec des auréoles dorées. Il supposa que personne ne faisait faire son portrait à cette époque-là à moins d'être un saint. Il y avait une madone à l'enfant. Il passa les doigts sur l'accoudoir de son fauteuil en velours rouge.

Morgan le laissa s'imprégner du décor qui l'entourait. Il tirait sur son cigare. Finalement, il prit la parole. Ford, dit-il d'un ton rogue, je n'ai aucun intérêt à acquérir votre affaire ou à en partager les bénéfices. Je ne suis pas non plus associé avec aucun de vos concurrents. Ford acquiesça d'un signe de tête. Je dois reconnaître que c'est une bonne nouvelle, dit-il, en lui coulant un regard rusé. Néanmoins, poursuivit son hôte, j'admire ce que vous avez fait, et même si j'éprouve quelque appréhension à l'idée que n'importe quel mongolien disposant de quelques centaines de dollars va se retrouver avec une automobile entre les mains, je reconnais que l'avenir vous appartient. Vous êtes encore jeune – cinquante et quelques? – et peut-être comprenez-vous, contrairement à moi, le besoin de mobiliser séparément les masses humaines. J'ai consacré la coordination des ressources fondamentales à la combinaison harmonieuse des industries, mais je n'ai jamais pensé que l'emploi de la main-d'œuvre pût être en soi un processus d'unification harmonieuse, séparé de l'entreprise à laquelle il est appliqué. Permettez-moi de vous poser une question. Vous est-il venu à l'idée que votre chaîne de montage est non seulement un coup de génie dans le domaine industriel mais aussi la projection d'une vérité organique? Après tout, l'interchangeabilité des pièces est une règle de la nature. L'individu a sa part dans l'espèce et dans le genre. Tous les mammifères se reproduisent de la même façon et se nourrissent selon le même processus avec des systèmes digestifs et circulatoires manifestement de même nature, et ils possèdent les mêmes sens. Cela ne signifie pas évidemment que tous les mammifères ont des pièces interchangeables, comme vos automobiles. Mais la similarité physiologique est ce qui permet au taxonomiste de classer les mammifères en tant que tels. Et à l'intérieur d'une espèce – l'homme par exemple – les lois de la nature opèrent en sorte que les différences individuelles prennent source dans notre similitude. Si bien que l'individualisation peut se comparer à une pyramide dans la mesure où elle n'est achevée qu'une fois posée la pierre de faîte.

Ford médita un instant cette tirade. Excepté les Juifs, marmonna-t-il. Morgan pensa avoir mal entendu. Je vous demande pardon, dit-il. Les Juifs, dit Ford. Ils ne ressemblent à personne que je connaisse. Alors votre théorie, c'est de la foutaise. Il sourit.

Morgan demeura silencieux pendant quelques minutes. Il fumait son cigare. Le feu crépitait. Des rafales de neige soufflées par le vent étoilaient sans bruit les fenêtres de la Bibliothèque. Morgan reprit la parole. De temps à autre, dit-il, j'ai engagé des lettrés et des savants afin qu'ils m'assistent dans mes recherches philosophiques, et ce dans l'espoir d'arriver à certaines conclusions sur l'existence qui ne sauraient être à la portée de la masse dcs hommes. Je vous propose de partager le fruit de mes études. Je ne pense pas que vous puissiez avoir l'insolence de croire que votre réussite n'est que le résultat de vos propres efforts. Si vous interprétiez votre succès de cette façon, je devrais vous mettre en garde, monsieur, contre le terrible prix que vous seriez obligé de payer. Vous vous retrouveriez égaré aux lisières du monde pour contempler mieux que quiconque le grand vide du firmament. Croyez-vous en Dieu? Ça me regarde, dit Ford. Très bien, dit Morgan, je concevrais mal qu'un homme de votre intelligence pût souscrire à une idée aussi commune. Il se peut que vous ayez davantage besoin de moi que vous ne le pensez. Supposons que je puisse vous prouver qu'il existe des modèles universels d'ordre et de répétition qui donnent un sens à l'activité de cette planète. Supposons que je puisse démontrer que vous êtes vous-même l'instrument, dans notre époque moderne, de tendances au sein de l'identité humaine qui confirment la plus vieille sagesse du monde.

Morgan se leva brusquement et quitta la pièce. Ford, se tournant dans son fauteuil, le regarda sortir. Un instant plus tard, le vieil homme apparaissait sur le seuil de la porte et l'appelait d'un geste véhément. Ford le suivit à travers le hall central de la Bibliothèque jusqu'à la Salle Est, dont les hauts murs étaient couverts de rayonnages garnis de livres. Deux galeries en verre dépoli avec une balustrade en cuivre étincelant donnaient accès aux deux rangées supérieures, si bien que n'importe quel livre pouvait être facilement accessible quelle que fût la hauteur où il se trouvait. Morgan se dirigea vers le mur du fond, appuya sur le dos d'un certain livre et une partie de l'étagère pivota pour révéler un passage assez large pour un homme. Si vous voulez bien, dit-il à Ford, et le suivant dans une petite pièce, il appuya sur un bouton qui referma la porte derrière eux.

C'était une salle de taille ordinaire modestement meublée d'une table ronde bien cirée, de deux fauteuils à dossier à barreaux et d'un vitrine d'exposition de manuscrits. Morgan alluma une lampe de bureau sous un abat-jour métallique vert. Personne n'est jamais venu avec moi dans cette pièce, dit-il. Il alluma un lampadaire orienté de façon à éclairer la vitrine. Venez par ici, monsieur, dit-il. Ford regarda à travers la vitre et vit un vieux parchemin couvert d'une calligraphie latine. Ceci, dit Morgan, est un folio d'un des premiers textes Rose-Croix, *Le Mariage Chimique du Rosenkreuz Chrétien.* Savez-vous qui étaient les premiers Rose-Croix, monsieur Ford? Des alchimistes chrétiens du palatinat rhénan dont l'électeur était Frédéric V. Nous parlons du début du XVIIe siècle, monsieur. Ces grands hommes vertueux répandirent l'idée d'une magie dynamique, bénéfique, accessible à certains hommes à chaque siècle et à l'usage collectif de l'humanité. Le latin la désigne par l'expression de *prisca theologia,* la sagesse secrète. Ce qui est étrange, c'est que cette croyance en une sagesse secrète n'est pas seulement le fait des Rose-Croix. Nous connaissons à Londres au milieu du même siècle l'existence d'une société appelée le Collège Invisible. Ses membres avaient la réputation d'être les dépositaires de cette magie bénéfique dont je parle. Vous ne savez rien, bien entendu, des écrits de Giordano Bruno, dont voici une page spécimen écrite de sa propre main. Mes chercheurs, tels des détectives, ont retrouvé pour moi l'existence de cette idée et de diverses organisations mystérieuses qui la défendaient dans la plupart des cultures de la Renaissance, dans les sociétés médiévales et dans la Grèce antique. J'espère que vous suivez attentivement. La première mention connue de l'existence d'êtres spéciaux venant au monde à chaque siècle pour apaiser les souffrances de l'humanité grâce à leur *prisca theologia* nous est parvenue à travers les Grecs dans la traduction des écrits du prêtre égyptien Hermès Trismégiste. C'est de Hermès que vient le nom historique de ce savoir occulte : l'Hermetica. De son index épais, Morgan tapota la vitre protégeant le dernier objet exposé dans la vitrine, un fragment de pierre rose sur laquelle on discernait vaguement des figures géométriques. Ceci, monsieur, pourrait être un échantillon de l'écriture de Hermès, dans les caractères cunéiformes d'origine. Et maintenant, permettez-moi de vous poser une question. A votre avis, pourquoi une idée répandue à tous les siècles et dans toutes les civilisations humaines disparaît-elle dans les temps modernes? Car c'est seulement à l'âge de la science actuelle que ces hommes et leur sagesse ont disparu. Je vais vous dire pourquoi. Le développement de la science mécaniste, de Newton et de Descartes, fut une vaste conspiration, une grande conspiration diabolique pour saper notre appréhension de la réalité et nous empêcher de prendre conscience de la présence parmi nous d'êtres jouissant d'un don transcendantal. Mais ils existent néanmoins. Il sont parmi nous à chaque siècle. Ils reviennent, voyez-vous! Ils reviennent!

Morgan était maintenant rouge d'excitation. Il attira l'attention de Ford sur le coin le plus éloigné de la pièce où se trouvait un autre meuble, une masse rectangulaire recouverte d'un tissu de velours or. Morgan empoigna un coin du tissu à pleine main et, fixant son invité d'un regard farouche où se lisait le triomphe du propriétaire, il tira dessus et le fit tomber à terre. Ford inspecta l'objet. C'était une sorte de caisse en verre scellée de plomb. A l'intérieur se trouvait un sarcophage. Il entendait le souffle rauque et haletant du vieil homme. C'était le seul son qui troublât le silence de la pièce. Le sarcophage était en albâtre. Au-dessus se trouvait l'effigie en bois du personnage couché à l'intérieur. Cette effigie était recouverte de feuilles d'or, rehaussée d'ocre rouge et de bleu. Ceci, monsieur, dit Morgan d'une voix enrouée, est le cercueil d'un grand Pharaon. Le gouvernement égyptien et tout le monde de l'archéologie croient qu'il se trouve au Caire. Si on le savait en ma possession, un scandale international éclaterait. Il est littéralement d'une valeur inestimable. Mon équipe personnelle d'égyptologues a pris toutes les précautions scientifiques nécessaires pour le protéger des atteintes de l'air. Sous le masque que vous voyez se trouve la momie du Grand Pharaon de la Dix-neuvième Dynastie, Seti Premier, trouvée dans le Temple de Karnak où elle était enfouie depuis plus de trois mille ans. Je vous la montrerai le moment venu. Laissez-moi seulement vous dire une chose : je peux vous garantir que le visage du grand roi présentera pour vous un intérêt considérable.

Morgan dut faire un effort pour recouvrer son sang-froid. Il tira en arrière une des chaises et s'assit derrière la table. Peu à peu sa respiration redevint normale. Ford s'était assis en face de lui et, conscient du malaise physique dont le vieil homme était la proie, demeurait silencieux et regardait fixement ses propres chaussures. Ces chaussures, des bottines marron, il les avait achetées par correspondance d'après le catalogue de L.L. Bean. C'étaient de bonnes chaussures confortables. Monsieur Ford, dit Pierpont Morgan, je veux vous inviter à une expédition en Egypte. C'est vraiment là qu'il faut aller, monsieur. C'est là que tout a commencé. J'ai fait armer un vapeur conçu expressément pour naviguer sur le Nil. Lorsqu'il sera prêt, je veux que vous veniez avec moi. Acceptez-vous? Cela n'impliquera aucun investissement de votre part. Il faut aller à Louksor et à Karnak. Il faut aller à la Grande Pyramide de Giseh. Nous sommes si peu nombreux, monsieur. Mon argent m'a amené jusqu'au seuil de certaines cryptes, au déchiffrage d'hiéroglyphes sacrés. Pourquoi ne pas nous assurer de la vérité de ce que nous sommes, de l'éternelle force bénéfique que nous incarnons?

Ford était légèrement penché en avant. Ses longues mains reposaient sur les accoudoirs en bois de son fauteuil, comme cassées au poignet. Il réfléchissait à tout ce qui avait été dit. Il regardait le sarcophage. Quand il se fut convaincu qu'il avait bien compris, il opina solennellement du chef et répliqua ainsi : si je ne m'abuse, monsieur Morgan, vous parlez de la réincarnation. Eh bien, laissez-moi vous dire une chose à ce sujet. Dans ma jeunesse, j'ai traversé une terrible crise morale quand l'idée m'est venue un jour que je n'avais aucune raison de savoir tout ce que je savais. J'avais de l'énergie, d'accord, mais j'étais un petit paysan ordinaire qui en avait bavé comme tous les autres. Et pourtant je savais comment tout fonctionnait. Je pouvais regarder quelque chose et expliquer comment ça marchait et même montrer probablement comment le faire marcher mieux encore. Mais je n'étais pas un intellectuel, voyez-vous, les grands mots me tapaient sur les nerfs.

Morgan écoutait. Il sentait qu'il ne devait pas bouger. Là-dessus, poursuivit Ford, je suis tombé par hasard sur un petit livre intitulé *L'Eternelle Sagesse d'un Fakir Oriental,* et qui était publié par la Franklin Novelty Company de Philadelphie, en Pennsylvanie. Et dans ce livre, qui m'a coûté exactement vingt-cinq *cents,* j'ai découvert tout ce dont j'avais besoin pour retrouver le calme de mon esprit. La réincarnation est la seule croyance à laquelle je suis attaché, monsieur Morgan. C'est ainsi que j'explique mon génie – certains d'entre nous ont vécu plusieurs vies, plus que d'autres. Aussi, voyez-vous, ce que vous avez découvert avec tous vos savants salariés et vos voyages à travers le monde, je le savais déjà. Et je vais vous dire une chose; pour vous remercier du gueuleton, je vais vous prêter ce livre. Allez, vous n'avez pas besoin de vous tracasser avec tous ces trucs latins, pas du tout besoin de fouiller dans les poubelles de l'Europe et de construire des bateaux à vapeur pour naviguer sur le Nil – tout ça pour découvrir quelque chose que vous pouvez commander par correspondance pour vingt-cinq *cents!*

Les deux hommes se dévisagèrent. Morgan se carra dans son fauteuil. Le sang se retira de son visage et ses yeux perdirent leur éclat farouche. Lorsqu'il prit la parole, ce fut d'une voix faible de vieillard. Monsieur Ford, dit-il, si mes idées peuvent porter des fruits, que vous recueillerez, elles auront surmonté une épreuve décisive.

Une brèche essentielle, néanmoins, avait été ouverte. Environ un an après cette extraordinaire entrevue, Morgan fit son voyage en Egypte. Bien que Ford ne l'accompagnât pas, il avait admis la possibilité pour lui d'une grandiose descendance; et ils s'étaient concertés pour fonder ensemble le club le plus secret et le plus fermé d'Amérique, le « Pyramid », dont ils étaient les seuls et uniques membres. Ce club finançait certaines recherches qui se poursuivent encore de nos jours.

21

Bien entendu, à cette époque de notre histoire, les images de l'Egypte antique étaient imprimées dans tous les esprits. Cette vogue était due aux reportages sur les découvertes dans le désert des archéologues anglais et américains. Après les joueurs de rugby avec leur culotte en toile matelassée et leur casque de cuir, les archéologues étaient les personnages qui avaient le plus de prestige dans les universités. La momification était décrite en détail dans les suppléments des journaux du dimanche et les événements consignés sur les papyrus analysés par les reporters en herbe. L'art égyptien, semble-t-il, fut choisi pour la décoration intérieure des maisons. Fini le style Louis XIV qui cédait le pas aux fauteuils en forme de trône avec des serpents sculptés pour accoudoirs. A New Rochelle, Mère n'échappa pas à cette mode et, trouvant le papier à fleurs de la salle à manger sinistre et oppressant, elle le remplaça par un élégant motif d'Egyptiens des deux sexes aux yeux étirés avec leurs coiffures stylisées et leurs jupettes. Colorés en ocre rouge, en bleu et en beige, ils paradaient le long des murs avec cette étrange démarche de face qui caractérise les Egyptiens, et des vautours sur la paume de la main, des gerbes de blé, des lys d'eau et des luths. Ils étaient accompagnés de lions, de scarabées, de chouettes, de bœufs et de pieds détachés. Père, sensible à tout changement, sentit son appétit diminuer. Il lui semblait incongru de s'ensevelir dans un tombeau pour se mettre à table.

Le petit garçon, quant à lui, adorait ces motifs qui lui donnèrent envie d'étudier l'alphabet des hiéroglyphes. Il abandonna l'*Illustré du Far West* pour des magazines qui publiaient des histoires de tombeaux violés et de tragiques malédictions de momies. La femme noire qui vivait dans le grenier commençait à l'intriguer et, dans ses jeux silencieux et secrets, il en avait fait une princesse nubienne captive et gardée en esclavage. Ignorant le rôle qui lui était dévolu, elle restait assise dans sa chambre près de la fenêtre, tandis qu'il passait devant sa porte, arborant un masque d'ibis à long bec qu'il avait fabriqué avec du papier mâché.

Un après-midi, un dimanche, une Ford Modèle T neuve remonta lentement la colline et passa devant la maison. Le petit garçon, qui la remarqua par hasard de la galerie où il se trouvait, dévala les marches et s'immobilisa sur le trottoir. Le conducteur regardait à droite et à gauche comme à la recherche d'une maison bien précise. Au coin de la rue, il fit demi-tour et revint en arrière. Stoppant devant l'enfant, il baissa les gaz et appela d'un geste de la main. C'était un nègre. Sa voiture brillait. Les accessoires étincelaient. Il y avait un pare-brise en verre et une capote « Pantasote » spéciale. Je cherche une jeune femme de couleur qui s'appelle Sarah, dit-il. Il paraît qu'elle habite une de ces maisons.

Le petit garçon comprit qu'il parlait de la femme dans le grenier. Elle est ici. L'homme coupa le contact, serra le frein et sauta à terre. Il grimpa ensuite les marches de pierre sous les deux érables de Norvège et contourna la maison jusqu'à la porte de derrière.

Lorsque Mère vint à la porte, l'homme de couleur se montra respectueux, mais il y avait quelque chose de déconcertant dans la fermeté et l'assurance avec lesquelles il demanda s'il pouvait parler à Sarah. Mère ne pouvait déterminer son âge. C'était un homme robuste avec une visage marron luisant de reflets cuivrés, les pommettes hautes et de grands yeux noirs au regard si intense qu'ils en louchaient presque. Il avait une moustache bien coupée. Il était vêtu avec cette élégance ostentatoire propre aux gens de couleur. Il portait un pardessus noir cintré, un complet pied-de-poule noir et blanc, des guêtres grises et des chaussures noires pointues. Il tenait à la main une casquette gris anthracite et de grosses lunettes d'auto. Mère lui dit d'attendre et referma la porte. Puis elle monta au second. Elle trouva la jeune Sarah non pas assise près de la fenêtre comme à l'accoutumée mais debout, rigide, les mains crispées devant elle, face à la porte. Sarah, dit Mère, tu as une visite. La fille ne répliqua pas. Tu veux descendre à la cuisine? La fille secoua la tête. Tu ne veux pas le voir? Non, madame, dit enfin doucement la fille tout en regardant fixement le plancher. Renvoyez-le, s'il vous plaît. Elle n'en avait jamais dit autant depuis plusieurs mois qu'elle vivait dans la maison. Mère redescendit et trouva l'homme non pas à la porte de derrière mais dans la cuisine où, bien au chaud dans un coin près de la cuisinière, le bébé de Sarah dormait dans sa voiture. C'était une voiture en osier montée sur quatre roues de bois à rayons effilés, garnie d'un satin dont le bleu avait passé et d'un bourrelet en velours. Le fils de Mère avait dormi dedans et son frère avant lui. L'homme noir était agenouillé à côté de la voiture et contemplait l'enfant. Mère, désorientée, ressentit une soudaine indignation à l'idée qu'il s'était permis de franchir la porte. Sarah ne peut pas vous recevoir, dit-elle, et elle tint la porte ouverte. L'homme de couleur jeta un dernier regard à l'enfant, se leva, remercia et partit. Elle claqua la porte plus violemment qu'elle n'aurait dû. Le bébé se réveilla et se mit à pleurer. Elle le prit dans ses bras pour le consoler, surprise de la violence de sa réaction vis-à-vis du visiteur.

Telle fut la première visite de l'homme de couleur dans sa voiture à Broadview Avenue. Il s'appelait Coalhouse Walker Junior. A partir de ce dimanche-là, il apparut chaque semaine, frappant toujours à la porte de service, s'en allant toujours sans protester devant le refus de Sarah de le voir. Père trouvait ces visites insupportables et voulait les décourager. Je vais appeler la police, dit-il. Mère posa une main sur son bras. Un dimanche, l'homme de couleur laissa un bouquet de chrysanthèmes jaunes qui en cette saison avaient dû lui coûter une petite fortune. Avant de monter les fleurs à Sarah, Mère s'immobilisa à la fenêtre du salon. Dans la rue, l'homme noir époussetait sa voiture, nettoyait les rayons des roues, les phares et le pare-brise. Il leva un instant les yeux vers le deuxième étage et démarra. Mère avait maintenant une raison de se rappeler l'expression sur les visages des séminaristes de l'Ohio qui venaient la voir, lorsqu'elle était une jeune fille de dix-sept ans. Elle déclara à Père, je crois que nous sommes témoins, en fait, d'une cour assidue dans la plus pure tradition chrétienne. Oui, répliqua Père, si tant est qu'on puisse appeler cour ce qui a déjà causé la naissance d'un enfant. Je trouve cette remarque peu charitable, dit Mère. Il y a eu des souffrances endurées et maintenant c'est l'heure de la pénitence. C'est d'une grande noblesse et je regrette pour toi qu'elle t'échappe.

La fille noire ne voulait rien dire au sujet de son visiteur. Ils ignoraient totalement où elle l'avait rencontré et comment. A leur connaissance, elle n'avait ni famille ni ami parmi la communauté noire dans le bas quartier de la ville. A côté de la collectivité de nègres qui y était fixée, on trouvait également, en marge, des résidents de passage. Elle en faisait partie, apparemment, et était venue toute seule de New York pour travailler comme domestique. Mère se réjouissait de la situation. Pour la première fois depuis le jour terrible où elle avait trouvé le bébé noir dans la plate-bande, elle voyait une raison d'espérer en l'avenir pour la jeune femme. Elle commença à regretter l'intransigeance de Sarah. Elle songeait au trajet depuis Harlem, où Coalhouse Walker Junior vivait, et au trajet de retour, et elle décida de mieux le recevoir la prochaine fois. Elle lui offrirait le thé au salon. Père se demanda si c'était convenable. Mère répliqua : Il s'exprime correctement et se conduit comme un gentleman. Je ne vois rien de répréhensible à cela. Quand M. Roosevelt était à la Maison-Blanche, il a reçu à dîner Booker T. Washington. Nous pouvons certainement offrir le thé à Coalhouse Walker Junior.

Ainsi donc le dimanche suivant le nègre prit le thé. Père remarqua qu'il ne se sentait nullement gêné de se trouver au salon avec une tasse et une soucoupe à la main. Au contraire, il se conduisait comme si ç'avait été la chose la plus naturelle du monde. Le décor ne l'impressionnait pas et il n'adoptait pas une attitude respectueuse. Il était courtois et correct. Il leur parla de lui-même. Il était pianiste professionnel et, maintenant, plus ou moins fixé à New York, où l'avait engagé le Jim Europe Clef Club Orchestra, un ensemble bien connu qui donnait des concerts en règle au Manhattan Casino à l'angle de la 155e Rue et de la Huitième Avenue. J'en ai assez de voyager, dit-il. J'en ai assez de passer ma vie sur les routes. Il s'exprimait avec une telle ferveur que Père comprit que le message était destiné à la femme du grenier. Cela l'irrita. Que savez-vous jouer? demanda-t-il brusquement. Si vous nous jouiez quelque chose?

L'homme noir reposa sa tasse de thé sur le plateau. Il se leva, tapota ses lèvres avec la serviette, plaça la serviette à côté de sa tasse et se dirigea vers le piano. Il s'assit sur le tabouret et se leva aussitôt pour le faire tourner jusqu'à la bonne hauteur. Puis se rassit, plaqua un accord et se tourna vers eux. Le piano a grand besoin d'être accordé, dit-il. Père devint cramoisi. Oh oui, dit Mère, nous sommes terriblement négligents pour ça. Le musicien se tourna de nouveau vers le clavier. « Wall Street Rag », dit-il. Composé par le grand Scott Joplin. Il commença à jouer. Mal accordé ou pas, l'Aeolian n'avait jamais rendu de tels sons. Des petits accords limpides restaient suspendus dans l'air comme des fleurs. Les mélodies évoquaient des bouquets. Il semblait n'y avoir d'autre possibilité offerte à la vie que celle tracée par la musique. Quand le morceau fut terminé, Coalhouse Walker Junior se tourna sur son tabouret et trouva comme public la famille au complet, Mère, Père, le petit garçon, Grand-Père et le Jeune Frère de Mère descendu de sa chambre en manches de chemise et bretelles pour voir qui jouait. Il était le seul parmi eux qui connût le ragtime. Il l'avait entendu au cours de sa vie noctambule à New York. Jamais il n'aurait cru l'entendre chez sa sœur.

Coalhouse Walker Junior se tourna de nouveau vers le piano et dit : « The Maple Leaf ». Composé par le grand Scott Joplin. Le plus célèbre de tous les « rags » retentit à travers les airs. Le pianiste était assis derrière le clavier, le buste raide, et ses longues mains noires aux ongles roses faisaient, apparemment sans effort, jaillir des grappes d'accords syncopés et d'octaves bien frappées. C'était une composition des plus robustes, une musique vigoureuse qui éveillait les sens et dont la vitalité ne se démentait jamais. Le petit garçon la percevait comme une lumière effleurant différents points de l'espace, s'accumulant en dessins complexes jusqu'à ce que toute la pièce fût illuminée de sa présence. La musique emplissait la cage de l'escalier et montait jusqu'au deuxième étage où Sarah la muette, Sarah qui ne pardonnait pas, était assise, les mains croisées, et écoutait par la porte ouverte.

Le morceau se termina. Chacun applaudit. Mère présenta alors M. Walker à Grand-Père et à Jeune Frère, qui serrèrent la main du Noir et dirent je suis ravi de faire votre connaissance. Tout le monde était debout. Il y eut un silence. Père se racla la gorge. Père ne connaissait pas grand-chose à la musique. Par goût, il aimait Carrie Jacobs Bond. Il pensait que la musique nègre devait être souriante et avoir un rythme de cakewalk. Vous connaissez des chansons de nègres, dit-il. Il ne voulait pas se montrer grossier, – chants de nègres était l'expression consacrée. Mais le pianiste, soudain tendu, secoua brièvement la tête. Les chants de nègres sont faits pour les *minstrels,* dit-il. Des Blancs qui se noircissent la figure pour les chanter. Le silence retomba. Le Noir leva les yeux vers le plafond. Eh bien, dit-il, il semble que Miss Sarah ne soit pas en mesure de me recevoir. Se détournant brusquement, il traversa l'entrée pour gagner la cuisine. La famille le suivit. Il avait laissé son pardessus sur une chaise. Il l'endossa et sans prêter attention aux autres, s'agenouilla pour contempler le bébé endormi dans sa voiture. Au bout d'un long moment il se redressa, prit congé et sortit.

La visite impressionna tout le monde sauf Sarah, qui ne donnait aucun signe de fléchissement dans son refus d'avoir en quoi que ce soit affaire avec cet homme. Il revint la semaine suivante, et la semaine d'après également. Il rendait maintenant visite à la famille et la mettait chaque fois au courant de ses faits et gestes durant les six jours précédents, sans jamais douter une seconde de leur intérêt total et dévorant. Père était déconcerté par l'attitude de cet homme. Elle ne veut pas le voir, dit-il à Mère. Dois-je continuer à recevoir Coalhouse Walker tous les dimanches jusqu'à la fin de mes jours? Mère, néanmoins, avait constaté des signes de progrès. Sarah avait pris le relais de la domestique qui était partie, et elle faisait maintenant le ménage avec une telle énergie et une telle minutie possessive que Mère avait parfois l'illusion fugitive que Sarah nettoyait sa propre maison. Elle commença également à revendiquer son enfant à d'autres moments que ceux où il fallait le nourrir, lui donnant tout d'abord son bain quotidien, pour finalement le monter dans sa chambre en haut la nuit. Mais elle refusait toujours de voir son visiteur. Coalhouse Walker apparut fidèlement tout au long de l'hiver. Plus d'une fois, quand les routes étaient rendues impraticables à cause de la neige, il vint par le train et prit le tramway de North Avenue jusqu'au bas de la colline. Il portait avec son pardessus noir cintré une toque d'astrakan dans le style russe. Il apporta des vêtements pour l'enfant. Il apporta une brosse à cheveux à manche d'argent pour Sarah. Père ne put s'empêcher d'admirer sa persévérance. Il se demanda jusqu'à quel point le salaire d'un musicien pouvait permettre de tels cadeaux.

Il vint un jour à l'esprit de Père que Coalhouse Walker Junior ne savait pas qu'il était un nègre. Plus il y pensait, plus cette vérité lui paraissait évidente. Walker ne se conduisait pas et ne parlait pas comme un homme de couleur. Il semblait avoir le don de transformer les signes habituels de déférence communs à sa race, de telle sorte qu'ils soulignassent sa propre dignité plutôt que celle de leur bénéficiaire. Quand il arrivait à la porte de service, il frappait avec décision et, une fois introduit, les saluait tous avec solennité et leur donnait l'impression qu'ils formaient la famille de Sarah et que sa courtoisie à leur égard était simplement fonction de la considération et du respect qu'elle lui inspirait. Père estimait que des dangers s'attachaient à cet homme. Nous ne devrions peut-être pas l'encourager à faire sa cour, dit-il à Mère. Il y a quelque chose de téméraire chez cet homme. Même Mathew Henson savait se tenir à sa place.

A ce stade, néanmoins, le cours des événements ne pouvait plus être modifié. A la fin de l'hiver, Sarah annonça qu'elle verrait Coalhouse Walker au salon.

Pendant des jours se déroulèrent des préparatifs fiévreux. Mère donna à Sarah une de ses robes et l'aida à la raccourcir. Elle descendit au rez-de-chaussée, belle et timide. Ses cheveux étaient coiffés et pommadés et elle s'assit sur le divan les yeux baissés tandis que Coalhouse Walker faisait cérémonieusement la conversation et jouait du piano avec elle. Ce fut seulement en les voyant maintenant ensemble qu'il apparut manifestement qu'il était nettement plus âgé qu'elle. Mère insista pour que les membres de la famille se retirassent afin que l'idylle pût se poursuivre en privé. Rien de tout cela n'accéléra le déroulement de la situation. Après la visite Sarah avait l'air irrité et même en colère. Elle était lente à pardonner et d'une étrange façon son obstination semblait la seule réponse appropriée à la persévérance de Coalhouse Walker. Sarah avait tenté de tuer son enfant nouveau-né. L'existence n'était pas une chose que l'un ou l'autre prenait à la légère. Ils vivaient dans la sujétion absolue de leurs espoirs et de leurs sentiments. Ils souffraient. Le Jeune Frère de Mère le comprenait peut-être mieux que quiconque dans la maison. Il n'avait parlé qu'une seule fois à Coalhouse Walker mais l'admirait profondément. Il voyait dans la façon dont l'homme noir conformait ses actes à ses desseins plus de virilité qu'il n'en possédait lui-même. Il méditait sur cette idée. Jeune Frère concevait l'amour dans certains cœurs comme une fragilité physique de cet organe, une faille d'ordre physiologique analogue au rachitisme ou à une tendance à la congestion pulmonaire. Il en était lui-même affligé et c'était également le cas de Sarah, toute noire qu'elle fût. Il la considérait comme une reine africaine en exil; la gaucherie même de ses mouvements donnait à penser que dans un autre pays elle eût passé pour de la grâce. Et plus elle manifestait de réserve à accepter les propositions de mariage de Coalhouse Walker, plus

Jeune Frère comprenait quelle terrible affliction étreignait son cœur.

Mais un dimanche de mars, avec le vent qui s'était radouci et les petits bourgeons brunâtres visibles aux branches des érables, Coalhouse arriva dans sa Ford étincelante et laissa le moteur tourner au ralenti. Les voisins dans les cours s'approchèrent pour regarder cet étrange homme noir si grave et robuste et correct, avec ses yeux noirs, si noirs qu'ils louchaient presque, et voir la belle et maladroite Sarah, portant un chemisier rose, une jupe et une veste noires et un des chapeaux à large bord de Mère, s'avancer sous les érables de Norvège et descendre les marches en ciment jusqu'à la rue. Elle portait son bébé dans les bras. Il l'aida à s'installer dans la voiture et prit le volant. Ils saluèrent la famille de la main et partirent vers les faubourgs en direction des terres cultivées qui s'étendaient au nord de la ville. Il se rangèrent sur le bas-côté d'une route. Ils regardèrent un cardinal effleurer d'un coup d'aile la terre dure et brunâtre puis aller se poser sur la branche la plus haute et la plus mince d'un arbre. Ce fut ce jour-là qu'il lui demanda de l'épouser, et elle accepta. L'apparition de ces amants grandioses dans la vie de la famille y avait semé la perturbation; le conflit de ces deux volontés avait exercé sur elle presque une sorte d'hypnose.

22

Et le Jeune Frère de Mère avait maintenant repris ses voyages à New York. Il travaillait régulièrement à sa table à dessin après le dîner pour ensuite attraper le train en fin de soirée. Il s'était lié d'amitié avec quelques officiers d'artillerie affectés à l'armurerie faisant l'angle de Lexington Avenue et de la 34e Rue. Ils se plaignaient de la carabine Springfield. Ils lui montrèrent leurs fusils, leurs pistolets, leurs grenades. Il comprit immédiatement qu'il pouvait dessiner des armes plus efficaces. Il buvait avec les officiers. On finit par le connaître à l'entrée des artistes de plusieurs théâtres de Broadway. Il attendait, planté au pied des marches, comme les autres, jamais tiré à quatre épingles comme les hommes plus âgés, ni d'une élégance aussi négligée que celle des étudiants de Princeton ou de Yale. Mais il y avait dans ses yeux une ferveur et une espérance qui attiraient bon nombre de femmes. Il se montrait toujours si sérieux et si malheureux qu'elles étaient persuadées qu'il les aimait. Elles le prenaient pour un poète.

Son salaire pourtant ne lui permettait pas de satisfaire ce genre de goûts. Broadway débordait de vie, de lumières, de spectacles et tous les gens liés au monde du théâtre, et gagnés par son atmosphère trépidante, vivaient au maximum. Il apprit où trouver des femmes qui acceptaient de coucher avec lui pour un prix modeste. L'un de ces endroits était le Fontaine Bethesda dans Central Park. Elles se promenaient deux par deux quand le temps était clément. Les jours commençaient à allonger. Sous le froid et somptueux soleil couchant, elles flânaient autour de la fontaine, tandis que l'ombre engloutissait les vastes marches, l'eau déjà noire, les pavés bruns et roses. Il les amusait en les prenant au sérieux. Il se montrait courtois avec elles et peu leur importait sa bizarrerie, car il était courtois. Il emmenait une femme à sa chambre d'hôtel, puis s'asseyait dans un fauteuil, un soulier à la main, et oubliait complètement sa présence. Ou alors il essayait non pas de faire l'amour mais seulement d'examiner ses parties intimes. Il buvait du vin jusqu'à en perdre conscience. Il dînait dans des bistrots au sol couvert de sciure. Il fréquentait des clubs dans des caves du quartier louche de Hell's Kitchen où les truands offraient à boire à tout le monde. Il se promenait dans Manhattan la nuit, dévorant des yeux les passants. Il regardait à travers les vitres des restaurants ou s'asseyait dans des halls d'hôtels, son regard mobile enregistrant au vol mouvements et couleurs.

Il finit par trouver les bureaux de la *Terre Nourricière,* le magazine publié par Emma Goldman. Ils s'étaient installés dans la 13e Rue, dans une maison en pierre meulière qui servait maintenant de résidence à l'anarchiste lorsqu'elle se trouvait à New York. Immobile dans la rue sous le lampadaire, il contemplait les fenêtres. Il se livra à ce manège plusieurs soirs d'affilée. Finalement, un homme apparut à la porte, descendit les marches et traversa la rue jusqu'à l'endroit où il se trouvait. C'était un grand type cadavérique, avec des cheveux longs et une cravate mince. Il fait froid le soir, dit-il – entrez, nous n'avons pas de secrets. Et Jeune Frère fut emmené de l'autre côté de la rue et en haut des marches.

Il se trouvait qu'à le voir ainsi faire le guet on l'avait pris pour un espion de la police. On le traita avec une ironie étudiée. On lui offrit le thé. Il y avait beaucoup de gens en pardessus et chapeau dans l'appartement. Puis Goldman apparut sur le pas d'une porte et l'on attira son attention sur lui. Seigneur Dieu, dit-elle. Ce n'est pas un policier. Elle se mit à rire. Elle était en train de mettre un chapeau et de le faire tenir en place avec des épingles à cheveux. Il fut ravi qu'elle se souvînt de lui.

Venez avec nous, lança-t-elle.

Un peu plus tard, Jeune Frère se retrouva au Syndicat des Tonneliers près du Bowery. Il faisait une chaleur étouffante dans la pièce surpeuplée. Il y avait beaucoup d'étrangers. Les hommes, bien que ce fût à l'intérieur, gardaient leur melon sur la tête. C'était un glorieux et malodorant meeting fleurant l'ail et imprégné de l'odeur de sa transpiration mijotée, réuni pour aider la Révolution Mexicaine. Jeune Frère ignorait tout d'une révolution mexicaine. Les hommes brandissaient le poing. Ils montaient sur les bancs. Les orateurs se succédaient. Certains parlaient des langues autres que l'anglais. On ne les traduisait pas. Il avait du mal à entendre. Il crut comprendre que les péons mexicains s'étaient spontanément révoltés contre Diaz, président du Mexique depuis ces trente-cinq dernières années. Ils avaient besoin d'armes. Ils avaient besoin de munitions. Ils dévalaient les collines, armés de bâtons et de vieux fusils à aiguille pour attaquer les Fédéraux et les trains de ravitaillement. Il réfléchit à la question. Finalement Emma Goldman se leva pour prendre la parole. De tous les orateurs, elle fut la plus éloquente. Le silence s'établit dans la salle tandis qu'elle décrivait la collusion des propriétaires terriens et de Diaz, le tyran méprisé, l'asservissement des péons, la pauvreté et la famine et, plus honteux que tout le reste, la présence de représentants des firmes commerciales américaines dans les conseils nationaux du gouvernement américain. Elle avait une voix sonore. Quand elle remuait la tête en gesticulant, ses lunettes étincelaient. Il se fraya un chemin en avant pour se rapprocher d'elle. Elle décrivait un certain Emiliano Zapata, simple fermier de Morelos devenu révolutionnaire parce qu'il n'avait pas le choix. Il portait la veste et le pantalon de toile délavée du laboureur, avec les cartouchières en croix sur la poitrine et autour de la taille. Camarades, cria-t-elle, ce n'est pas là un costume étranger. Il n'y a pas de terres étrangères. Il n'y a pas de paysan mexicain, il n'y a pas de dictateur Diaz. Il y a seulement la flamme de la liberté qui tente d'illuminer les hideuses ténèbres de la vie sur cette terre. Les applaudissements crépitèrent, assourdissants. Jeune Frère n'avait pas d'argent. Il retourna ses poches, mortifié de voir tout autour de lui des gens qui puaient la misère sortir des poignées de piécettes. Il se retrouva debout au pied de l'estrade. Les discours étaient terminés, Emma était environnée de camarades et d'admirateurs. Il la vit étreindre un homme basané qui portait un complet sombre et une cravate mais également un énorme sombrero. Elle se retourna et son regard tomba sur le jeune homme blond aux cheveux déjà clairsemés dont la tête émergeait juste au-dessus de la plate-forme de l'estrade, comme celle d'un guillotiné de la Révolution Française, les yeux levés vers elle en une sorte d'extase. Elle se mit à rire.

Il pensait qu'elle allait lui adresser la parole à la fin du rassemblement, mais il y avait une réception pour le Mexicain dans les locaux de *Terre Nourricière*. Il était le représentant *zapatista*. Il portait des bottes sous son pantalon sans revers. Il ne sourit pas mais il but du thé et essuya ensuite ses longues moustaches d'un revers de main. Les locaux étaient encombrés de journalistes, de bohèmes, d'artistes, de poètes et de femmes du monde. Jeune Frère ne se rendait pas compte qu'il suivait Goldman pas à pas. Il avait désespérément besoin qu'elle lui accordât son attention. Mais elle était extrêmement occupée avec tous les autres. Chaque nouvelle personne qui franchissait le seuil devait être accueillie. Elle avait une foule de préoccupations en tête. Elle présentait des gens les uns aux autres. Aux uns et aux autres elle suggérait diverses tâches à accomplir, indiquait ceux à qui parler, les lieux auxquels se rendre, les situations à étudier ou à traiter par écrit. Il se sentait une incroyable ignorance. Elle se rendit dans la cuisine et entreprit, batteur en main, de préparer un gâteau. Tenez, dit-elle à Jeune Frère, prenez ces tasses et mettez-les sur la table dans la grande pièce. Il lui fut reconnaissant de l'avoir admis dans son réseau d'auxiliaires. Des couvertures du magazine *Terre Nourricière* tapissaient tous les murs. Un grand type aux cheveux longs distribuaient du punch. C'était celui qui était sorti dans la rue pour inviter Jeune Frère à monter. Il ressemblait à un acteur shakespearien à la côte. Ses ongles étaient soulignés de noir. Il buvait autant de punch qu'il en servait. Il accueillait les gens en chantant une ou deux phrases d'une chanson. Tous ceux qui lui parlaient se mettaient à rire. Il s'appelait Ben Reitman, c'était l'homme avec lequel vivait Goldman. Il avait quelque chose de bizarre sur le sommet du crâne, une zone rasée. Remarquant le regard de Jeune Frère, il expliqua que se trouvant à San Diego il avait été roulé dans le goudron et la plume. Emma s'était rendue là-bas pour prendre la parole. On l'avait enlevé, emmené, déshabillé et enduit de goudron. On l'avait brûlé avec des cigares et pis encore. Comme il faisait ce récit, son visage s'assombrit, son sourire s'effaça. Un public s'était groupé autour de lui. Il tenait à la main la louche du punch et elle se mit à cliqueter contre le bord du bol. Il semblait ne pas pouvoir la lâcher. Il regardait fixement sa main, un étrange sourire peint sur le visage. On avait voulu empêcher maman de parler à Kansas City ou à Los Angeles ou à Spokane, dit-il. Mais elle a parlé. Nous connaissons chaque prison. Nous gagnons à chaque coup. Maman parlera à San Diego. Il se mit à rire comme s'il lui avait paru impossible que sa main pût trembler ainsi. La louche tintait contre le bol.

A ce moment-là, un homme se fraya un passage jusqu'à la table et déclara : Tu t'imagines, Reitman, que le monde a progressé parce qu'on t'a roulé dans le goudron et la plume? C'était un petit homme complètement chauve à la grande bouche charnue, avec d'épaisses lunettes, un teint blafard et une peau comme de la cire. Le problème, c'est devenu le droit d'Emma à parler plutôt que ce qu'elle a à dire. Toutes nos énergies se concentrent sur notre propre défense. C'est là leur stratégie, et pas la nôtre. Je crains que tu ne le comprennes pas. Qu'y a-t-il de si glorieux, pauvre Reitman, à sortir de prison parce qu'un libéral culpabilisé a payé ta caution? Pour pouvoir se congratuler lui-même. En quoi le monde en est-il avancé? Les deux hommes se dévisageaient. La voix de Goldman retentit, joyeuse, derrière le groupe : Sacha! Elle contourna la table en s'essuyant les mains à son tablier, et s'immobilisa à côté de Reitman. Elle lui enleva avec douceur la louche de la main. Sacha, cher Sacha, dit-elle à l'homme blême, si pour commencer nous devons leur enseigner leurs propres idéaux, peut-être ensuite pouvons-nous leur enseigner les nôtres.

La soirée se prolongea tard dans la nuit. Jeune Frère désespérait d'attirer l'attention d'Emma. Installé en tailleur sur un vieux divan aux ressorts défoncés, au bout d'un certain temps, il prit conscience du silence qui régnait dans la pièce. Il leva les yeux. Goldman était assise sur une chaise de cuisine juste en face de lui. En dehors d'eux la pièce était vide, il était le dernier invité. Sans raison, les larmes lui montèrent aux yeux. Vous avez demandé si je me souvenais de vous, dit Emma Goldman. Mais comment aurais-je pu oublier. Comment pourrait-on oublier un tel spectacle, mon jeune païen. Elle lui toucha la joue avec son pouce et y écrasa une larme. Si tragique, si tragique. Elle soupira. Est-ce là tout ce que vous attendez de la vie? Elle le regardait à travers ses lunettes qui grossissaient encore ses grands yeux. Elle était assise les cuisses écartées, les mains posées sur les genoux. Je ne sais pas où elle est passée; même si je pouvais vous renseigner, à quoi bon? Supposons que vous la persuadiez de revenir? Elle ne resterait pas très longtemps. Elle s'enfuirait de nouveau loin de vous, vous ne le savez donc pas? Il acquiesça d'un signe de tête. Vous avez une mine épouvantable, dit Goldman. Qu'est-ce que vous vous êtes fait? Vous ne mangez donc pas? Vous ne prenez jamais l'air? Il secoua la tête. Vous avez vieilli de dix ans. Je ne peux pas m'apitoyer sur votre sort. Vous vous croyez un être extraordinaire, parce que vous avez perdu votre bien-aimée. Mais ça arrive tous les jours. Supposez qu'elle consente à vivre avec vous en fin de compte. Vous êtes un bourgeois, vous voudriez l'épouser. Vous vous détruiriez mutuellement en moins d'un an. Vous la verriez commencer à vieillir et à s'ennuyer sous vos propres yeux. Vous seriez assis l'un en face de l'autre à la table du dîner, esclaves, terriblement esclaves de ce que vous pensiez être l'amour. Tous les deux. Croyez-moi, mieux vaut pour vous qu'il en soit ainsi. Jeune Frère pleurait. Vous avez raison, dit-il, vous avez raison bien sûr. Il lui embrassa la main. C'était une main petite mais avec les doigts enflés, la peau rouge, les jointures gonflées. Je n'ai aucun souvenir d'elle, sanglota-t-il. C'est un rêve que j'ai fait. Goldman ne désarmait pas. Comme ça vous pouvez vous attendrir sur vous-même, dit-elle. Et quelle volupté, hein? Je vais vous dire une chose. Ce soir dans cette pièce vous avez vu mon amant actuel, mais aussi deux de mes anciens amants. Nous sommes tous bons amis. Ce qui dure, c'est l'amitié. Des idéaux partagés, le respect de la personnalité d'un être humain. Pourquoi ne pouvez-vous pas admettre votre propre liberté? Pourquoi êtes-vous obligé de vous cramponner à quelqu'un pour pouvoir vivre?

Il avait baissé la tête tandis qu'elle parlait. Il fixait le plancher. Il sentit la main sous son menton, sentit qu'elle lui relevait la tête. Il se retrouva face à Goldman et Reitman. Une dent d'or brillait entre les lèvres de Reitman étirées par son sourire distrait. Ils l'observaient, curieux et intéressés. Il me rappelle Czolgosz, dit Goldman. Reitman dit : Il est instruit, c'est un bourgeois. Mais avec le même regard de pauvre gosse, dit Goldman. De pauvre gosse mortellement dangereux. Jeune Frère s'imagina attendant lui aussi son tour pour serrer la main du président McKinley. Un mouchoir était entortillé autour de sa main. Sous le mouchoir il y avait un revolver. McKinley tombait à la renverse. Son gilet se teignait de sang. Des cris s'élevaient...

Lorsqu'il partit, elle l'embrassa sur le seuil. Ses lèvres, d'une étonnante douceur, se pressèrent contre sa joue. L'émotion le submergea. Il recula d'un pas. Les brochures qu'il tenait sous le bras tombèrent à terre. Ils rirent d'un commun accord en s'accroupissant sur le pas de la porte pour ramasser les papiers.

Mais, une heure plus tard, il se trouvait entre deux wagons du premier train pour New Rochelle. Il songeait à se jeter sous les roues. Il écoutait leur rythme, leur claquement régulier, comme la main gauche d'un ragtime. Le grincement et le martèlement du métal contre le métal à la jonction des deux wagons étaient la main droite syncopée. C'était un rag suicide. Tenant les poignées de la porte de chaque côté de lui, il écoutait la musique. Les wagons tressautaient sous ses pieds. La lune luttait de vitesse avec le train. Il gardait le visage levé vers le ciel entre les wagons, comme si la lueur de la lune avait pu le réchauffer.

23

Un dimanche après-midi, Coalhouse Walker, l'homme de couleur, prit congé de sa fiancée et démarra au volant de sa Ford pour regagner New York. Il était environ 5 heures du soir et l'ombre des arbres obscurcissait la route. Son chemin le conduisit dans Firehouse Lane, devant la caserne des pompiers d'Emerald Isle, une compagnie de volontaires connue pour l'élégance de ses uniformes de parade et l'entrain de ses « dégagements ». Les nombreuses fois où il était passé par là, les volontaires d'Emerald Isle bavardaient, plantés devant la caserne, une bâtisse en bardeaux à un étage, et lorsqu'il arrivait à leur hauteur, ils se taisaient soudain et le suivaient des yeux. Il se rendait bien compte que dans sa tenue et en tant que propriétaire d'une voiture, il constituait une provocation pour bien des Blancs. Il s'était forgé son personnage comme un défi à ce genre d'attitude.

A cette époque, les compagnies privées de volontaires étaient financées au titre d'auxiliaires des sapeurs-pompiers municipaux; et ces compagnies, qui dépendaient de souscriptions bénévoles, avaient encore à motoriser leur équipement. Au moment où le nègre arrivait, un attelage de trois chevaux gris sortant de la caserne déboucha au petit trot sur la route traînant la grande pompe à vapeur qui faisait la réputation d'Emerald Isle dans la ville. Le conducteur tira immédiatement sur les rênes pour les arrêter, obligeant Coalhouse Walker à freiner brusquement.

Deux des volontaires sortirent de la caserne pour venir se joindre au conducteur de la pompe qui assis sur son siège regardait le nègre et bâillait avec ostentation. Tous portaient des chemises de travail bleues avec un foulard vert autour du cou, un pantalon bleu foncé et des bottes. Coalhouse Walker lâcha la pédale d'embrayage et descendit de voiture pour remettre le moteur en marche à la manivelle. Les volontaires attendirent qu'il eût terminé puis lui annoncèrent qu'il circulait sur une route à péage privé et qu'il ne pouvait pas l'emprunter sans payer vingt-cinq dollars ou présenter un laissez-passer spécifiant qu'il résidait dans la ville. Cette route est publique, dit Walker, je l'ai prise ces centaines de fois et personne ne m'a jamais parlé d'un péage. Il remonta au volant. Va prévenir le Chef, dit un des hommes à un autre. Walker décida de passer en marche arrière, de reculer jusqu'au coin de la rue et d'emprunter un autre chemin. Il se retourna sur son siège. A ce moment, deux des pompiers portant entre eux une échelle de six mètres de long s'avancèrent dans la rue derrière la voiture. Deux autres les suivirent avec une autre échelle et d'autres surgirent avec des charrettes contenant des tuyaux enroulés, des seaux, des haches, des crochets et autres équipements de la lutte contre l'incendie; le tout fut déposé dans la rue, la compagnie ayant choisi ce moment en particulier pour nettoyer la caserne.

Le Chef de la compagnie se reconnaissait à une casquette militaire blanche qu'il portait crânement inclinée sur l'oreille. Il était également un peu plus âgé que les autres. Il se montra courtois envers Coalhouse et lui expliqua que si le montant du péage ne lui avait jamais été réclamé auparavant, il était néanmoins obligatoire et que si Coalhouse ne payait pas il ne passerait pas. Soulevant sa casquette à deux mains, il la reposa sur sa tête en rabattant la visère sur les sourcils ce qui l'obligea pour voir clair à relever le menton d'un air agressif. C'était un homme trapu aux bras épais. La plupart des volontaires avaient un large sourire aux lèvres. On a besoin d'argent pour acheter un camion, expliqua le Chef. Comme ça, on pourra le conduire pour aller éteindre les incendies, tout comme tu conduis ta bagnole pour aller au bordel.

Le nègre envisagea calmement les diverses possibilités d'action qui lui étaient offertes. La caserne d'Emerald Isle était située en face d'un champ descendant vers une mare. Il aurait pu éventuellement quitter la route, virer dans le champ et contourner les échelles et les charrettes. Mais il était coincé de très près et même s'il réussissait à braquer suffisamment pour se dégager des chevaux, il risquait en tournant à angle aigu de faire basculer la voiture dans la pente. Apparemment, il ne lui vint pas à l'idée de se concilier les bonnes grâces des autres à la façon des gens de sa race.

Deux négrillons de dix à douze ans jouaient au bord de la mare. Hé, leur cria Coalhouse Walker. Venez par ici! Les enfants arrivèrent en courant. Ils regardèrent fixement Coalhouse tandis qu'il coupait le contact, serrait le frein et descendait de la Ford. Je veux que vous surveilliez cette voiture, leur dit-il. Quand je reviendrai, vous me direz si quelqu'un y a touché.

Le musicien gagna le coin de la rue à grandes enjambées et se dirigea vers le quartier commerçant. Au bout de dix minutes il trouva un policier qui faisait fonctionner un signal réglementant la circulation. Le policier écouta ses doléances, secoua la tête et passa un certain temps à retrousser sa tunique pour prendre son mouchoir dans sa poche et se moucher. C'est pas des mauvais gars, dit-il enfin. Je les connais tous. Retournez-y, ils se sont probablement fatigués de la plaisanterie. Walker se rendit sans doute compte que c'était le maximum d'appui qu'il pouvait espérer de la part d'un policier. En même temps, il se peut qu'il se soit demandé s'il n'avait pas pris trop à cœur ce qui ne voulait être qu'une bonne farce. Il retourna donc à Firehouse Lane.

La pompe à incendie et les chevaux avaient été rentrés. Il n'y avait plus aucun volontaire sur la route et sa voiture se trouvait dans le champ. Il se dirigea vers elle. Elle était éclaboussée de boue. Il y avait une déchirure de vingt centimètres dans la capote Pantasote. Et déposé sur le siège arrière se trouvait un tas d'excréments humains tout frais.

Il retraversa la rue et se dirigea vers la porte de la caserne. Planté sur le seuil, les bras croisés, se trouvait le Chef avec sa casquette militaire blanche et son foulard vert de bohémien. La police m'affirme qu'il n'existe aucune route à péage dans cette ville, dit Coalhouse Walker. Exact, dit le Chef. N'importe qui est libre d'aller et venir sur cette route comme ça lui chante. Le soleil s'étant couché, les lumières électriques étaient allumées à l'intérieur de la caserne. Par les panneaux vitrés de la porte, le nègre apercevait les trois chevaux gris dans leurs stalles, la grande pompe nickelée avec ses accessoires en cuivre rangée contre le mur du fond. Je veux que ma voiture soit nettoyée et que les dégâts soient remboursés, dit-il. Le Chef se mit à rire et deux de ses hommes vinrent le rejoindre pour s'esclaffer avec lui.

A ce moment arriva un car de police. Il transportait deux policiers, dont l'un était l'agent de la circulation auquel s'était adressé Coalhouse Walker. Il traversa le champ pour aller jeter un coup d'œil à la voiture et revint à la caserne. Willie, dit le policier au Chef des Pompiers, est-ce que toi ou tes gars vous vous êtes livrés à des dégradations? Je vais t'expliquer exactement ce qui s'est passé, dit le Chef. Le négro ici présent avait garé sa foutue bagnole au milieu de la route en plein devant la caserne. On a été obligé de l'enlever. C'est un délit grave de bloquer une caserne de pompiers, pas vrai, les gars? Les volontaires opinèrent vertueusement du bonnet. Le robuste policier prit une décision. Il entraîna Coalhouse à l'écart. Ecoutez, dit-il, on va pousser votre tacot et le remettre sur la route et vous pourrez circuler. Il n'y a pas eu vraiment de dégâts. Raclez la merde et laissez tomber. J'étais en train de circuler quand ils m'ont arrêté, dit Coalhouse. Ils ont mis des immondices dans ma voiture et déchiré la capote. Je veux que la voiture soit nettoyée et les dégâts remboursés. Le policier commençait maintenant à prendre pleinement conscience du ton de Coalhouse, de sa tenue, et pour commencer, du fait extraordinaire qu'il possédait une voiture. La moutarde lui monta au nez. Si vous filez pas d'ici avec votre automobile, dit-il d'une voix forte, je vais vous inculper pour avoir quitté la route au volant de votre voiture, pour ivresse et tapage sur la voie publique. Je ne bois pas, dit Coalhouse. Je n'ai pas quitté la route au volant de ma voiture, ni lacéré la capote ni déféqué sur le siège. Je veux que les dommages soient remboursés et je veux des excuses. Le policier regarda le Chef, qui souriait devant sa déconfiture, si bien que le problème posé maintenant était celui de sa propre autorité. Je vous mets en état d'arrestation, dit-il. Vous allez venir avec moi dans le car de police.

En début de soirée ce jour-là le téléphone sonna à Broadview Avenue. C'était Coalhouse qui appelait et après avoir rapidement expliqué qu'il était au commissariat de police et pourquoi, il demanda à Père s'il acceptait de payer une caution afin qu'il pût regagner la ville et ne pas manquer à son travail ce soir-là. Il faut dire à l'honneur de Père qu'il accepta immédiatement, réservant ses questions pour le moment où Coalhouse aurait le loisir d'y répondre. Il appela un taxi, se rendit au commissariat et fit un chèque pour la somme demandée, qui était de cinquante dollars. Mais lorsqu'il raconta l'incident à Mère, il fut déconcerté car Coalhouse se montra à peine poli pour exprimer sa gratitude et partit précipitamment pour la gare en disant simplement qu'il rembourserait la somme avancée.

Le lendemain soir la maisonnée fit l'étrange expérience d'une visite extra-dominicale de Coalhouse. Assis dans le salon les bras croisés, il leur raconta l'histoire en détails. Sa voix ne trahissait aucune indignation, il fit son récit d'un ton calme, objectif, comme s'il avait décrit un incident arrivé à un tiers. Monsieur Walker, dit Mère, j'ai honte de penser que cette communauté est représentée dans votre esprit par cette bande de brutes. La compagnie a mauvaise réputation, dit Père. C'est une exception, les autres pompiers volontaires sont tous honnêtes et ont le sens de leur responsabilité. Jeune Frère était assis sur le tabouret du piano, les jambes croisées. Il se pencha en avant, totalement pris par le problème. Où est la voiture maintenant? dit-il. Et ces deux petits garçons? Ils peuvent témoigner pour vous. Mais le pianiste avait passé l'après-midi à retrouver la trace des enfants seulement pour découvrir que leurs parents refusaient de les mêler à cette affaire. Je suis un inconnu pour les nègres d'ici, dit-il d'un ton net. Ils sont obligés d'y vivre et ils ne veulent pas s'attirer d'ennuis. Quant à la voiture, je ne suis pas retourné la voir. Et je ne la reverrai pas avant qu'elle me soit rendue dans l'état où elle se trouvait quand je suis parti de cette maison hier soir.

Durant cet entretien, Sarah se tenait dans l'entrée, hors de vue. Elle portait son bébé sur la hanche et elle écoutait. Elle percevait mieux que quiconque dans la maison l'étendue du désastre. Elle entendit Père dire à Coalhouse que s'il avait l'intention de maintenir sa plainte, il ferait bien d'engager un avocat. Il existait une procédure qui s'appelait assignation à comparaître pour les témoins. Y a-t-il des avocats de couleur ici? demanda Coalhouse. Je n'en connais aucun, dit Père. Mais n'importe quel avocat épris de justice fera l'affaire, je suppose. Il marqua un temps. Je me porterai garant financièrement, dit-il d'une voix rogue. Coalhouse se leva. Je vous remercie, mais ce ne sera pas nécessaire. Il posa une enveloppe sur la petite table. A l'intérieur se trouvaient cinquante dollars en liquide. Cette somme, Mère l'apprit par la suite, avait été prélevée sur l'argent qu'il économisait pour le mariage.

Le lendemain le Jeune Frère de Mère prit sur lui de se rendre sur les lieux de l'incident et d'examiner la voiture. Après son travail, il gagna à bicyclette Firehouse Alley. La Modèle T avait été complètement saccagée, encore qu'il fût impossible de déterminer si les vandales étaient les volontaires ou d'autres. Elle se trouvait en bordure de la mare, l'avant enfoui dans les hautes herbes. Les roues étaient enfoncées dans la boue. Les phares et le pare-brise étaient fracassés. Les pneus arrière étaient à plat, les sièges capitonnés avaient été éventrés et la capote Pantasote entièrement lacérée à coups de couteau.

24

Jeune Frère se tenait au bord de la mare. Depuis sa soirée avec Goldman, il traversait une période difficile. Il surprenait tout le monde à la fabrique par son agitation. Il fixait son attention sur tout ce qui était susceptible de la retenir. Il débitait des propos dérisoires qui frisaient l'hystérie. Assis à sa table de dessin, il esquissait des plans de fusils et de grenades avec d'incessantes rectifications de détails. Il mesurait les petits carrés, faisait ses calculs et regardait la pointe de son crayon tracer des lignes sur le papier. Quand il n'avait pas d'autre recours, il se mettait à chanter, juste pour entendre le son de sa voix. Ainsi en se concentrant continuellement, en dépensant d'énormes quantités d'énergie, essayait-il de ne pas se laisser glisser dans les abîmes de son infortune. Elle le cernait de toutes parts, le coiffait comme un casque de ténèbres, l'étouffait tant il la sentait collée à lui. Et le plus terrifiant, c'était sa traîtrise. Il se réveillait le matin et voyait le soleil entrer par la fenêtre, et il s'asseyait dans son lit pensant qu'elle avait disparu, mais elle ne l'avait pas lâché, agrippée derrière ses oreilles, logée au fond de son cœur.

Il estima qu'il était au bord de la dépression nerveuse. Il s'imposa un régime de bains froids et d'exercices physiques. Il s'acheta une bicyclette Columbia et s'en servit pour se rendre au travail. Le soir, avant de se mettre au lit, il faisait de la gymnastique jusqu'à épuisement.

A l'étage au-dessous, Père et Mère sentaient la maison trembler. Ils savaient que c'était lui, en train de sauter sur place. Ils étaient habitués à ses excentricités. Il ne s'était jamais confié à eux, ne leur avait jamais confié ses espoirs ou ses sentiments, si bien qu'ils ne remarquèrent pas de changement notable dans son comportement. Mère lui demanda même de se joindre à eux dans le salon après le dîner quand il n'avait pas d'autre projet pour la soirée. Il essaya. Il les entendait lui adresser la parole, s'entendait leur répondre. Il les voyait dans leur salon suffocant avec la chaise longue, les trophées de chasse aux murs et les abat-jour à frange et il avait une sensation d'asphyxie. Il les méprisait. Il les trouvait contents d'eux, ordinaires et indélicats. Un soir, Père lut aux autres l'éditorial du journal local. Père aimait lire à haute voix ce qu'il trouvait particulièrement instructif ou bien écrit. L'éditorial était intitulé LE TETARD. Ainsi donc ce minuscule visiteur de nos mares et de nos champs revient à nouveau parmi nous, lut Père. En vérité, il n'est pas moins laid que ses grands frères la Grenouille et le Crapaud. Mais nous souhaitons la bienvenue à ce vaillant petit diable et nous louons sa beauté. Car n'est-il pas en avance sur le Rouge-Gorge et même sur le hardi Crocus pour annoncer la venue du Printemps? Le jeune homme se rua hors de la pièce, persuadé qu'il allait mourir de suffocation.

Il est hors de doute que Jeune Frère eut donc l'occasion de se sentir soudain solidaire de l'homme de couleur. Debout au bord de la mare, il écouta le clapotis de l'eau contre le pare-chocs avant de la Modèle T. Il remarqua que le capot était ouvert et après l'avoir soulevé et replié, constata que les fils avaient été arrachés du moteur. Le soleil déclinant projetait des reflets de ciel bleu dans l'eau noire de la mare. Ce fut alors que le parcourut une onde brève de fureur, le centième peut-être, il le savait, de ce qu'avait dû éprouver Coalhouse Walker, et cela lui fut salutaire.

Compte tenu des événements qui suivirent, il est important de mentionner ici le peu que l'on sait sur Coalhouse Walker. Apparemment, il était natif de Saint Louis, Missouri. Jeune homme, il avait connu et admiré Scott Joplin et d'autres musiciens de la ville et payé ses leçons de piano avec l'argent qu'il gagnait comme débardeur. Il n'existe aucun renseignement sur sa famille. A un moment, une femme prétendit être son ex-épouse divorcée mais ce ne fut jamais prouvé. On ne retrouva jamais aucune trace de son passage dans une école de la ville et l'on ignore toujours comment il acquit son vocabulaire et sa façon de parler. Peut-être par un acte de volonté.

On expliqua, abondamment lorsqu'il connut la notoriété, que Coalhouse Walker n'avait jamais épuisé tous les moyens pacifiques et légaux d'obtenir réparation avant de décider de se faire justice lui-même. Ce n'est pas entièrement vrai. Il alla voir trois avocats différents recommandés par Père. Tous refusèrent de représenter ses intérêts. On lui conseilla de récupérer sa voiture avant qu'elle fût complètement démolie et d'oublier toute l'histoire. Il affirma aux trois hommes qu'il ne voulait justement pas oublier toute l'histoire mais intenter un procès au Chef des Pompiers et aux hommes de la Caserne d'Emerald Isle.

Père téléphona lui-même à un des avocats, qui avait représenté sa firme dans plusieurs affaires commerciales. Ne peut-on plaider cette affaire? demanda-t-il. Lorsqu'il se présentera à l'audience, dit l'avocat à Père, vous pouvez l'accompagner. Vous n'avez pas besoin de moi pour ça. Lorsqu'un honorable citoyen de cette ville se présente devant un tribunal avec un nègre, l'inculpation est en général abandonnée. Mais ça n'est pas l'inculpation qui l'intéresse, dit Père. Il veut intenter des poursuites. A ce moment, Père se rendit compte que l'avocat était plongé dans une conversation avec quelqu'un dans son bureau. Toujours à votre service, dit l'avocat, et il raccrocha.

On sait également que Coalhouse Walker consulta un avocat noir de Harlem. Il avait appris que le Chef d'Emerald Isle, qui s'appelait Will Conklin, était le demi-frère du Juge du Tribunal Correctionnel et neveu d'un magistrat du comté à White Plains. L'avocat de Harlem l'informa qu'il existait divers procédés pour faire passer son affaire devant d'autres juridictions, mais qu'ils étaient onéreux et demandaient beaucoup de temps. Et on ne peut absolument pas prédire ce que sera le résultat. Avez-vous de l'argent pour ça? demanda l'avocat. Je vais bientôt me marier, dit Coalhouse Walker. Voilà qui coûte cher, dit l'avocat. Vos responsabilités envers votre promise sont certainement plus importantes que la nécessité de réparer un affront infligé par des Blancs. Walker apparemment fit alors à l'avocat noir une remarque qui n'était pas d'une extrême courtoisie. L'avocat se leva derrière son bureau et le pria de sortir. Vous ne savez rien des affaires dont je m'occupe gratuitement, hurla-t-il. J'éprouve un tel besoin de justice pour notre peuple que j'en étouffe. Mais si vous vous imaginez que je vais me présenter devant un tribunal de Westchester afin de plaider la cause d'un homme de couleur parce que quelqu'un a déposé un paquet d'ordures dans sa voiture, vous vous trompez lourdement.

On sait également que Coalhouse essaya pour commencer de régler lui-même l'affaire en se faisant son propre avocat. Il avait déposé une plainte, mais ne savait pas comment s'y prendre pour la faire inscrire sur le rôle du tribunal ni quelles mesures devaient être prises pour s'assurer qu'elle était correcte dans sa forme et recevable. Il se présenta à la Mairie afin de se renseigner auprès du secrétaire du bureau municipal. On lui suggéra de revenir un autre jour lorsque le bureau serait moins surchargé d'affaires pressantes. Mais il insista et on lui annonça alors que sa plainte n'avait pas été enregistrée et qu'il faudrait plusieurs semaines pour en retrouver la trace. Revenez à ce moment-là, lui dit le secrétaire. Il se rendit donc au commissariat où il avait à l'origine déposé sa plainte et en déposa une deuxième. Les policiers de service le considérèrent avec stupeur. L'un d'entre eux plus âgé que les autres le prit à part et lui confia qu'il portait probablement plainte en vain puisque les compagnies de pompiers volontaires ne dépendaient pas de la municipalité et par conséquent ne se trouvaient pas sous la juridiction de la ville. L'insolence de cette logique n'échappa pas à Coalhouse mais il choisit de ne pas discuter. Il signa sa plainte et partit, entendant des rires derrière lui au moment où il franchissait la porte.

Tout cela s'échelonna sur une période de deux ou trois semaines. Plus tard, lorsque le nom de Coalhouse Walker en vint à symboliser le meurtre et l'incendie volontaire, ces premières tentatives pour obtenir réparation perdirent de leur importance. Même de nos jours, on ne saurait pardonner les horreurs perpétrées au nom de sa cause, mais il importe de connaître la vérité dans la mesure du possible. La conversation à la table familiale durant les repas revenait de façon obsessionnelle sur les tentatives de ce Noir fier et étranger pour récupérer son bien. Il semblait trop absurde qu'un pareil incident se fût produit. C'était apparemment sa faute, en un sens, parce qu'il était noir et que ce genre de problème ne pouvait se poser qu'avec un Noir. Sa monumentale négritude semblait occuper l'espace entre eux comme un motif décoratif au milieu de la table. Pendant que Sarah servait, Père déclara un jour que son fiancé eût mieux fait après tout de partir au volant de sa voiture pendant qu'il le pouvait et d'oublier toute l'affaire. Jeune Frère se hérissa. Vous parlez comme un homme dont on n'a jamais mis les principes à l'épreuve, dit-il. Père fut si outré par cette remarque qu'il ne trouva rien à répliquer. Mère déclara avec douceur que ce n'était pas en exprimant des sentiments excessifs qu'on allait aider qui que ce fût. Une bouffée de vent d'une chaleur insolite pour la saison gonfla les rideaux de la fenêtre dans la salle à manger égyptienne. Elle était chargée de cette menace qui rend le début du printemps si troublant. Sarah laissa tomber les filets de sole qu'elle apportait sur un plateau. Elle battit en retraite dans la cuisine et prit son bébé dans ses bras. Sanglotante, elle dit à Jeune Frère, qui l'avait suivie, que le dimanche précédent Coalhouse lui avait annoncé qu'il ne pouvait pas se marier avant d'avoir obtenu la restitution de la Modèle T dans l'état exact où elle était lorsque les chevaux de la pompe à incendie avaient été placés en travers de son chemin.

25

Personne ne connaissait le nom de famille de Sarah ou n'avait songé à le lui demander. Où était-elle née et où avait-elle vécu, cette fille noire, pauvre et sans instruction, qui avait une opinion si arrêtée sur la façon dont les humains devaient mener leur existence? Au cours des quelques semaines que dura son bonheur, entre le moment où elle accepta la proposition de Coalhouse et celui où elle commança à craindre que son mariage n'eût jamais lieu, elle s'était tranformée au point d'acquérir un nouveau visage, un visage différent. Le chagrin et la colère avaient physiquement agi sur elle au point de masquer ses véritables traits. Mère fut stupéfaite par sa beauté. Elle riait et parlait d'une voix mélodieuse. Toutes deux travaillaient à sa robe de mariée et ses gestes étaient pleins de grâce et de souplesse. Elle avait une admirable silhouette et se contemplait dans le miroir avec fierté. Elle riait de joie du seul fait d'exister. Son bonheur coulait dans le lait de ses seins et son bébé grandissait rapidement. Il arrivait à se mettre debout maintenant et n'était plus en sécurité dans sa voiture. Il restait avec elle dans sa chambre. Elle le prenait dans ses bras et dansait avec lui. C'était une fille d'environ dix-neuf ans, désormais persuadée que la vie valait la peine d'être vécue. Elle était, Mère s'en rendait compte, le genre d'être moral sans artifices qui ne comprend que la bonté; elle ne pouvait agir que guidée totalement et irrémédiablement par ses sentiments. Si elle aimait, elle agissait par amour et si elle était trahie, c'était sa fin. Telle était la lumineuse et dangereuse vérité de la vie de cette créature innocente. Le petit garçon était de plus en plus attiré vers elle et vers son bébé. Il jouait doucement avec l'enfant et il y avait comme une entente solennelle entre eux. La mère chantait. Elle cousait sa robe de mariée, l'essayait, l'enlevait. Dessous elle portait une combinaison qui se retroussa jusqu'à ses hanches quand elle passa la robe blanche par-dessus sa tête. Elle vit le regard franc et attentif du petit garçon s'attarder sur ses jambes et elle sourit. A Jeune Frère elle offrait la complicité tacite de deux êtres de la même génération. Son futur mari était un homme plus mûr et l'âge de Jeune Frère le mettait à part des autres membres de la famille. Ce fut pour cette raison qu'il la suivit dans la cuisine et qu'elle lui fit part du vœu de Coalhouse de ne pas se marier avant d'avoir récupéré sa voiture.

Que va-t-il faire? demanda Jeune Frère. Je ne sais pas, dit Sarah. Mais peut-être avait-elle décelé la violence dissimulée sous les principes.

Le dimanche suivant, Coalhouse Walker ne vint pas pour sa visite hebdomadaire. Sarah regagna sa chambre. Il apparaissait maintenant clairement à Père que la situation était en train de se détériorer. Il déclara qu'il était ridicule de permettre à une automobile d'accaparer la vie de tout le monde comme c'était devenu le cas. Il décida d'aller dès le lendemain parler à la compagnie d'Emerald Isle, en particulier au Chef Conklin. Que vas-tu faire? demanda Mère. Je leur ferai comprendre qu'ils ont affaire à un respectable citoyen de cette ville, dit Père. Si ça ne marche pas, je les achèterai tout simplement pour qu'ils réparent la voiture et la ramènent à ma porte. Je leur donnerai de l'argent.Un pot-de-vin. M. Walker n'aimerait pas ça, dit Mère. Peu importe, dit-il, je le ferai quand même. Nous nous occuperons plus tard des explications. Ils représentent la lie de la ville et ils respecteront l'argent.

Mais avant que ce plan ait pu être mis à exécution, Sarah décida d'agir de son côté. Il se trouvait que cette saison en particulier était un printemps d'année électorale : un candidat se présentant sur la liste nationale républicaine, James Sherman, vice-président de M. Taft, devait venir à New Rochelle ce soir-là pour prendre la parole à un dîner organisé par le parti républicain au Tidewaters Hotel. Elle se rappelait avoir entendu Père exposer ses raisons de ne pas participer à l'événement. Ignorant presque tout des choses de l'Etat, et ne se rendant pas non plus compte du peu d'importance à l'échelle nationale des tribulations de son Coalhouse, Sarah conçut l'idée d'en appeler pour lui à tous les Etats-Unis. C'était le second acte plein de terreur et de désespoir auquel la poussait son innocence. Le soir, elle attendit que son enfant fût endormi et, s'entourant la tête d'un châle, elle quitta la maison sans prévenir aucun membre de la famille et dévala la colline en direction de North Avenue. Elle était pieds nus. Elle allait d'une course rapide comme un enfant. Elle était prête à courir jusqu'à l'hôtel, mais elle vit un tramway qui arrivait, ses lumières intérieures vacillant et le conducteur faisant tinter furieusement sa cloche quand elle traversa précipitamment les rails juste devant le véhicule. Elle paya son billet et gagna le centre.

Un vent du soir s'était levé et dans le ciel immense de lourds nuages s'amassaient, annonciateurs de pluie. Elle se tenait devant l'hôtel parmi un petit groupe de curieux attendant l'apparition du grand homme. Des voitures arrivaient les unes après les autres, déposant tel ou tel notable. Quelques gouttes de pluie amenées par le vent étoilèrent le trottoir. Un tapis avait été déroulé depuis le bord du trottoir jusqu'aux portes de l'hôtel. Etaient mobilisées non seulement la police locale en gants du soir blancs mais également une escouade de la milice, pour garder la porte d'entrée et repousser la foule qui se pressait dans la rue en attendant l'arrivée de la voiture du vice-président. La milice était sur le qui-vive ainsi que les agents en civil du Service Secret qui avaient été chargés de la protection des présidents et des vice-présidents par Theodore Roosevelt après l'assassinat du président McKinley. En fait, Roosevelt était sorti de sa retraite cette saison-là pour se présenter contre son vieil ami Taft. Wilson était le candidat démocrate, Debs le socialiste, et les quatre campagnes se déchaînaient d'un bout à l'autre du pays, soufflant l'espoir comme ces vents qui balayent les vastes plaines. A Milwaukee, Wisconsin, juste une semaine auparavant, Roosevelt était arrivé pour prononcer un discours. Alors qu'il sortait de la gare de chemin de fer pour se diriger vers une voiture, on l'avait tenu à l'écart de la foule venue l'accueillir. Un homme surgi de cette foule avait braqué sur lui un pistolet à bout portant. Des détonations éclatèrent. Une balle traversa l'étui à lunettes dans la poche poitrine de Roosevelt, perça un trou dans les cinquante feuillets pliés de son discours et alla se loger dans une de ses côtes. Il resta un instant étourdi. L'assassin fut jeté à terre. Il y eut des cris. Roosevelt examina sa blessure et se convainquit qu'elle était sans gravité. Il alla prononcer son discours avant de permettre à un médecin de le soigner. Mais l'âcre fumée de la poudre flottait encore dans l'esprit du public. Tous ceux qui étaient chargés d'assurer la garde d'un personnage important ne pouvaient s'empêcher de penser à l'attentat contre Teddy Roosevelt. Le maire de New York City, William J. Gaynor, était tombé ensanglanté sous les balles d'un assassin peu de temps auparavant. L'écho des pistolets retentissait partout.

Lorsque la voiture du vice-président, une Panhard, s'immobilisa au bord du trottoir et que l'homme lui-même en sortit, des acclamations éclatèrent. Le joyeux Jim Sherman était un politicien de New York qui comptait de nombreux amis à Westchester. C'était un gaillard corpulent au crâne dégarni et en si mauvaise santé qu'il ne survivrait pas à la campagne. Sarah rompant le barrage courut vers lui en criant, dans son émotion, monsieur le Président, monsieur le Président. Et elle voulut le toucher de sa main noire. Il eut un mouvement de recul pour éviter ce contact. Peut-être en cette soirée sombre et venteuse où rôdait l'orage les gardes de Sherman prirent-ils la main noire de Sarah pour une arme. Un milicien fit un pas en avant et, avec le mortel empressement des hommes armés qui protègent les célébrités, enfonça la crosse de son Springfield dans la poitrine de Sarah de toutes ses forces. Elle tomba. Un homme du Service Secret lui sauta dessus. Le vice-président disparut dans l'hôtel. Dans la confusion et les vociférations qui suivirent, Sarah fut jetée dans un car de police et emmenée.

Sarah fut gardée toute la nuit au commissariat de police. Elle crachait le sang et, au petit jour, l'idée vint au sergent de service qu'elle avait peut-être besoin d'être examinée par un docteur. Elle les avait tous décontenancés, ne répondant à aucune question, les regardant de ses yeux agrandis par la peur et la souffrance, et si l'un d'eux ne s'était pas rappelé l'avoir entendu crier M. le Président, M. le Président! ils auraient été prêts à la considérer comme une sourde-muette. Qu'est-ce que tu faisais? lui demandaient-ils. Qu'est-ce que tu t'imaginais faire? Elle fut transférée à l'hôpital le matin. Le ciel était gris et couvert, le vice-président était parti, les festivités terminées, les balayeurs des rues poussaient leurs balais devant l'hôtel et l'inculpation contre Sarah fut réduite de tentative d'assassinat à scandale sur la voie publique. Elle gisait sur son lit d'hôpital. Son sternum et plusieurs côtes étaient fracturés. A la maison, dans Broadview Avenue, Mère entendit pleurer le bébé et monta voir ce qui se passait. Plusieurs heures s'écoulèrent avant qu'un policier n'établît un lien entre l'inquiétude manifestée par la famille et la jeune fille de couleur qui avait été hospitalisée. Père arrivant de son travail et Mère de la maison trouvèrent Sarah alitée dans une salle commune. Elle dormait, le front sec et brûlant et une bulle sanglante au coin de sa bouche se gonflait et se dégonflait au rythme de son souffle. Le lendemain, une pneumonie s'était déclarée. Ils reconstituèrent ce qui s'était passé avec le peu qu'elle leur dit. Elle ne leur prêtait guère d'attention et ne cessait de réclamer Coalhouse. Ils s'arrangèrent pour la faire mettre dans une chambre particulière. Ne sachant où habitait Coalhouse, ils appelèrent le Casino de Manhattan et réussirent à joindre le gérant du Clef Club Orchestra. Coalhouse put ainsi être retrouvé et quelques heures plus tard il était assis au chevet de Sarah.

Mère et Père attendirent dans le couloir. Quand ils jetèrent de nouveau un coup d'œil dans la chambre, Coalhouse Walker était à genoux à côté du lit. La tête courbée, il tenait dans ses mains la main de Sarah. Ils battirent en retraite. Un peu plus tard, ils entendirent les gémissements sépulcraux arrachés à un homme par le chagrin. Mère rentra à la maison. Elle garda constamment le bébé dans ses bras. La famille était dévastée. Personne n'arrivait à se réchauffer, semblait-il. Tout le monde portait des pull-overs. Jeune Frère alluma la chaudière. Vers la fin de la semaine Sarah mourut.

26

Les funérailles se déroulèrent à Harlem. Elles furent grandioses. Le cercueil de Sarah était en bronze. Le corbillard était une Pierce Arrow Opera Spéciale à longue cabine pour les passagers et banquette en plein air pour le conducteur. La galerie en cuivre qui couronnait le véhicule disparaissait sous des masses de fleurs. Des rubans noirs voletaient aux quatre coins du toit. La voiture était si lustrée que le petit garçon voyait la rue tout entière reflétée dans les portières arrière. Tout y était noir y compris le ciel. La rue s'incurvait vers un horizon de catastrophe. Il y avait plusieurs voitures pour conduire au cimetière les personnes qui suivaient le convoi. L'assistance était composée surtout de musiciens, collègues de Coalhouse dans le Clef Club Orchestra. C'étaient des nègres aux cheveux coupés court, en complet noir étroitement boutonné, avec le col rond et la cravate noire. Les femmes qui les accompagnaient portaient des robes effleurant le bout de leurs chaussures, des chapeaux à larges bords et des petites fourrures autour du cou. Lorsque tous furent installés dans les voitures, que les portières furent refermées et que les conducteurs se furent mis au volant, on entendit une fanfare éclater au bout de la rue où apparut pour prendre place dans le cortège un omnibus ouvert avec un orchestre de cuivres composé de cinq musiciens en smoking. Coalhouse Walker paya l'enterrement avec l'argent qu'il avait économisé pour son mariage. Il avait obtenu une concession pour Sarah par l'intermédiaire de l'Association de Bienfaisance des Musiciens Nègres dont il était membre. Le cimetière était situé à Brooklyn. L'orchestre joua des chants funèbres dans les rues de Harlem et tout au long du trajet. Le cortège avançait lentement. Des enfants couraient derrière et les gens sur le trottoir s'arrêtaient pour regarder. L'orchestre jouait tandis que les voitures traversaient lentement le pont de Brooklyn haut perché au-dessus de l'East River. Les passagers dans les tramways roulant sur les voies latérales du pont montaient sur les sièges pour voir le grandiose défilé. Le soleil se mit à briller. Les mouettes posées à la surface de l'eau prirent leur envol. Elles s'agitèrent entre les câbles de suspension et se posèrent sur le garde-fou au moment où passait la dernière voiture.

27

Le printemps, c'était le printemps! Comme un magicien fou projetant des écharpes de soie et des chiffons de couleur hors de sa malle, la terre faisait jaillir le crocus blanc et jaune, puis la digitale, la forsythie fleurissait sur ses tiges, et les iris aigus, les fleurs de pommiers roses, blanches et vertes, le lilas aux lourdes grappes et la jonquille. Grand-Père, debout dans la cour, lui fit une ovation. Une brise se leva et arracha aux érables une pluie de bourgeons verts et tendres chargés de pollen. Ils se prirent dans sa chevelure grise clairsemée. Dans son ravissement, il secoua la tête ayant le sentiment qu'on venait de le couronner d'une guirlande. Une vague de joie l'envahit et il leva une jambe pour esquisser une gigue de vieil homme, perdit l'équilibre et, glissant sur le talon de sa chaussure, tomba sur son séant. Ce fut ainsi qu'il se fractura le bassin et entra dans une période de santé déclinante dont il ne devait jamais se relever. Mais le printemps était joyeux et malgré sa souffrance il souriait. Partout la sève montait et les oiseaux chantaient. Au nord de l'Etat, dans la Ferme Pénitentiaire de Matteawan, Harry K. Thaw sauta agilement de l'autre côté d'un fossé le long d'une route et se hissa sur le marchepied d'une Locomobile qui l'attendait. Il s'accrocha du bras au montant du toit, poussa un cri d'exultation et la voiture démarra. Thaw s'enfuit au Canada, laissant derrière lui une traînée de serveuses violentées et d'hôteliers stupéfaits. Il enleva et fouetta un adolescent – il commençait à résoudre ses problèmes. Finalement, il retraversa la frontière. Il fut découvert à bord d'un train près de Buffalo et courut à travers les wagons, gloussant, haletant, tandis que les policiers se lançaient à ses trousses. Dans le wagon-restaurant, il fit volte-face et se mit à jeter les lourdes cafetières individuelles en argent qu'il prenait sur les tables des clients ahuris. Il grimpa entre deux wagons et se mit à courir sur le toit, progressant par longues enjambées simiesques, sauta d'un bond sur la plate-forme d'observation et s'immobilisa, les bras tendus vers le soleil, tandis que la police faisait irruption par la porte et l'empoignait.

Thaw refusa de divulguer le nom de la personne qui l'avait aidé à s'évader. Appelez-moi simplement Houdini, dit-il. Un reporter entreprenant décida de retrouver le grand magicien pour lui demander ce qu'il en pensait. C'était un de ces reporters qui excellait dans le genre d'articles stupides et vains tellement prisés par les journaux de l'époque. Houdini fut retrouvé dans un cimetière de Queens d'où il observait le printemps à genoux près de la tombe de sa mère. Il releva la tête, montrant ce visage tuméfié et risible que provoque le chagrin. Le reporter s'esquiva. Dans tout le cimetière les cornouillers étaient en fleurs et les pétales tombés des magnolias gisaient en cercles sous les arbres.

Houdini portait un complet en lainage noir et la manche de sa veste était déchirée près de l'épaule. Sa mère était morte depuis plusieurs mois mais chaque matin quand il s'éveillait la blessure était aussi fraîche et aussi pénible que si elle était morte la veille. Il avait annulé plusieurs engagements. Il ne se rasait que lorsqu'il y pensait, ce qui n'était pas souvent le cas, et avec ses yeux rougis, son menton hirsute et son complet froissé, il n'évoquait en rien l'élégant magicien de renommée internationale.

Une coutume juive veut que l'on laisse de petits cailloux sur une tombe pour montrer qu'on est venu s'y incliner. La sépulture de Mme Cecilia Weiss était couverte de cailloux et de petites pierres, amoncelés les uns sur les autres, si bien qu'une sorte de pyramide commençait à se former. Il pensait à elle qui reposait dans ce trou dans la terre. Il pleurait amèrement. Il avait envie d'être à son côté. Il se rappelait le jour où il avait essayé de s'évader d'un cercueil, et sa terreur quand il s'était aperçu qu'il n'y arrivait pas. Le cercueil avait un couvercle truqué, mais il n'avait pas prévu le poids de la terre. Il avait gratté la terre de ses mains, sentant son poids monumental. Il avait hurlé dans son impénétrable silence. Il savait ce que c'était d'être prisonnier de la terre, mais il avait maintenant la sensation que là seulement était sa place. Que valait la vie sans sa petite mère bien-aimée?

Il haïssait le printemps. L'air lui emplissait les narines et la bouche comme des mottes de terre.

Dans sa maison de la 113e Rue près de Riverside Drive, Houdini disposa des photos encadrées de sa mère pour perpétuer sa présence. Il posa un gros plan de son visage sur l'oreiller du lit où elle avait dormi. Il installa une photo agrandie, la représentant assise dans un fauteuil même où elle avait posé. Il existait une photo d'elle en manteau et chapeau en train de monter les marches de la rue jusqu'à la porte d'entrée. Il fixa celle-ci à l'intérieur d'une porte. Un des objets qu'elle avait le plus chéris était une boîte à musique en chêne avec un couvercle vitré qui permettait de voir tourner le grand disque cranté. On pouvait choisir parmi plusieurs disques, mais son favori était celui qui jouait « Gaudeamus Igitur » d'un côté et « Columbia Joyau de l'Océan » de l'autre. Houdini remontait la boîte à musique et jouait ces airs-là tous les soirs. Il rêvait qu'ils étaient sa voix. Il avait gardé les lettres qu'elle lui avait écrites au long des années et il les avait fait traduire en anglais et taper à la machine pour pouvoir les lire facilement et les revivre sans crainte de les voir s'effriter à force de les manipuler. Il ouvrait la porte de la penderie et respirait les effluves de la garde-robe maternelle.

La vieille dame était tombée malade pendant que Houdini était en Europe. Il s'était réjoui à l'idée de lui décrire sa rencontre avec l'Archiduc François Ferdinand, héritier de l'Empire austro-hongrois, mais avant qu'il ait pu lui écrire, elle était morte. Il obtint la résiliation de ses contrats et prit un bateau pour rentrer le plus vite possible. Il ne se rappelait rien du voyage. Le chagrin lui faisait perdre la raison. L'enterrement avait été retardé jusqu'à son retour. Il apprit qu'elle l'avait appelé quelques instants avant de mourir. Elle avait été frappée d'une attaque de paralysie. Erich, avait-elle gémi, Erich, Erich. Il était ravagé de remords, obsédé par l'idée qu'elle avait voulu lui dire quelque chose, qu'elle avait quelque chose à lui dire qu'elle n'aurait pu lui révéler qu'à cet instant, juste avant de mourir.

Les occultistes, les spirites et les médiums aux dons prétendus surnaturels l'avaient toujours laissé sceptique. Au début de sa carrière quand il se produisait au Cirque des Frères Welsh en Pennsylvanie, il avait lui-même exploité la crédulité des jobards en affirmant qu'il accomplissait ses tours grâce à des pouvoirs surnaturels. Les yeux bandés, il décrivait à un compère l'objet qu'un des spectateurs dans la salle voulait lui faire identifier. Qu'est-ce que ceci, monsieur Houdini? demandait le compère, et il le savait. Tout reposait sur l'usage d'un code. Il prétendait parfois entrer en communication avec les morts et transmettait à un pauvre gogo, dont ils avaient réussi à se procurer le nom avec quelques autres renseignements, un message provenant d'un être cher et disparu. Il savait donc ce qu'était la fraude spirite. Il pouvait la reconnaître. La fraude spirite s'était déchaînée aux Etats-Unis depuis 1848, quand deux sœurs Margaretta et Kate Fox avaient invité les voisins à venir écouter les coups mystérieux qui retentissaient dans leur maison de Hydesville, New York. Mais c'était précisément parce qu'il était un expert en la matière qu'il envisageait maintenant la possibilité de trouver quelqu'un qui possédât d'authentiques dons de médium. S'il était possible de communiquer avec les morts, il le découvrirait. Il pouvait détecter et démasquer n'importe quel numéro truqué au monde. Par conséquent, s'il trouvait un authentique médium, il saurait le reconnaître. Il avait envie de voir la silhouette menue de sa mère Cecilia et de sentir ses mains caresser son visage. Mais puisque c'était impossible, il décida de voir s'il était vraiment possible de lui parler.

Et à cette époque de notre histoire, l'idée d'entrer en communication avec les morts n'était pas aussi insensée qu'auparavant. L'Amérique, à l'aube du XXe siècle, était une nation de pelles à vapeur, de locomotives, de dirigeables, de moteurs à combustion, de téléphones et d'immeubles de ving-cinq étages. Mais il existait un intéressant penchant pour l'occultisme chez les pragmatistes les plus célèbres du pays. Bien entendu, tout se passait dans le plus grand mystère. Le bruit courait dans certains milieux que Pierpont Morgan et Henry Ford avaient créé une société secrète. Et Houdini savait que le sorcier de l'horticulture, Luther Burbank, qui croisait et développait des hybrides produisant des récoltes plus abondantes, parlait en secret aux plantes et était persuadé qu'elles pouvaient le comprendre. Le grand Edison lui-même, l'Inventeur du XXe siècle, avait conçu une théorie selon laquelle des particules irréductibles de matière chargée de vie, qu'il appelait *essaims*, subsistaient après la mort et ne pouvaient jamais être détruites. Houdini essaya d'entrer en contact avec Edison. Il sollicita un entretien. Mais le grand homme était trop occupé. Il travaillait à une invention si secrète que les journalistes ne cessaient d'échafauder des hypothèses à ce sujet. Un article parut affirmant que la nouvelle invention était un objet nommé tube à vide grâce auquel Edison espérait recevoir des messages des morts. Houdini envoya désespérément des télégrammes pour supplier qu'on lui accordât un entretien. Il fut éconduit. Il offrit de l'argent pour financer le projet. Il fut éconduit. Il se jura alors d'inventer son propre instrument, tout comme il avait appris à piloter son propre aéroplane. Les données de base d'Edison provenaient d'un arsenal technologique accessible à tout le monde. Houdini acheta des livres et commença à étudier la physique mécanique et les principes de l'accumulateur. Il se jura que par n'importe quel moyen, mécanique ou humain, s'il y avait une vie après la mort, il le découvrirait.

Sa passion eut tôt fait d'attirer l'attention de diverses personnes qui se tenaient au courant de ce genre d'activités. Il rencontra un homme de Buffalo (New York), qui prétendait avoir travaillé à une époque avec Steinmetz, immigrant, nain et génie de la Compagnie Générale Electrique. Les physiciens dans le monde entier étaient en train de découvrir les ondes, lui dit cet homme. Une théorie d'une énorme importance était née à l'étranger suivant laquelle on supposait que la matière et l'énergie n'étaient que deux aspects de la même force fondamentale. C'est également mon idée, dit l'homme à Houdini. C'était un physicien diplômé d'une université de Transylvanie. Tout ce dont il avait besoin, c'était d'imaginer un instrument suffisamment sensible, et les ondes fondamentales dont personne encore ne soupçonnait l'existence seraient ainsi captées et décodées. Houdini signa avec lui un contrat aux termes duquel il lui donnait deux mille dollars pour s'assurer les droits exclusifs de ses recherches. Il installa un autre chercheur, chimiste de son état, dans le sous-sol de sa propre maison. Des lettres lui arrivaient de correspondants qui s'affirmaient détenteurs de dons médiumniques, et lui réclamaient un objet quelconque ayant appartenu à sa mère – broche, où boucle de cheveux – sur lequel travailler. Il fit appel aux services d'une agence de détectives pour enquêter sur ceux qui semblaient les plus dignes de confiance. Il expliqua aux détectives comment reconnaître la fraude spirite. Il leur parla des trompettes, des photographies truquées, des haut-parleurs dissimulés, des tables que l'on faisait léviter au moyen de poulies. Pourquoi un médium aurait-il besoin d'une pièce plongée dans l'obscurité, leur dit-il. S'il éteint la lumière, c'est qu'il a quelque chose à cacher.

Houdini eut bientôt déclenché suffisamment d'activités de cet ordre pour songer à se remettre au travail. Je me sens plus fort, dit-il à son imprésario. Je commence à redevenir moi-même. Des engagements furent bientôt signés. Ceux qui virent Houdini se produire durant cette phase de sa carrière disent qu'il surpassa tout ce qu'il avait jamais fait. Il fit venir des maçons sur scène pour construire un mur de brique de trois mètres de haut au travers duquel ensuite il passa. Il fit disparaître un éléphant de grande taille d'un simple battement des mains. Des pièces d'argent coulaient de ses doigts. Des colombes s'envolaient de ses oreilles. Il s'installa dans une caisse d'emballage au préalable examinée par les spectateurs. On en cloua le couvercle et on l'entoura d'une grosse corde. Aucun rideau ne dissimulait la caisse. On l'éventra. Elle était vide. Le public tout entier étouffa un cri en voyant Houdini entrer dans le théâtre en courant depuis l'entrée. Il bondit sur la scène. Ses yeux étincelaient comme des diamants bleus. Lentement il leva les bras. Ses pieds décollèrent du sol. Il s'immobilisa à vingt centimètres du sol. Les femmes haletaient. Brusquement il s'affaissa, ramassé sur lui-même. Il y eut des exclamations incrédules sui-

Côtes de porc charcutière

Préparation : 10 mn. Cuisson : 15 mn.

Côtes de porc charcutière

Pour 4 personnes :
4 côtes premières de porc. 1 cuil. à soupe de concentré de tomates. 1 verre de vin blanc sec. 2 échalotes. 2 branches de persil. 4 cornichons. 1 cuil. à café de moutarde blanche forte. 50 g de beurre. Sel et poivre.

Préparation et cuisson

★ Laissez fondre la moitié du beurre dans une grande poêle sur feu moyen. Faites-y cuire les côtes de porc 5 à 7 mn par face, selon leur épaisseur.

★ Pendant ce temps, laissez fondre le reste de beurre dans une petite casserole. Faites-y étuver doucement les échalotes hachées, en mettant un couvercle pour ne pas les laisser colorer.

★ Quand elles sont bien fondues, mouillez avec le vin blanc et 1/2 verre d'eau.

★ Ajoutez le concentré de tomates, sel et poivre. Délayez. Laissez frémir 2 ou 3 mn.

Finition

★ Quand les côtes de porc sont cuites, salez et poivrez puis disposez-les sur un plat de service chaud.

★ Versez la sauce dans la poêle, mélangez avec les sucs de cuisson de la viande et donnez un bouillon.

★ Hors du feu, incorporez les cornichons grossièrement hachés ou coupés en rondelles, la moutarde et le persil haché menu.

★ Nappez les côtes avec cette sauce. Servez aussitôt. Vous pouvez les accompagner de pommes vapeur.

vies de longs applaudissements. Ses adjoints l'aidèrent à gagner un fauteuil. Houdini demanda un verre de vin pour reprendre des forces. Il leva le verre à la lumière d'un projecteur. Il se décolora. Il le vida. Le verre disparut de sa main.

En fait, ses numéros étaient maintenant chargés d'une telle intensité, exerçaient un effet si étrange et si troublant sur ses spectateurs que, dans certains cas, on emmenait précipitamment les enfants avant la fin du spectacle. Houdini ne s'en apercevait jamais. Il dépassait les limites de ses propres forces et donnait jusqu'à huit ou douze de ses tours les plus importants dans un spectacle qui était censé en comporter trois. Ses affiches avaient toujours proclamé qu'il défiait la mort au cours de ses numéros et les reporters des quotidiens de New York, s'attendant vraiment à le voir outrepasser les limites du possible, le suivaient maintenant dans ses « uniques séances » du Pantages de Brooklyn au Fox d'Union City et jusqu'au Main Street Theatre de New Rochelle. Il exécutait son fameux numéro où il s'évadait d'un de ces bidons classiques de quarante-cinq litres servant à livrer le lait dans les épiceries et dans lequel il se faisait cadenasser. Le bidon était rempli d'eau. Il lui fallait s'évader ou mourir. Il se couchait dans un réservoir de verre en forme de cercueil, dont on précisait qu'il était étanche à l'air et dans lequel la flamme d'une bougie s'éteignait rapidement. Il y restait parfois jusqu'à six minutes après que la bougie se fut éteinte. Les spectateurs hurlaient dans la salle. Les femmes fermaient les yeux et se plaquaient les mains sur les oreilles. Elles suppliaient ses aides de le libérer. Quand leurs supplications étaient enfin entendues, le couvercle étanche du cercueil de verre faisait entendre un plop en s'ouvrant. On l'aidait à sortir, tremblant, couvert de sueur. Chacun des exploits de Houdini exprimait le désir que lui inspirait sa mère morte. Il allait ainsi d'ensevelissement en résurrection, sans répit. Un soir, lors d'une représentation unique à New Rochelle, il était si manifeste qu'il recherchait sa propre mort que les spectateurs se mirent à hurler et qu'un clergyman de la ville se leva et cria : Houdini, vous tentez le diable! Peut-être est-il vrai qu'il était désormais incapable de dissocier sa vie de ses tours. Debout dans son long peignoir noué d'une ceinture, luisant de sueur, ses cheveux humides, tire-bouchonnés sur son crâne, il avait l'air d'une créature d'un autre monde. Mesdames et messieurs, dit-il d'une voix épuisée, je vous en prie, pardonnez-moi. Il voulait expliquer comment il avait maîtrisé une vieille technique respiratoire de l'Orient qui lui permettait de suspendre ses fonctions vitales. Il voulait expliquer que ses exploits paraissaient beaucoup plus dangereux qu'ils ne l'étaient en réalité. Il leva les mains pour obtenir le silence. Mais à ce moment retentit une explosion d'une telle violence que le théâtre trembla dans ses fondations et que des débris de plâtre tombèrent des cintres, et le public troublé, les nerfs déjà fort ébranlés et convaincu que c'était encore là un de ses tours sataniques, reflua vers la sortie, terrorisé.

28

La déflagration en fait s'était produite à trois kilomètres des limites de la ville vers l'ouest. La caserne des pompiers d'Emerald Isle avait sauté dans un jaillissement de morceaux de bois enflammés qui avaient mis le feu au champ d'en face, illuminant le ciel au-dessus de Westchester. Des compagnies de tous les quartiers de la ville, ainsi que des communes voisines de Pelham et Mount Vernon, accoururent sur les lieux. L'immeuble en bardeaux, fort heureusement, était situé à quatre cents mètres de l'habitation la plus proche. Mais deux volontaires étaient à l'hôpital, dont un si grièvement brûlé qu'on craignait de ne pas lui voir passer la journée. Et l'on savait que cinq hommes au moins étaient de garde ce soir-là. C'était un jeudi, jour de la semaine où la compagnie se réunissait pour sa partie de poker hebdomadaire.

Quand l'aube se leva le lendemain matin, tout le champ était roussi et le bâtiment n'était plus qu'un amas de ruines calcinées. Tout le secteur avait été entouré de cordes et des inspecteurs de police commençaient maintenant à fouiller dans les décombres, retrouvant des cadavres et cherchant à déduire d'après les preuves dont ils disposaient la cause du désastre. Il devint bientôt évident qu'ils se trouvaient en présence d'un homicide. Sur les quatre victimes retrouvées, deux avaient été tuées non pas par le feu ou l'explosion mais à coups de chevrotines. Les chevaux étaient hanarchés et attelés à la pompe et ils gisaient là où ils étaient tombés, à moitié dans la rue. L'enregistreur des signaux d'alarme retrouvé dans les décombres indiquait qu'un appel avait été lancé d'une borne située au nord de la ville; or, il n'y avait eu aucun autre incendie en aucun quartier de la ville cette nuit-là. A l'aide de ce renseignement et de divers autres indices, certains relevés grâce à la collaboration d'un médecin légiste appartenant à la police de la ville de New York, on procéda à la reconstitution suivante : Aux environs de 22 h 30, six membres de la compagnie des pompiers étaient réunis dans leur caserne en train de jouer aux cartes lorsque avait résonné le signal d'alarme. Les joueurs de cartes avaient précipitamment mis leurs bottes et leurs casques. On avait fait sortir les chevaux de leurs stalles pour les atteler à la pompe à vapeur. Le harnais était d'un modèle spécial à montage instantané, conçu par la P.A. Setzer Company de Hickory, en Caroline du Nord. Comme tous les pompiers, ceux d'Emerald Isle étaient fiers de la rapidité avec laquelle ils répondaient aux appels. Le feu était entretenu en permanence sous la chaudière si bien que la vapeur avait déjà atteint la pression maximum lorsque la machine arrivait sur les lieux du sinistre. Si la compagnie avait fait preuve ce soir-là de son efficacité habituelle, il n'avait pas dû s'écouler plus d'une minute avant que les portes s'ouvrissent à la volée et que le conducteur, excitant ses chevaux, les lançât dans la rue. Là attendaient le ou les agresseurs, juste sur le chemin de la pompe. Il ou ils étaient armés de fusils de chasse qui avaient été déchargés en pleine tête des chevaux qui arrivaient. Deux d'entre eux s'écroulèrent sur-le-champ et le troisième se cabra, blessé à l'encolure, projetant en pluie fine son sang sur la chaussée. Le conducteur de la pompe, mortellement touché, bascula en avant et s'écroula sur le sol. Des trois pompiers à bord du véhicule, deux reçurent des blessures fatales et le troisième fut écrasé sous la machine qui, tirée de travers par les chevaux affolés, s'était abattue de côté. Lorsque la chaudière à vapeur bascula, ce fut un terrible vacarme qui fut clairement perçu par tous les habitants du quartier déjà alertés par les coups de feu. Le contenu du foyer s'éparpilla et les charbons brûlants mirent le feu à la construction de bardeaux. L'incendie gagna rapidement et la chaleur dégagée par le brasier fit exploser la chaudière et projeta en l'air des poutres enflammées qui volèrent par-dessus la route pour aller retomber dans le champ. Ce fut à ce moment-là que Houdini perdit l'affection de son public.

Il se trouvait que la famille s'était retirée tôt ce soir-là, pour dormir mal. Le bébé noir pleurait en réclamant sa mère et refusait de téter le lait de la nourrice.

Père entendit la déflagration au loin et, jetant un coup d'œil par la fenêtre de sa chambre, vit le ciel illuminé. Sa première idée fut que son usine et son stock de feux d'artifice avaient explosé. Mais les lueurs étaient surtout intenses dans une autre direction. Ce ne fut que le lendemain matin qu'il sut ce qui avait brûlé. L'incendie semblait être l'unique sujet de conversation d'un bout de la ville à l'autre. Père se rendit sur les lieux à l'heure du déjeuner. Une foule se pressait derrière les barrières de la police. Il contourna les cordes et descendit vers la mare au bout du champ situé en face de la caserne détruite : dans la mare, la carcasse immergée de la Modèle T apparaissait et disparaissait selon que l'eau, animée d'un léger clapotis par le vent dominant, effaçait et recomposait alternativement les contours vacillants de la voiture. Père entra à la maison pour la journée bien que le coup de sifflet de midi vînt seulement de retentir. Mère ne pouvait se résoudre à le regarder. Elle était assise et tenait le bébé sur ses genoux. Elle baissait la tête en attitude méditative qui faisait penser malgré soi à la jeune Sarah morte. Père se demanda à ce moment-là si le contrôle de leur existence n'était pas en train de leur filer entre les doigts à tous.

A 4 heures de l'après-midi, le petit marchand de journaux passa en courant devant la maison, jetant au passage sur la galerie l'édition du soir pliée. Le tueur incendiaire, croyait-on, était un nègre non identifié. De son lit d'hôpital, le seul survivant de l'attaque avait pu le décrire à la police. Apparemment, le nègre avait éteint le feu qui s'était communiqué aux vêtements du blessé. Ensuite, de peur que ce geste ne fût interprété comme un acte de miséricorde, il l'avait empoigné par les cheveux et lui avait demandé où se cachait le Chef des Pompiers. Mais le Chef Conklin avait eu la chance de ne pas se trouver à la caserne ce soir-là. On ignorait comment le nègre connaissait Conklin et ce qu'il avait contre lui.

De l'avis général des professionnels, il y avait obligatoirement des complices – du seul fait qu'une fausse alerte avait été donnée pour attirer les volontaires hors de la caserne. Un éditorial néanmoins décrivait le désastre comme étant l'œuvre d'un fou criminel isolé. On incitait les citoyens à boucler leurs portes et à demeurer vigilants, mais aussi à garder leur calme.

La famille était assise autour de la table du dîner. Mère tenait le bébé dans ses bras. Confusément, elle envisageait de ne plus jamais lâcher l'enfant pour le reposer sur le sol. Elle sentait le contact de ses doigts minuscules contre sa joue. En haut dans sa chambre, Grand-Père gémissait de douleur. Il n'y eut pas de dîner ce soir-là, personne n'avait envie de manger. Un carafon de cognac en cristal taillé était posé devant Père. Il en était à son troisième verre. Il avait l'impression que quelque chose, une sorte de petit os ou un grain de poussière, s'était coincé dans sa gorge et il lui semblait que seul le cognac pourrait l'en déloger. Il avait pris dans son bureau son vieux pistolet de l'armée datant de sa campagne dans les Philippines. Il était posé sur la table. Nous vivons une tragédie à laquelle nous aurions dû rester étrangers, dit-il. Seigneur, qu'est-ce qui a bien pu te prendre ce jour-là? Le comté s'occupe des indigents. Tu l'as recueillie dans la maison sans avoir suffisamment réfléchi. Nous sommes tous victimes maintenant de ta ridicule sentimentalité féminine. Mère le dévisagea. Elle ne pouvait se souvenir d'une seule occasion, depuis le temps qu'ils se connaissaient, où il lui eût adressé le moindre reproche. Elle savait qu'il lui présenterait des excuses; les larmes néanmoins lui montèrent aux yeux puis coulèrent le long de ses joues. Père la regarda; elle était belle comme lorsqu'il l'avait connue jeune fille. Il ne se rendit pas compte du plaisir qu'il éprouvait à l'avoir fait pleurer.

Jeune Frère était assis, un coude sur le bras de son fauteuil, la tête appuyée au creux de sa main. Son index pointait vers sa tempe. Il observait son beau-frère. Allez-vous vous mettre à sa recherche pour l'abattre? demanda-t-il. Je vais protéger mon foyer, dit Père. C'est son enfant qui est ici. S'il commet l'erreur de venir à ma porte, je me charge de lui. Mais pourquoi viendrait-il ici? demanda Jeune Frère d'un ton provocant. Ce n'est pas nous qui avons souillé sa voiture. Père tourna les yeux vers Mère. Demain matin je me rendrai à la police et je serai dans l'obligation de leur dire que ce fou meurtrier a été reçu chez moi. Je serai obligé de leur dire que nous élevons son bâtard. Je crois, dit Jeune Frère, que Coalhouse Walker aimerait que vous disiez à la police tout ce que vous savez. Vous pouvez leur déclarer qu'il s'agit du même nègre dément dont la voiture gît au fond de l'étang devant la caserne. Vous pouvez leur dire que c'est lui qui s'est rendu à leur propre préfecture pour déposer une plainte contre Will Conklin et ses brutes. Vous pouvez leur dire qu'il s'agit du même tueur noir frénétique qui s'est assis au chevet d'une certaine personne morte à l'hôpital de ses blessures. J'espère que je vous ai mal compris, dit Père. Allez-vous défendre ce sauvage? A qui d'autre qu'à lui-même peut-il reprocher la mort de Sarah? Qui est responsable sinon son fichu orgueil de nègre? Rien au monde ne peut justifier le meurtre d'êtres humains ni pareille destruction de biens. Jeune Frère se leva si brusquement que son fauteuil bascula en arrière. Le bébé sursauta et se mit à pleurer. Jeune Frère était pâle et tremblant. Je n'ai pas entendu une telle oraison funèbre à l'enterrement de Sarah, dit-il. Je ne vous ai pas entendu dire alors que la mort et la destruction de biens étaient inexcusables.

Mais en vérité Coalhouse Walker avait déjà pris plusieurs initiatives pour revendiquer le crime. Il se trouva que, dans l'heure qui suivit l'explosion, lui-même ou un autre Noir déposa des lettres identiques aux bureaux des deux journaux locaux. Les directeurs après en avoir référé à la police décidèrent de ne pas les publier. Les lettres étaient rédigées d'une écriture claire et ferme et exposaient les événements qui avaient conduit à l'agression contre la caserne des pompiers. Je veux que l'infâme Chef des Pompiers Volontaires soit livré à ma justice, disait la lettre. Je veux que mon automobile me soit rendue dans l'état où elle se trouvait à l'origine. Si ces conditions ne sont pas remplies, je continuerai à tuer des pompiers et à incendier leurs casernes jusqu'à ce qu'elles le soient. Je détruirai la ville tout entière si c'est nécessaire. Les directeurs des journaux et les policiers estimaient d'intérêt public de ne pas publier ces lettres. Un tueur fou isolé était une chose. Une insurrection en était une autre. Des escouades de policiers patrouillèrent discrètement les quartiers nègres et posèrent des questions sur Coalhouse Walker Junior. Conjointement, les polices des villes voisines comptant une communauté de nègres en firent autant. A la préfecture fut transmise la réponse : ce n'est pas un de nos nègres. Ce n'est pas un des nôtres.

Le lendemain matin, Père prit le tramway de North Avenue pour se rendre dans le centre. Il se dirigea vers la Mairie. Ce fut en homme d'affaires extrêmement respecté de la communauté qu'il franchit la porte. De grands articles dans le journaux avaient célébré sa carrière d'explorateur. Le drapeau qui flottait au sommet du dôme de l'immeuble avait été offert par lui à la ville.

TROISIÈME PARTIE

29

Père était né et avait grandi à White Plains, Etat de New York. Il était enfant unique. Il se rappelait certaines heures lumineuses et chaudes des journées d'été à Saratoga Springs. Il y avait des jardins avec des allées recouvertes de gravier de rivière. Il se promenait avec sa maman le long des vastes galeries peintes des grands hôtels. Le même jour chaque année, ils rentraient à la maison. Sa mère était une femme fragile morte alors qu'il avait quatorze ans. Père avait fait ses études à Grotton puis à Harvard. Il lisait les philosophes allemands. Il interrompit ses études durant l'hiver de sa deuxième année d'université. Son père avait gagné une fortune pendant la Guerre Civile et avait depuis passé son temps à la perdre en spéculations malheureuses. Elle n'avait pas tardé à être dilapidée. Sa confiance en lui augmentait à chacune des pertes qu'il subissait. En pleine banqueroute, il se montrait radieux et triomphant. Il mourut brusquement, toutes ses espérances intactes. Son extravagance avait fait de son fils solitaire un être prudent, grave, travailleur et malheureux à l'état chronique. A sa majorité, l'orphelin prit les quelques dollars dont il avait hérité et les investit dans une petite fabrique de feux d'artifice que possédait un Italien. Il finit par en devenir propriétaire, augmenta ses ventes, acheta une fabrique de drapeaux et acquit une honnête aisance. Il avait également trouvé le temps de gagner un grade d'officier au cours des campagnes des Philippines. Il était fier de sa vie mais n'oublia jamais que, avant de se lancer dans les affaires, il avait étudié à Harvard. Il avait entendu une conférence de William James sur les principes de la Psychologie Moderne. Il se prit de passion pour l'exploration : il voulait éviter ce que le grand Dr James avait appelé le recul devant le plein épanouissement du moi.

Maintenant chaque matin Père se levait, pleinement conscient d'être mortel. Il se demandait si son antipathie pour Coalhouse, qui avait été immédiate, se fondait non pas sur sa couleur mais sur le fait qu'il courtisait une femme, aventure riche en incertitudes laissant présager que le meilleur de la vie était encore à venir. Père remarquait les tavelures qui pigmentaient le dos de ses mains. Il se surprenait parfois à faire répéter aux gens ce qu'ils avaient dit. Il semblait avoir perpétuellement besoin de vider sa vessie. Le corps de Mère n'éveillait plus son désir – plus rien qu'une approbation détachée. Il admirait ses formes et la douceur de sa chair, mais elle le laissait froid. Il notait que le haut de ses bras s'était alourdi. Une fois habitués à la vie commune après son retour de l'Arctique, ils s'étaient enlisés tous deux dans une camaraderie indulgente qui lui donnait l'impression d'être retranché en marge de l'existence, réduit au rôle de spectateur. Il avait trouvé déplorable la façon dont elle avait encouragé le mariage de cette fille noire. Et maintenant que Sarah était morte, il se sentait changé en homme invisible, Mère, dans son chagrin, ayant concentré toute son attention sur le seul enfant de Sarah.

Il avouait éprouver une satisfaction à aller trouver la police. Il n'était pas mû uniquement par le sens du devoir. A titre de compensation peut-être, il décrivit Coalhouse comme un homme pacifique rendu fou par une situation dont il n'était pas responsable. C'était exactement l'argument avancé par Jeune Frère à la maison. Père confirma le récit des événements tels que Coalhouse les décrivait dans sa lettre. C'était un pianiste, dit Père, utilisant l'imparfait de narration. Il a toujours fait preuve d'une conduite courtoise et correcte. Les policiers opinèrent gravement du bonnet. Ils voulaient savoir si le nègre risquait de frapper de nouveau. Ce fut l'expression employée par le Chef de la Police, frapper de nouveau. Père déclara que Coalhouse, une fois qu'il s'était fixé une ligne de conduite, était un être d'une extrême persévérance. Ce fut en grande partie sur son conseil qu'une défense fut organisée. Des policiers furent assignés à la garde de toutes les casernes de pompiers de la ville. Les routes principales furent placées sous surveillance. Au quartier général, on afficha une carte murale indiquant le déploiement des forces de police. A la suite des renseignements fournis par Père, on persuada la police de New York d'envoyer des inspecteurs à la recherche de Coalhouse à Harlem.

Père s'était attendu à voir la police formuler des critiques à son égard. Il n'en fut rien. On le considérait comme un expert quant au caractère du criminel. On l'encouragea à passer autant de temps que possible au quartier général. On souhaitait sa présence aux délibérations. Les murs de la pièce étaient peints en vert clair jusqu'au niveau de la taille, vert foncé en dessous. Il y avait des crachoirs à chaque coin. Père convint de demeurer à disposition le plus qu'il le pouvait. C'était la période de l'année où il était le plus occupé. Toutes les commandes de fusées, de feux de Bengale, de chandelles romaines, de pétards, de soleils tournants et de bombes lumineuses devaient être expédiées à temps pour la Fête nationale du 4 juillet. Il faisait la navette entre son bureau et la police. A son grand écœurement, il se trouva au commissariat en compagnie du Chef d'Esmerald Isle, Will Conklin. Conklin fleurait le whisky et depuis qu'il se sentait un homme traqué, son visage rubicond avait pris une teinte blafarde. Il se montrait tour à tour fanfaron ou lâche. Il donnait des conseils du même ordre de sagesse que celui qui avait déclenché la crise à l'origine. Il voulait faire une descente dans le quartier noir et liquider tous ces bamboulas une bonne fois pour toutes. Les policiers l'écoutaient dans l'indifférence. Ils le menaient volontiers en bateau. On sera peut-être obligé de te livrer à l'homme noir, Willie, disaient-ils. Ne serait-ce que pour retrouver la tranquillité par ici. Conklin supportait mal ce genre de plaisanteries. Est-ce qu'on n'est pas tous dans le coup? disait-il. Bon sang, vous avez déjà été cruels ailleurs et vous l'êtes maintenant. Willie, dit le Chef de la Police, il a fallu qu'on apprenne par ce nègre lui-même que c'étaient tes manigances qui avaient déclenché cette histoire, espèce d'abruti d'Irlandais, et maintenant tu viens nous raconter qu'on est tous dans le coup.

Mais le caractère et la mentalité du Chef des Pompiers semblaient appropriés à l'endroit. C'était un perpétuel défilé par les portes vitrées de malfaiteurs, d'avocats, de porteurs de caution, de policiers et d'infortunés parents. Les ivrognes arrivaient traînés par le collet et les voleurs menottes aux mains. Les voix étaient bruyantes et le langage grossier. Conklin tenait un commerce de glace et de charbon et logeait avec une femme et plusieurs enfants dans un appartement situé au-dessus des bureaux de son chantier. Père finit par comprendre que si l'homme passait tellement de temps au commissariat de police, c'était parce qu'il s'y sentait plus en sûreté. Bien entendu, il n'aurait jamais voulu l'admettre. Il se vantait des précautions qu'il avait prises à son chantier. Ne faisant pas entièrement confiance aux deux policiers qui y montaient la garde, il avait enrôlé pour les loger chez lui tous les survivants d'Emerald Isle. Ils étaient armés. Ce mal blanchi pourrait aussi bien attaquer West Point, disait-il.

Père se sentait avili par le contact de cet homme. Conklin lui parlait sur un ton différent de celui sur lequel il s'adressait aux policiers. Sa diction s'améliorait. Cette sorte de prétention à l'égalité sociale était mortifiante. C'est une affaire tragique, Capitaine, disait-il. Tragique vraiment. Une fois, il alla jusqu'à poser la main sur l'épaule de Père, marque d'une connivence si alarmante que Père le ressentit comme une décharge électrique.

Père se surprit néanmoins à passer de plus en plus en temps au commissariat. Il avait du mal à entrer chez lui. Le jour de l'enterrement collectif des victimes de l'incendie d'Emerald Isle, il alla écouter les oraisons funèbres. La moitié de la ville était présente. Une grande croix de bronze oscillait au-dessus de la foule. Will Conklin ne sortit pas du commissariat. Je ferais une cible rêvée pour un coup de fusil, dit-il. Son attitude commençait à faire jaser toute la ville. Les quotidiens de New York, dont les reporters n'étaient pas muselés par les intérêts de la chambre de commerce locale, annoncèrent ensuite que les meurtres de la Nuit d'Emerald Isle avaient été provoqués par une injustice. Le *World* et le *Sun* publièrent le texte de la lettre de Coalhouse. Will Conklin devint partout un objet de mépris. Il était haï pour sa stupidité et sa responsabilité dans les événements qui avaient amené la mort d'hommes placés officiellement sous son commandement. En revanche, certains éléments le méprisaient pour avoir provoqué un nègre sans être capable de lui inspirer une sainte terreur.

Un homme coiffé d'un chapeau melon restait maintenant chaque jour assis dans une voiture en face de la maison de Broadview Avenue. Père n'en avait pas été officiellement avisé mais il prévint Mère qu'il avait demandé un garde à la police, estimant plus sage de ne pas dire que les policiers, tout en lui étant reconnaissants de sa coopération, avaient cependant jugé bon d'exercer sur lui une discrète surveillance. Il se demanda quels soupçons ils pouvaient bien nourrir.

Une semaine exactement après l'attaque par Coalhouse d'Emerald Isle, à 6 heures du matin, une voiture White remonta lentement Railroad Place, une étroite rue pavée dans le West End. Au milieu du pâté de maisons se trouvait la Caserne Municipale des Pompiers N° 2. Arrivée à hauteur de l'immeuble, la voiture s'arrêta et les deux policiers somnolents en faction devant les portes furent stupéfaits de voir plusieurs Noirs en descendre, armés de fusils de chasse et de carabines. Un des policiers eut la présence d'esprit de se jeter à terre. L'autre resta planté sur place, bouche bée, tandis que les assaillants s'alignaient en bon ordre, tel un peloton d'exécution et, sur un signal, déchargeaient leurs armes à l'unisson. La rafale tua le policier demeuré debout et fracassa les vitres des portes de la caserne. Un des nègres courut alors vers l'immeuble et jeta plusieurs petits paquets par les fenêtres béantes.

L'homme qui avait donné l'ordre de tirer s'approcha du survivant terrifié étendu sur le trottoir. Il lui glissa une lettre dans la main en disant calmement : Ceci doit être publié dans le journal. Il rejoignit ensuite les autres nègres, qui étaient retournés à la voiture. Au moment où elle démarrait, une ou peut-être trois explosions, presque simultanées, firent sauter les portes de la caserne et la transformèrent instantanément en brasier. Les flammes gagnèrent rapidement un bar voisin et l'établissement d'un grossiste en café qui torréfiait également ses mélanges pour les clients à l'entour de la rue. Les sacs de grains dégagèrent une fumée jaune et imprégnèrent tout le quartier d'une odeur de café grillé pendant plusieurs semaines. Quatre cadavres furent finalement dénombrés, tous pompiers municipaux. Une vieille femme, probablement morte de peur, fut découverte chez elle de l'autre côté de la rue. Une pompe à incendie Reo et une ambulance furent détruites.

Cette fois la ville était vraiment en proie à la panique. Les enfants n'allaient plus à l'école. Des cris d'indignation s'élevaient, dirigés contre l'administration de la ville et contre Willie Conklin. Des pompiers en délégation marchèrent sur la Mairie et demandèrent à être assermentés comme suppléants de la police et armés afin de pouvoir se défendre. Le Maire dépassé par les événements envoya un télégramme au Gouverneur de New York réclamant de l'aide. La deuxième agression de Coalhouse fit la une de tous les journaux du pays. Des reporters arrivèrent de New York par troupeaux. On reprocha au Chef de la Police d'avoir laissé le tueur noir se livrer de nouveau à ses actes meurtriers. Le Chef fit une déclaration aux reporters réunis dans son bureau. L'homme se sert d'automobiles pour circuler, dit-il. Il frappe et disparaît, Dieu sait où. Depuis plusieurs années, l'Association des Chefs de la Police de l'Etat de New York a adopté une résolution tendant à rendre obligatoires l'enregistrement des voitures et le permis de conduire. Si cette loi avait été votée, nous pourrions aujourd'hui retrouver la trace de ce fauve. Le Chef tout en parlant vidait les tiroirs de son bureau. Il tirait sur son cigare. Il sortit avec les reporters. Le lendemain, un décret prescrivant l'enregistrement des automobiles fut soumis aux législateurs de l'Etat.

Père employait deux nègres à sa fabrique, l'un comme concierge, l'autre comme assembleur de tubes de fusées. Ni l'un ni l'autre ne se présentèrent au travail le jour du deuxième désastre. En fait, on ne voyait plus de nègres nulle part en ville. Ils restaient chez eux derrière leurs portes bouclées. Cette nuit-là, la police arrêta dans la rue plusieurs citoyens blancs armés de pistolets et de carabines. Le Gouverneur répondit à l'appel du Maire en envoyant de New York deux compagnies de miliciens. Ils arrivèrent le lendemain matin et montèrent immédiatement leurs tentes sur le terrain de base-ball derrière l'école secondaire. Les enfants s'attroupèrent pour regarder. Les journaux locaux sortirent des éditions spéciales dont chacune publiait bien en vue la deuxième lettre de Coalhouse. Voici ce qu'elle revendiquait : Primo, que l'excroissance blanche connue sous le nom de Willie Coklin soit remise à ma justice. Secundo, que la Ford Modèle T avec sa capote Pantasote me soit rendue dans l'état où elle se trouvait à l'origine. Jusqu'à ce qu'il ait été satisfait à ces demandes les lois de la guerre restent en vigueur. Coalhouse Walker Jr, président du Gouvernement Américain Provisoire.

A ce stade, le besoin le plus impératif de tout un chacun était de savoir à quoi ressemblait Coalhouse Walker. Une compétition farouche opposait les journaux. Les journalistes envahirent les bureaux de Clef Club Orchestra à Harlem. Ils ne purent se procurer aucune photo sur laquelle figurât le visage de l'infâme pianiste. L'*American* de Hearst publia triomphalement le portrait du compositeur Scott Joplin. Les amis de Joplin menacèrent d'intenter un procès, le compositeur ayant atteint les dernières phases d'une maladie mortelle et étant incapable de défendre lui-même ses intérêts. Des excuses furent présentées. Finalement un journal de St Louis sortit une photo qui fut largement reproduite. Père reconnut son authenticité. Elle montrait un Coalhouse relativement plus jeune assis en habit et cravate blanche devant un piano droit. Il avait les mains sur le clavier et souriait pour la photo. Autour du piano étaient groupés un joueur de banjo, un cornettiste, un tromboniste, un violoniste et un batteur penché sur un tambour. Tous arboraient des cravates blanches. Ils posaient comme s'ils avaient été en train de jouer, ce qui n'était manifestement pas le cas. La tête de Coalhouse était entourée d'un cercle. Cette photo devint la photo standard. Il était trop tentant d'ironiser sur ce Noir souriant à l'élégante moustache, au visage plaisant et ouvert, et les journalistes qui rédigèrent les légendes accompagnant la photo n'y résistèrent pas. Le sourire d'un tueur, disaïent-ils. Ou encore le président du Gouvernement Américain Provisoire en des jours plus fastes.

La presse tout entière s'était livrée à des enquêtes trop poussées et trop acharnées pour que le rôle de la famille dans toute l'affaire pût demeurer caché. Des reporters, d'abord seuls ou par deux, ensuite en groupes plus nombreux, commencèrent à frapper à la porte, puis, comme on refusait de les laisser entrer, à camper dehors sous les érables de Norvège. Ils voulaient voir l'enfant noir, ils voulaient des déclarations de n'importe quel ordre sur Coalhouse et ses visites à Sarah. Ils regardaient à travers les fenêtres du salon et faisaient le tour par-derrière pour essayer d'ouvrir la porte de la cuisine. Ils portaient le canotier et des blocs-notes gonflaient leurs poches. Ils mâchaient du tabac et le recrachaient par terre; ils écrasaient leurs mégots du pied en foulant la pelouse. Des photos de la maison parurent dans les journaux de New York. Il y eut des récits inexacts des explorations de Père. Les stores étaient baissés et le petit garçon n'avait pas le droit de sortir. Il régnait une chaleur étouffante à l'intérieur de la maison et la nuit Grand-Père gémissait dans son sommeil.

Mère aurait peut-être supporté tous ces désagréments si un conflit n'était pas né concernant la présence du fils de Coalhouse Walker au sein de la famille. Une file ininterrompue de voitures remontaient la colline au cours des longues soirées et les curieux se dévissaient le cou dans l'espoir d'entrevoir un visage à une fenêtre. Un responsable du Comité d'Assistance à l'Enfance émit l'opinion que l'enfant illégitime et qui n'avait pas encore été baptisé devrait être placé dans un des excellents asiles ouverts aux orphelins, aux enfants abandonnés et à ceux nés en dehors des liens du mariage. Mère gardait le bébé dans sa chambre. Elle ne voulait même plus le descendre au rez-de-chaussée. Elle réquisitionnait son fils pour veiller sur lui quand elle avait quelque chose à faire. Elle ne prenait plus le temps de relever ses cheveux en chignon et les laissait flotter sur ses épaules toute la journée. L'amertume qu'elle manifestait envers Père était inhabituelle chez elle. Tu ne pourrais pas ouvrir ta malle au trésor, dit-elle, pour engager les domestiques dont j'ai besoin. C'était une allusion à son conservatisme financier dont elle ne s'était jusqu'alors jamais plainte. Ils avaient toujours vécu au-dessous de leurs moyens. Père fut piqué par cette remarque mais il se mit en quête et trouva une femme pour faire la cuisine et une autre pour être à la fois blanchisseuse et femme de chambre, toutes deux logées à la maison. Il engagea un homme qui avait été leur jardinier à mi-temps et l'installa dans les pièces au-dessus de l'écurie-garage. Grand-Père avait déjà une infirmière diplômée pour le soigner pendant la journée. Dans la maison assiégée régnait maintenant la fébrile activité d'un camp militaire en temps de guerre. Le petit garçon se faisait constamment houspiller par les uns ou les autres qui lui reprochaient d'être toujours fourré dans leurs jambes. Il observait sa mère en train d'arpenter sa chambre, les mains crispées devant elle, ses cheveux dénoués encadrant son visage. Elle avait maigri et son menton, qui avait toujours eu tendance à s'empâter, semblait comme étriqué et même pointu.

Il était clair que cette situation de crise les plongeait dans le marasme. Père avait toujours éprouvé le sentiment secret que la famille dans son ensemble bénéficiait d'une grâce spéciale, qu'il sentait maintenant la déserter. Il se sentait stupide et maladroit, réduit à n'être plus que le jouet des circonstances. Coalhouse faisait la loi. Il était pourtant allé dans l'Arctique, en Afrique, aux Philippines. Il avait voyagé dans l'Ouest. Cela signifiait-il simplement qu'une partie de plus en plus vaste du monde résistait à son intelligence? Il demeurait assis dans son cabinet de travail. Tous ceux auxquels il pensait, y compris Grand-Père, il les voyait sous l'angle de sa propre inertie. Il avait traité Grand-Père avec l'arrogante courtoisie que l'on réserve aux êtres séniles avant même que l'heure en eût sonné. Avec Jeune Frère il avait perdu tout contact. Quant à sa femme, il se sentait terriblement diminué à ses yeux, le corps seul continuant ses explorations, mais l'esprit prisonnier des mêmes préjugés que son propre père — il commençait d'ailleurs à lui ressembler, devenait comme lui stérile, desséché, avec une lueur de folie au coin de l'œil. Pourquoi fallait-il qu'il en fût ainsi?

Il se reprochait par-dessus tout de négliger son fils. Il ne parlait jamais à l'enfant, ne lui offrait jamais sa camaraderie. Il avait toujours jugé que sa seule présence servirait de modèle à l'enfant, stimulerait son émulation. Quelle prétention, quelle stupidité de la part d'un homme qui s'était fait une règle de se conduire dans la vie de façon à se distinguer de son propre père. Il se mit à la recherche de l'enfant et le trouva assis par terre dans sa chambre en train de lire dans le journal du soir un récit de la victoire de l'équipe de base-ball de New York magistralement entraînée par John J. McGraw. Tu aimerais voir cette équipe? dit-il. L'enfant releva la tête, surpris. Justement j'y pensais, dit-il. Père se rendit à la chambre de Mère. Demain, annonça-t-il, je vais emmener le petit voir un match de base-ball. Il semblait si persuadé d'avoir raison qu'elle réprima son envie de le traiter d'idiot, et lorsqu'il sortit de la pièce, elle ne put que s'étonner d'avoir eu cette réaction, si étrangère à tout sentiment d'amour.

30

Le lendemain après-midi, lorsque père et fils sortirent de la maison, deux reporters les suivirent une partie du trajet tandis qu'ils se dirigeaient d'un bon pas vers la gare de chemin de fer de Quaker Ridge Road. Nous allons au match de base-ball des Géants, leur annonça Père. Je n'en dirai pas davantage. Qui est le lanceur? demanda un des reporters. Rube Marquard, dit l'enfant. Il a gagné ses trois derniers matches.

Un train entrait en gare au moment où ils arrivaient à Quaker Ridge. C'était la ligne New York, Westchester et Boston. Elle ne passait nulle part à proximité de Boston et n'assurait pas le service jusqu'à New York. Mais elle permettait un voyage confortable jusqu'au Bronx, où ils trouveraient une correspondance par tramway, celui de la 155e Rue qui traversait la ville et permettait de franchir la rivière de Harlem pour arriver au terrain de polo de Coogan's Bluff.

C'était un bel après-midi. De grands nuages blancs filaient sous un ciel bleu limpide. Comme le tram traversait le pont, ils virent sur la butte dominant les gradins de bois plusieurs arbres gigantesques, dépourvus de feuilles même en cette saison, parmi lesquels se détachaient des silhouettes d'hommes en melon qui préféraient ne pas payer leur entrée dans le parc, et regarder le match perchés dans les branches comme des fleurs noires oscillant dans le vent. Père se sentit gagné par l'excitation de l'enfant. Il éprouvait un immense plaisir à être sorti de New Rochelle. Lorsqu'ils atteignirent le parc, une foule compacte descendait l'escalier du métro aérien, des taxis s'arrêtaient pour décharger leurs passagers, les vendeurs de journaux proposaient à grands cris le programme du match et une bruyante agitation régnait dans la rue. Les autos cornaient. Filtrés par les superstructures à claire-voie du métro aérien, les rayons de soleil mouchetaient la rue. Père acquitta le coûteux droit d'entrée, cinquante *cents*, plus un supplément pour une loge, et ils pénétrèrent dans le parc pour occuper leurs places derrière la première base sur le plus bas des deux gradins où durant une ou deux manches ils seraient obligés de s'abriter les yeux contre le soleil.

Le Géants portaient leur ample uniforme blanc rayé de noir. L'entraîneur, McGraw, arborait un épais gilet noir moulant son torse massif, avec les lettres NY brodées sur la manche gauche. C'était un homme petit et combatif. Comme les membres de son équipe, il portait des chaussettes à larges bandes horizontales et la petite casquette plate à visière avec un bouton sur la calotte. Les adversaires de l'après-midi étaient les Braves de Boston dont les blousons de flanelle bleu foncé étaient boutonnés jusqu'au cou, avec le col relevé. Un vent vif faisait voleter la poussière sur le terrain. Le match commença et presque aussitôt Père regretta d'avoir choisi ces places-là. Son fils pouvait entendre clairement les jurons et les brocards des joueurs. Les équipes du batteur hurlaient des insultes obscènes au lanceur de l'équipe adverse. McGraw lui-même, un père pour ses hommes et un grand chef, se tenait à la troisième base et dévidait constamment un chapelet d'épithètes malsonnantes plus imagées encore que toutes les autres. Son coassement strident retentissait dans tout le parc. La foule semblait aussi passionnée que lui. Le jeu était serré, avec d'abord une équipe puis l'autre prenant la tête. Un coureur arrivant à la deuxième base percuta un Géant, servant de la deuxième base, qui se releva en hurlant et se mit à tourner en rond en boitant et en saignant abondamment à travers sa chaussette. Les deux équipes sortirent au galop de leur abris et la partie fut interrompue durant quelques minutes pendant que les joueurs se battaient et roulaient dans la poussière et que la foule hurlait ses encouragements. Une manche ou deux après la bagarre, Marquard, le lanceur des Géants, perdit apparemment tout contrôle de soi et lança la balle de façon à toucher le batteur de Boston. Ce dernier se redressa d'un bond et se précipita vers Marquard en brandissant sa batte. De nouveau les abris se vidèrent et de nouveau les joueurs s'empoignèrent dans une mêlée générale, s'expédiant d'énormes horions et soulevant des nuages de poussière. Le public cette fois participa en jetant des bouteilles de soda sur le terrain. Père consulta son programme. Du côté des Géants se trouvaient Merkle, Doyle, Meyers, Snodgrass et Herzog, entre autres. L'équipe de Boston se glorifiait d'avoir dans ses rangs un certain Rabbit Maranville, un *shortstop* (1) qui, remarqua-t-il, allait et venait à son poste courbé en deux, les mains au bout de ses grands bras effleurant la pelouse dans une attitude à proprement parler simiesque. Il y avait un servant de base du nom

(1) *Shortstop* : joueur stationné entre la 1re et la 2e base.

de Butch Schmidt, et d'autres qui s'appelaient Cocrehan, Moran, Hess, Rudolph, ce qui donnait inévitablement à penser que les joueurs de base-ball professionnels étaient des immigrants. Lorsque le match reprit, il étudia chaque batteur; en vérité, ils semblaient bien venir d'usines et de fermes, ces hommes aux traits rudes, aux oreilles décollées, brûlés par le soleil, avec des mains comme des jambons, les joues gonflées par leur chique de tabac, leur intellect totalement concentré sur le jeu. Les joueurs sur le terrain avaient les mains protégées par de gigantesques gants de cuir à crispin qui leur donnaient l'air de clowns à moitié vêtus. La poussière sèche du terrain était maculée de crachats. Malheur aux campagnes de la Ligue Anti-Crachats si l'exemple de ces hommes était suivi. Dans le camp de Boston, le jeune garçon qui ramassait les battes et les replaçait dans les abris était en fait, à y regarder de plus près, un nain, en uniforme de l'équipe comme les autres mais fait sur mesure pour sa petite taille. Il lançait ses cris et ses sarcasmes d'une voix flûtée de soprano. La plupart des joueurs qui venaient prendre la batte pour la première fois lui touchaient la tête au passage, geste qu'il semblait encourager et Père comprit qu'il s'agissait d'un rite destiné à porter chance. Du côté des Géants, à défaut de nain il y avait un étrange échalas, affublé d'un uniforme qui n'était pas à sa taille et avec des yeux de myope au regard flou; il semblait parodier les phases du match, les mimant comme du fond d'une solitude somnolente et expédiant des balles imaginaires au rythme approximatif des véritables lancers. Il décrivait de grands cercles du bras, le faisant tournoyer comme une aile de moulin. L'attention de Père se concentra peu à peu sur cette malheureuse créature plus que sur les péripéties du match. Il jouait à coup sûr un rôle de fétiche pour l'équipe, comme le nain de Boston. Pendant les temps morts du match, la foule l'apostrophait et applaudissait ses clowneries. Il était en effet cité sur le programme comme mascotte. Il s'appelait Charles Victor Faust. C'était de toute évidence un simple d'esprit qui, se prenant pour un des joueurs de l'équipe, s'y était fait une place d'amuseur.

Père se rappelait le base-ball tel qu'on le pratiquait à Harvard vingt ans auparavant, quand les joueurs s'appelaient entre eux monsieur et jouaient avec fougue, mais en vrais sportifs, vêtus d'uniformes de style sobre, devant un public d'étudiants qui dépassait rarement la centaine. La nostalgie qu'il éprouvait le troubla. Il s'était toujours considéré comme un homme de progrès. Il croyait à la perfectibilité de la république. Il estimait, par exemple, qu'il n'y avait aucune raison pour qu'un nègre ne pût, bien épaulé, assumer la charge des plus hautes responsabilités. Il ne croyait qu'à une seule aristocratie, celle de l'effort individuel et de l'imagination. Il estimait que la disparition de la fortune de son père l'avait sauvé en l'empêchant d'adopter aveuglément les pregugés de sa classe. Mais ce terrain de jeux en plein air empestait comme l'arrière-salle d'un salon. La fumée des cigares s'étalait sur tout le stade et, frappée par les raies obliques du soleil, délimitait la volumineuse caverne dans laquelle il était assis, oppressé comme par un univers impur, avec le souffle haletant d'un chœur de dix mille voix lui hurlant aux oreilles ses louanges et ses insultes. A hauteur du centre du terrain, derrière les gradins à ciel ouvert, sur un grand panneau d'affichage étaient indiqués les résultats de la partie. Un homme circulant sur un échafaudage accrochait des plaques de bois portant les chiffres appropriés qui résumaient l'action. Père se laissa aller au fond de son siège. A mesure que l'après-midi s'écoulait, il se berçait de l'illusion que c'était non pas à un match de base-ball qu'il assistait mais à une représentation symbolique de ses propres problèmes, exposés, à l'usage de son entendement secret, avec la clarté codée de chiffres qui sont visibles de loin.

Il se tourna vers son fils. Qu'est-ce qui te plaît dans ce match? dit-il. L'enfant ne détourna pas les yeux du terrain. Il se passe toujours la même chose, dit-il. Le lanceur lance la balle de façon à tromper le batteur en lui faisant croire qu'il peut la frapper. Quelquefois le batteur la frappe en effet et alors, dans ce cas-là, c'est le lanceur qui a été trompé, dit l'enfant. A ce moment, le lanceur de Boston, Hub Perdue, lança une balle que le batteur de New York, Red Jack Murray, frappa. La balle jaillit vers le ciel, en décrivant un arc étroit, et sembla soudain s'arrêter dans sa trajectoire. Sursautant, Père se rendit compte qu'elle retombait droit sur eux. Le petit garçon se leva d'un bond, les bras tendus, et des acclamations s'élevèrent derrière eux tandis qu'il restait debout, la balle de cuir au creux des mains. Pendant un instant, tout le monde dans le stade regarda dans leur direction. Puis le faible d'esprit au regard de myope qui se prenait pour un joueur des Géants s'approcha de la barrière devant eux et regarda fixement l'enfant, les bras et les mains agités de soubresauts dans sa chemise de flanelle informe. Son chapeau était ridiculement petit pour sa tête trop grosse. Le petit garçon lui tendit la balle et avec douceur, un sourire presque normal sur les lèvres, il la prit.

Détail intéressant, ce pauvre garçon, Charles Victor Faust, fut réellement invité à lancer la balle dans un match vers la fin de cette même saison, alors que les Géants avaient déjà gagné la coupe et se sentaient d'humeur joyeuse. Pendant un moment, l'illusion d'être une grande vedette du base-ball se confondit pour lui avec la réalité. Peu après les joueurs se lassèrent de lui et l'entraîneur McGraw cessa de le considérer comme un porte-bonheur. On lui confisqua son uniforme et on le renvoya sans cérémonie. Il fut interné dans un asile de fous où il mourut quelques mois plus tard.

31

Une grande anxiété s'empara soudain de Père à la fin du match. Il songea qu'il avait été stupide de laisser sa femme seule. Mais comme ils quittaient le parc, emportés par le flot des spectateurs, il s'aperçut que son fils lui avait pris la main. Il en eut un élan de joie. Dans le tram ouvert il prit son fils par les épaules. Arrivés à la gare de New Rochelle, ils partirent d'un bon pas et lorsqu'ils franchirent la porte d'entrée ils lançèrent un Bonjour! sonore et, pour la première fois depuis des jours, Père se sentit redevenu lui-même. Mère apparut du fond de la maison. Elle avait noué ses cheveux, elle était soignée, souriante, élégante. Elle enlaça Père et lui dit : j'ai quelque chose à te montrer. Son visage était radieux. Elle s'écarta d'un pas; l'enfant de Sarah en chemise de nuit, tenant la femme de chambre par la main, avançait le long du couloir. Il chancela, se cramponna à la jupe, se remit d'aplomb et regarda Père d'un air triomphant. Tout le monde se mit à rire. Nous ne pouvons plus le tenir, dit Mère. Il veut aller partout.

Le jeune garçon s'agenouilla et tendit les bras et le bébé, dégageant sa main de celle de la femme de chambre, trébucha dans sa direction, accéléra l'allure, et, prenant de vitesse sa propre instabilité, s'abattit joyeusement contre la poitrine de Mère.

La soirée fut imprégnée d'une atmosphère de sérénité résolue. Dans le calme de la chambre de Mère vers minuit, elle et Père discutèrent de tous les problèmes qui les préoccupaient. Il était fort possible que Coalhouse continuât pendant quelque temps à éviter la capture. Auquel cas ils risquaient d'être de plus en plus rejetés de la communauté dans laquelle ils vivaient. Déjà certaines personnes du comité de bienfaisance auquel Mère appartenait avaient réagi à la publicité dont la famille faisait l'objet. Elle redoutait que par dépit et amertume on ne prît des mesures pour lui enlever le bébé de Sarah et le confier à la protection d'une autorité vengeresse. Père ne pouvait nier que cela pût arriver. Mais ils étaient à ce moment-là si calmes et si maîtres d'eux-mêmes qu'il était inutile de prodiguer de fausses assurances ou de feindre un optimisme que ni l'un ni l'autre ne ressentaient vraiment. Père déclara qu'il croyait les autorités parfaitement capables de décider d'utiliser l'enfant comme moyen de pression pour obliger Coalhouse à se rendre. Il faut que nous partions d'ici, dit Père. Mais comment faire? dit Mère. Papa est infirme, les classes ne sont pas terminées, nous venons d'engager du personnel. Elle énumérait chacun de ces problèmes en les comptant de l'index de sa main droite sur les doigts de sa main gauche. Elle avait donc également songé à cette solution et Père sentait maintenant qu'elle attendait en toute bonne foi qu'il résolût les problèmes. Il lui affirma qu'il allait s'occuper de tout. Mère eut un élan de gratitude en l'entendant assumer ainsi ses responsabilités. Leur conversation leur rappela qu'ils étaient après tout des amis de longue date, ils se mirent au lit et passèrent la nuit ensemble. Elle se donna à lui, répondant avec tant d'ardeur à son désir par ses étreintes et le mouvement de ses hanches, et exprimant par tant de caresses d'encouragement son espoir de le voir réussir, que pour la première fois depuis de longs mois il la sentit consciente de tenir dans ses bras un homme digne de ce nom.

Atlantic City semblait offrir la réponse à tous leurs problèmes. Père y trouva un bon hôtel, les Vagues, qui pouvait mettre à leur disposition une série de chambres face à l'océan pour un prix inespéré, la saison ayant à peine commencé. La côte du Jersey du Sud était facile d'accès; quelques heures de train, ni trop près ni suffisamment éloignée pour l'empêcher de rentrer le dimanche soir comme son travail l'exigeait. Le changement d'air ferait du bien à tout le monde. Le docteur de Grand-Père, qui lui avait appliqué le traitement orthopédique le plus moderne pour une fracture de la hanche, une broche métallique fixée intérieurement comme une attelle, précisa qu'il devait passer le plus de temps possible sur ses béquilles ou dans son fauteuil, le repos au lit présentant le plus grand danger pour un homme de son âge. Le jeune garçon devrait quitter l'école quelques semaines d'avance, mais il réussissait si bien dans ses études que le dommage serait négligeable. La maison ne serait pas fermée, ce qui aurait exigé que l'on recouvrît les meubles de housses et que l'on condamnât les pièces; elle continuerait à fonctionner avec le personnel durant les périodes où la présence de Père à New Rochelle serait indispensable. La gouvernante resterait avec Mère à Atlantic City. C'était une négresse calme et consciencieuse qui justifierait en outre fallacieusement mais ostensiblement la présence de l'enfant noir parmi eux.

Ainsi armée d'un plan d'action, la famille se prépara au départ en conservant une bonne humeur qui se teinta presque d'exaltation lorsque la situation s'aggrava. Le nouveau Chef de la Police, un inspecteur à la retraite de la Brigade Criminelle de New York, suggéra d'orienter l'enquête dans une direction alarmante. Le jour même où il prit ses fonctions, il déclara aux reporters que les explosifs utilisés contre la Caserne Municipale n° 2 étaient très scientifiques – mélange de fulmicoton et de fulminate de mercure qui ne pouvait avoir été dosé que par un spécialiste, ce qui n'était pas le cas de Coalhouse Walker, pianiste de son état. Il demanda où le nègre prenait l'argent nécessaire à l'entretien de la voiture dont il se servait ou à la subsistance de ses complices, des Noirs armés et probablement motivés par l'appât du gain. Il faut bien qu'il paye sa troupe. Il a des frais. Où trouve-t-il son argent? Où habite-t-il entre ses raids meurtriers contre cette ville paisible? Je connais une demi-douzaine de Rouges que j'aimerais bien avoir ici derrière les barreaux. Je parie que je pourrais obtenir quelques réponses aux questions que je me pose.

Ces remarques, largement diffusées, qui laissaient entendre qu'on se trouvait en présence d'une conspiration d'extrémistes, eurent le pire effet possible sur une population déjà agitée. La milice patrouillait les rues. En plusieurs occasions, des nègres qui s'étaient aventurés hors de leur quartier furent insultés. Dans toute la ville, il y eut une épidémie de fausses alertes d'incendie dans des chaudières, qui chaque fois entraînèrent l'arrivée de la pompe à incendie et d'agents de police, suivis d'un convoi de reporters dans leurs voitures. Il y avait des journalistes partout, et leur présence, ajoutée à celle des gardes mobiles et des policiers bien visibles dans leurs fourgons, créait dans la communauté une conscience douloureusement aiguë de sa propre existence. Les églises le dimanche matin n'avaient jamais accueilli de telles foules. Le service des urgences à l'hôpital signalait un pourcentage plus élevé de menus accidents domestiques. Les gens se brûlaient, se coupaient, trébuchaient sur des tapis, tombaient dans les escaliers. Plusieurs hommes furent hospitalisés pour blessures par balles qu'ils s'étaient infligées eux-mêmes en nettoyant ou en manipulant de vieilles armes.

Pendant ce temps-là, la presse semblait prendre les autorités de vitesse en remettant l'accent sur les exigences formulées par Coalhouse dans ses lettres. Songeant sans doute aux photos qu'on en tirerait, on fit campagne dans plusieurs éditions pour que la Modèle T fût retirée de l'étang de la caserne des pompiers. Ce qui fut fait finalement. On amena une grue sur les lieux et la voiture apparut tel un monstrueux spécimen d'art brut, la boue s'égouttant de ses pneus, l'eau et la vase ruisselant du capot. Décrivant un arc de cercle, la grue la déposa sur la berge où tout le monde pouvait la voir.

Mais les autorités se trouvaient maintenant dans l'embarras. La Ford incarnait la preuve tangible des raisons qu'avait le Noir de se plaindre. Gorgée d'eau, délabrée, elle offensait la sensibilité de tous ceux qui respectaient les mécaniques et attachaient une valeur à ce qu'elles pouvaient faire. Une fois la photo publiée, les gens commencèrent à affluer si nombreux sur les lieux que la police dut interdire les abords par des cordes. Jugeant qu'ils avaient compromis leur position, le Maire et les membres du Conseil municipal se lancèrent de nouveau dans toute une série de condamnations du nègre fou et déclarèrent que toute amorce de tractation, toute démarche autre qu'une sommation exigeant la reddition pure et simple, reviendrait à encourager les renégats, noirs, rouges ou autres, du pays à narguer la loi et à cracher sur le drapeau américain.

Même si l'opinion publique avait, à ce stade, réclamé l'ouverture de négociations, ce dont on était loin – la presse n'y faisait pas du tout allusion – personne n'aurait eu la moindre idée de la façon dont il fallait s'y prendre pour contacter le tueur. Coalhouse n'avait pas précisé combien de temps il accordait avant de frapper de nouveau. En fait, un aliéniste engagé par le *World* de New York affirma que la deuxième lettre – signée *Coalhouse Walker, Président du Gouvernement Améri-*

cain Provisoire – trahissait beaucoup plus que la première un état de détérioration mentale et que ce serait une tragique erreur de vouloir traiter avec un être en proie à une démence croissante comme avec un homme accessible à la raison.

La solution la plus pratique pour résoudre le problème, néanmoins, fut trouvée par les simples citoyens de New Rochelle. Dans chaque quartier, dans chaque classe de la société, on réclamait à cor et à cri le départ de Willie Conklin. Quelques citoyens excédés s'adressèrent même directement à lui. Il apporta au quartier général de la police plusieurs lettres anonymes qu'il avait trouvées dans sa boîte aux lettres, lui affirmant que s'il ne prenait pas ses cliques et ses claques et ne quittait pas New Rochelle, eux, les auteurs des lettres, feraient le boulot de Coalhouse Walker à sa place. Comme dans toutes ses initiatives, Conklin commit une erreur en communiquant sa correspondance aux autorités. Loin d'engendrer leur sympathie, comme il l'avait espéré, elle les poussa simplement à cautionner cette idée. Depuis le début, Conklin n'avait jamais réussi à comprendre comment un Blanc pouvait éprouver pour lui autre chose que la plus profonde admiration. Plus il était impopulaire, plus pitoyable devenait sa stupeur. Le misérable individu ne comprenait rien et considérait cette levée de boucliers pour exiger son exil, non sous son aspect stratégique le plus large, comme un moyen de désamorcer la situation, ni même au sens le plus étroit, comme une façon de sauver sa peau. Non, il était le martyr de ceux qu'il appelait les copains des nègres, bien que pratiquement toute la population de la ville semblât maintenant se ranger dans cette catégorie. Il buvait jusqu'à l'hébétude et finissait par sombrer dans une morne docilité tandis que sa famille et ses collègues prenaient les mesures nécessaires en vue de leur départ.

Ainsi, personne ne tenant vraiment la situation en main, avec les autorités municipales, la police, la milice d'Etat et la population désorientées et inquiètes de se sentir sous la menace constante du terroriste noir, deux événements étaient intervenus, plus ou moins sous la pression de l'opinion publique comme une reconnaissance en gros des exigences de Coalhouse : la Ford avait été extirpée de l'étang, initiative laissant présager une forme quelconque de négociation, et s'il avait accès aux journaux de New Rochelle, consacrant tous deux leurs plus gros titres à la nouvelle, il pouvait y lire que la famille Conklin était allée se réfugier à New York. Aucune concession n'avait été faite et les rues fourmillaient de forces militaires et paramilitaires. Mais la situation avait changé. Qu'il brûle donc maintenant toute la métropole de New York, disait un éditorial. Ou qu'il accepte le principe selon lequel tout homme qui décide de se faire justice se met au ban d'un peuple civilisé et résolu et déshonore la justice même qu'il cherche à faire régner.

Par contraste, le départ de la famille fut discret et passa inaperçu. Père s'arrangea avec le Railway Express pour le transport des bagages – deux malles d'osier qu'il avait achetées pour l'occasion, nanties chacune de plusieurs tiroirs et casiers et d'un vaste compartiment pour pendre les vêtements, un coffre de voyage clouté de cuivre et plusieurs valises et cartons à chapeaux – et ils partirent de New Rochelle par un train qui traversait la ville au petit jour. Plus tard dans la matinée, à New York, ils prirent une correspondance pour Atlantic City à Pennsylvania Station. C'était la gare construite par la firme de Stanford White et Charles McKim. Ses façades ornées de colonnades de pierre, inspirées des bains romains de Caracalla, s'étendaient de la 31e à la 33e Rue, et de la Septième à la Huitième Avenue. Des porteurs aidèrent à pousser le fauteuil roulant de Grand-Père. Mère portait un ensemble blanc. La lingère tenait l'enfant de Sarah. Le hall intérieur de la gare était si vaste que, bien qu'il fût encombré de gens, leurs voix se réduisaient à des murmures. Le petit garçon contemplait la toiture, une succession de voûtes en verre ondulé et d'arches soutenues par des nervures et de minces colonnes en acier. La lumière filtrait à travers ce toit comme une impalpable poussière de cristal. Descendant vers le troupeau des trains, l'enfant tourna la tête à droite et à gauche et contempla à perte de vue l'alignement des locomotives, immobiles, piaffant au milieu des jets de vapeur, des cris et des sonneries, impatientes de s'élancer enfin pour leurs longs voyages.

32

Et Jeune Frère pendant ce temps-là? Son absence de la maison depuis qu'il avait si passionnément pris la défense de Coalhouse n'avait pas provoqué d'inquiétude excessive. On était habitué à ses humeurs sombres. Il apparaissait par intermittence, à l'usine de drapeaux et de feux d'artifice. Il touchait son salaire. Il n'était pas là au moment du départ, aussi Mère laissa-t-elle un message pour lui sur la table de l'entrée. Personne ne passa jamais le prendre.

Quelques jours après l'attaque contre la caserne des pompiers, Jeune Frère était retourné au salon funéraire de Harlem qui s'était occupé de l'enterrement de Sarah. Il fut accueilli à la porte par le propriétaire. J'aimerais beaucoup parler à M. Coalhouse Walker, dit Jeune Frère. J'attendrai tous les soirs sous les arcades du Manhattan Casino jusqu'à ce qu'il estime pouvoir me rencontrer sans courir de danger. L'entrepreneur des pompes funèbres l'écouta, impassible, ne manifestant par aucun signe qu'il savait de quoi parlait Jeune Frère. Néanmoins, chaque soir qui suivit, le jeune homme attendit devant le Casino, sous les regards fixes des clients noirs, en calculant les intervalles entre les rames du métro aérien de la Huitième Avenue qui passaient périodiquement avec fracas devant l'immeuble. La température était clémente et par les élégantes portes vitrées du théâtre, qui restaient parfois ouvertes après le début du concert, il pouvait entendre les accords de la musique syncopée de Jim Europe et les applaudissements des auditeurs. Coalhouse, bien entendu, avait quitté son travail dans l'orchestre et déménagé de chez lui plusieurs semaines avant son attaque contre la caserne. Pour la police qui essayait de retrouver sa trace, c'était comme s'il n'avait jamais existé.

Jeune Frère faisait le guet depuis quatre soirs quand un jeune Noir bien vêtu s'approcha de lui et lui demanda dix *cents*. Dissimulant sa surprise de voir un homme aussi élégant mendier une petite pièce d'argent, il fouilla dans sa poche et en sortit les dix *cents* demandés. Le jeune Noir sourit, lui déclara qu'il semblait avoir pas mal de monnaie et demanda s'il ne pouvait pas donner vingt-cinq *cents* de plus. Jeune Frère le regarda droit dans les yeux et reconnut le regard assuré et perspicace d'un homme habilité à prendre une décision.

Le soir suivant, il chercha le Noir des yeux mais ne le vit nulle part. Il prit en revanche conscience d'une présence sous les arcades après que le public eut pénétré dans le théâtre. Il s'agissait également d'un jeune homme en complet, cravaté et coiffé d'un melon. Il s'éloigna brusquement et Jeune Frère, pris d'une impulsion, lui emboîta le pas. Il le suivit le long des rues encadrées de rangées de maisons misérables, traversa des carrefours pavés de briques, s'engagea dans des ruelles, tourna à de nombreux coins de rue. Il se rendait compte qu'il lui arrivait souvent de passer plusieurs fois au même endroit. Finalement, dans une rue latérale tranquille, il descendit derrière l'homme sous un perron jusqu'à une porte de cave. La porte était ouverte. Il entra, et suivit un petit couloir jusqu'à une autre porte et se trouva face à Coalhouse, assis derrière une table, les bras croisés. Debout autour de Coalhouse comme des gardes du corps se tenaient plusieurs jeunes Noirs, habillés comme lui avec la même netteté et la même élégance, portant des complets bien repassés, un col propre, une cravate et une épingle de cravate. Jeune Frère reconnut à la fois celui qu'il avait suivi et celui qui lui avait mendié dix *cents* la veille. La porte se referma derrière lui. Qu'est-ce que vous voulez? demanda Coalhouse. Jeune Frère s'était préparé à cette question. Il avait médité une déclaration enflammée sur la justice, la civilisation et le droit de tout être humain à mener une vie pleine de dignité. Il ne put s'en rappeler un mot. Je sais fabriquer des bombes, dit-il. Je connais le maniement des explosifs.

Ce fut ainsi que Jeune Frère commença sa carrière de hors-la-loi et de révolutionnaire. La famille eut la chance pendant un certain temps de l'ignorer. Le seul indice le liant incidemment au Noir fut la disparition dans les entrepôts de l'usine de Père de plusieurs barils de poudre et de paquets de différents produits chimiques. Ces larcins furent dûment signalés à la police et dûment négligés. La police était trop accaparée par l'affaire de Coalhouse. Pendant plusieurs jours, Jeune Frère transporta le matériel jusqu'à l'appartement en sous-sol de Harlem. Il se mit ensuite au travail et fabriqua trois bombes puissantes. Il rasa sa moustache blonde et se rasa la tête. Il se noircit le visage et les mains avec du bouchon brûlé, se dessina une bouche épaisse, mit un melon et roula les yeux. Ayant ainsi symbolisé sa bonne foi aux yeux des autres jeunes adeptes de Coalhouse en faisant appel à leur sens de l'humour, il partit avec eux et alla jeter les bombes sur la Caserne Municipale des Pompiers n° 2, faisant par là ses preuves aux yeux de tous, y compris les siens.

C'est par un texte manuscrit de Jeune Frère que nous avons connaissance de cette histoire clandestine. Du jour de son arrivée à Harlem jusqu'à celui de sa mort au Mexique environ un an plus tard, il tint régulièrement un journal. Coalhouse Walker avait militarisé son deuil. Ses regrets en pensant à Sarah et à la vie qu'ils auraient pu avoir s'étaient durcis en un cérémonial de vengeance dans le style des guerriers antiques. Jeune Frère avait l'impression que les yeux de Coalhouse avec leur étrange regard chargé d'une volonté inébranlable semblaient maintenant se fixer au-delà du monde visible, sur sa propre tombe. La loyauté des jeunes gens à son égard était absolue, probablement parce qu'il ne l'avait pas sollicitée. Aucun d'entre eux n'était mercenaire. Ils étaient cinq en dehors de Jeune Frère, le plus vieux âgé d'une vingtaine d'années, le plus jeune de moins de dix-huit ans. Le respect que leur inspirait Coalhouse touchait à la vénération. Ils vivaient ensemble dans le sous-sol, mettant en commun leurs salaires de magasiniers et de livreurs. Jeune Frère y ajouta plusieurs enveloppes contenant une paye comparativement royale avant d'abandonner définitivement New Rochelle. Les comptes de la trésorerie commune étaient tenus scrupuleusement, jusqu'au dernier sou. Ils imitaient la façon de s'habiller de Coalhouse, si bien que le complet et le melon soigneusement brossés étaient devenus une sorte d'uniforme. Ils entraient dans leurs quartiers ou en sortaient comme des soldats en patrouille.

Le soir, ils discutaient pendant des heures de leur situation et de ce qui pouvait en résulter. Ils étudiaient les réactions de la presse à leurs entreprises.

Coalhouse Walker ne se montrait jamais cassant ou despote. Il traitait ses disciples avec courtoisie et leur demandait simplement leur opinion sur les mesures qu'ils jugeaient nécessaires. Dans ses rapports avec eux, sa peine était toujours présente. La rage maîtrisée qui l'animait agissait sur eux comme un aimant. Il ne voulait pas de musique dans leur appartement en sous-sol. Aucun instrument d'aucune sorte. Ils acceptaient n'importe quelle discipline. Ils avaient apporté plusieurs lits de camp et aménagé une sorte de caserne. Ils se partageaient les tâches ménagères, cuisine et nettoyage. Ils étaient persuadés qu'il allaient mourir de façon spectaculaire. Cette conviction leur donnait une conscience exaltée, dramatique, de leur propre existence. Jeune Frère était totalement adopté par la communauté. Il était l'un d'entre eux. Il se réveillait chaque jour, pénétré d'une joie solennelle.

Coalhouse, lors de ses deux agressions, s'était servi d'automobiles que les jeunes gens avaient volées pour lui à Manhattan. Les voitures furent ramenées intactes à leurs garages et si le mystère de leur disparition et de leur réapparition fut signalé à la police de New York, il ne fut jamais rattaché par elle aux événements de Westchester. Après l'explosion de la Caserne Municipale des Pompiers, quand la photo de Coalhouse fut publiée à la première page de tous les journaux du pays, il s'assit, les épaules drapées dans une serviette –, et laissa l'un des jeunes gens lui raser la tête ainsi que son élégante moustache. Le changement fut spectaculaire. Son crâne rasé avait quelque chose de massif. Jeune Frère comprit que quelle qu'en fût la justification sur le plan pratique, il ne s'agissait de rien moins que d'une toilette rituelle pour la bataille finale. Un jour ou deux jours plus tard, un membre de la bande apporta les quotidiens avec les photos de la Modèle T sortie de la mare. Cette preuve tangible de la force de la volonté de Coalhouse, leur donna à tous le sentiment d'être des justes. Lorsqu'ils apprirent ensuite la fuite de Will Conklin et qu'ils tinrent conseil pour discuter de la marche à suivre, ils avaient subi une telle transformation qu'ils parlaient d'eux-mêmes collectivement sous le nom de Coalhouse. Si Coalhouse s'était rendu à l'entrepôt de charbon et de glace, dit l'un d'entre eux, Willie serait un homme mort maintenant. On a loupé l'occasion. Non, frère, dit un autre, vaut mieux pour nous qu'y soit vivant. Comme ça les gens oublient Coalhouse. Lui vraie terreur. Et on va faire quelque chose de si tellement terrible dans cette ville, que plus personne y viendra plus jamais emmerder un homme de couleur, de peur qu'y soit avec Coalhouse.

33

Ah, quel été extraordinaire! Chaque matin, Mère ouvrait la porte-fenêtre tendue de rideaux blancs de sa chambre et regardait le soleil se lever au-dessus de la mer. Les mouettes filaient au ras des rouleaux ou se pavanaient sur la plage. Le soleil levant effaçait les ombres sur le sable, comme si le nivellement était venu des particules mêmes du sol en mouvement. Lorsqu'elle entendait finalement Père remuer dans la chambre voisine, le ciel était d'un bleu miraculeux, la plage était blanche et les premiers baigneurs étaient apparus en lisière du ressac pour tâter l'eau du bout du pied.

Ils prenaient leur petit déjeuner à l'hôtel sur des

tables recouvertes de nappes blanches amidonnées. Les couverts étaient d'argent massif. Au menu : un demi-pamplemousse, des œufs cocotte et des petits pains chauds, du poisson grillé, des tranches de jambon, du saucisson, un choix de confitures dont ils se servaient avec de minuscules cuillères, du café et du thé. Et pendant tout ce temps-là, le vent de mer soulevait le bas des rideaux et soufflait son haleine salée et frémissante le long du haut plafond à cimaises. Le petit garçon était toujours pressé d'aller dehors. Au bout de quelques jours, ils l'autorisèrent à sortir de table. De leurs places, ils le regardaient réapparaître un instant plus tard sur les larges marches de la galerie qu'il descendait en courant, ses chaussures à la main. Ils en étaient maintenant à échanger des saluts de la tête avec plusieurs autres clients. Ils en viendraient ensuite tout naturellement à engager la conversation et ainsi serait satisfaite la légère curiosité éveillée par l'air de celui-ci ou la robe de celle-là. Ils n'étaient pas pressés. Ils avaient le sentiment de paraître distingués et prospères. Mère acheta de ravissants ensembles d'été dans les boutiques le long de la promenade en planches. Elle portait du blanc et du jaune et, dans l'atmosphère de simplicité qui présidait aux après-midi, se laissait aller à sortir sans chapeau, munie d'une simple ombrelle. Une douce lumière dorée baignait son visage.

Ils se baignaient au milieu de l'après-midi, quand l'air devenait immobile et la chaleur oppressante. Le costume de bain de Mère était plein de pudeur, mais il lui fallut plusieurs jours pour s'y sentir à l'aise. Il était noir, bien entendu, avec une jupe et un pantalon bouffant qui lui descendait au-dessous du genou, et des sandales de bain décolletées. Mais ses mollets étaient dénudés, ainsi que son cou, presque jusqu'à la naissance de la gorge. Elle insista pour qu'ils fussent séparés des autres baigneurs par plusieurs centaines de mètres. Ils campaient sous un parasol de l'hôtel dont le nom figurait en lettres orange sur la frange en feston. La négresse était assise sur une chaise en paille quelques mètres plus loin. Le petit garçon et l'enfant noir regardaient les petits crabes s'enfoncer dans le sable en laissant derrière eux une trace mousseuse. Père portait un costume de bain d'une pièce sans manches, à rayures horizontales bleues et blanches qui lui faisaient des cuisses en poteaux. Mère trouvait choquant de voir les attributs de sa virilité moulés dans ce costume lorsqu'il sortait de l'eau. Père aimait à nager au large. Il faisait la planche au-delà des rouleaux, crachant l'eau comme une baleine. Il revenait au bord, titubant parmi les vagues, riant, les cheveux aplatis sur la tête, la barbe ruisselante, son costume collé à la peau de façon indécente; et Mère ressentait un pincement d'aversion, si fugitif que la nature exacte du sentiment lui échappait. Après le bain de mer, chacun se retirait dans sa chambre pour se reposer. Elle ôtait avec soulagement son costume de bain, l'ayant mouillé pendant quelques instants seulement dans le ressac écumant, et elle essuyait le sel sur sa peau. Elle avait l'épiderme si blanc que la plage était dangereuse pour elle. Rafraîchie néanmoins par ses ablutions, poudrée et vêtue d'une robe souple et légère, elle sentait le soleil emmagasiné en elle se diffuser dans ses veines, y faisant éclore, comme midi sur la mer, des millions d'éclats lumineux de diamant. L'heure qui suivait le bain fut vite choisie par Père comme celle des étreintes. Il lui faisait l'amour à sa façon vigoureuse et égoïste tous les jours si elle l'y autorisait. Elle s'irritait en silence de cette intrusion, non pas comme autrefois mais en ayant conscience de sa propre existence, en ressentant une sorte de désir à fleur de peau qui n'était jamais satisfait qu'à son corps défendant. Elle songeait beaucoup à Père. Les événements depuis son retour de l'Arctique, la façon dont il y avait réagi, avaient détruit la foi qu'elle avait en lui. La querelle qu'il avait eue avec son frère résonnait encore dans sa tête. Pourtant par moments, parfois pendant des journées entières, elle l'aimait comme auparavant – pénétrée du bien-fondé de leur mariage, de son caractère définitif et inaltérable, en quelque sorte divin. Elle avait toujours eu l'intuition qu'un avenir différent les attendait, comme si la vie courante avait constitué une manière de préparation, le prologue à une époque où le fabricant de drapeaux et de feux d'artifice et son épouse s'élèveraient au-dessus de leur respectable existence pour découvrir enfin une vie marquée par le génie. Elle ne savait pas en quoi cela consisterait, elle ne l'avait jamais su. Mais maintenant elle avait cessé de l'attendre. Quand en l'absence de Père elle avait dû prendre des décisions concernant son affaire, toute la mystérieuse puissance qui l'enveloppait s'était évanouie en fumée et elle avait reconnu le caractère morne et sans imagination de ce travail. N'espérant plus demeurer belle et touchée par la grâce jusqu'à la fin de ses jours, elle commençait à se rendre compte que si autrefois, du temps où il lui faisait la cour, Père avait pu incarner toutes les infinies possibilités de l'amour, il avait maintenant vieilli et il était devenu ennuyeux, abêti peut-être par son travail et ses voyages, si bien que de plus en plus il ne pouvait que montrer les limites qu'il avait atteintes et ne dépasserait jamais.

Pourtant, elle était heureuse de se trouver à Atlantic City. Ici l'enfant de Sarah était protégé. Pour la première fois depuis la mort de Sarah, elle pouvait penser à elle sans pleurer. Elle prenait plaisir à être vue en public, dans la salle à manger de l'hôtel par exemple ou sous la véranda après le dîner, ou encore le long de la promenade vers les tentes, les jetées et les boutiques. Parfois ils louaient un fauteuil dans lequel elle et Père prenaient place côte à côte et qu'un porteur poussait sans hâte. Ils examinaient paresseusement les occupants des fauteuils roulant dans la direction opposée ou jetaient des regards discrets aux autres touristes qu'il leur arrivait de croiser. Père soulevait son canotier. Les fauteuils étaient en osier, avec une capote de toile à franges qui rappelait à Mère les cabriolets de son enfance. Les deux roues latérales étaient de grande taille, comme sur une bicyclette, la petite roue avant tournait et parfois grinçait. Son fils adorait ces fauteuils roulants. On pouvait également les louer sans le porteur, et c'était ce que l'enfant préférait, car il pouvait alors pousser le fauteuil avec sa mère et son père assis dedans, dans la direction où il voulait, à n'importe quelle allure et sans qu'ils éprouvent le besoin de lui donner des instructions. Les grands hôtels se dressaient derrière la promenade, leurs vélums battant dans le vent de mer, leurs galeries peintes d'un blanc immaculé alignant leurs rocking-chairs et leurs chaises longues d'osier blanc. Des pavillons nautiques flottaient au sommet des dômes et, la nuit, ils étaient illuminés par des rangées d'ampoules incandescentes accrochées en guirlande le long des toits.

Un soir la famille s'arrêta près d'une tente où un orchestre de nègres exécutait avec vigueur un rag — Mère en avait oublié le titre, mais se rappelait l'avoir entendu résonner sur son piano chez elle, rythmé par les belles mains de M. Coalhouse Walker. Depuis des jours elle avait vécu non pas dans l'oubli de la tragédie, mais pénétrée d'une sorte d'apaisement, comme si dans cette station balnéaire les vents dominants avaient balayé les pensées douloureuses sitôt nées. Maintenant elle était presque bouleversée par cette musique qu'elle associait également en esprit avec Jeune Frère. Et aussitôt son amour pour son frère, telle une vague d'admiration passionnée, la submergea. Elle eut l'impression de l'avoir négligé. Une image du jeune homme maigre, sombre et impétueux, surgit dans son esprit, mi-réprobatrice, mi-méprisante. C'était ainsi qu'il l'avait regardée à la table du dîner pendant que Père nettoyait son pistolet. Elle fut prise d'un léger vertige et regardant la tente éclairée où les indomptables musiciens étaient assis en uniformes rouges et bleus avec leurs trompettes et leurs cornets étincelants, leurs tubas et leurs saxophones, elle crut voir dans l'ombre de chaque casquette militaire le visage solennel de Coalhouse Walker.

Après cette soirée, la joie qu'éprouvait Mère à se trouver au bord de l'océan se dilua. Il lui fallait se concentrer sur chaque nouvelle journée qui se présentait et s'efforcer, par un acte de volonté pure, de la rendre sereine. Elle se montrait affectueuse envers son fils, son mari, son père infirme; elle se montrait affectueuse avec la bonne noire et par-dessus tout avec le superbe bébé de Sarah, toujours sans nom, qui prospérait sous ce climat et semblait grandir à vue d'œil. Les hommages que lui rendaient divers clients de l'hôtel commençaient à la rendre songeuse. Ils rôdaient en lisière de sa conscience, attendant qu'elle se décidât à les remarquer. Elle était prête maintenant à faire cette concession, simplement pour s'occuper. Il y avait plusieurs Européens fort imposants à l'hôtel. L'un était un militaire allemand, attaché d'ambassade, qui portait monocle et la saluait toujours avec une galanterie discrète. De haute taille, les cheveux réglementairement coupés en brosse, il descendait dîner en grand uniforme blanc, avec un nœud papillon noir. Il se livrait à toute une comédie pour commander les vins et ensuite les renvoyer. Il n'y avait pas de femme dans son petit groupe, – rien que trois ou quatre hommes, moins distingués de manières et d'un grade apparemment inférieur au sien. Père déclara que c'était un certain capitaine von Papen et qu'il était ingénieur. Ils le voyaient chaque jour arpenter la plage, dérouler des cartes et tendre le doigt vers la mer tout en parlant à ses adjoints. En général, alors, un petit bâtiment traversait lentement l'horizon. C'est une sorte d'étude de terrain, dit Père étendu sur le sable de la plage, le visage au soleil. Je ne vois pas ce qui peut intéresser les Allemands dans la côte du Jersey du Sud. Père semblait indifférent à ces attentions dont sa femme était l'objet. Mère s'en amusait. Elle savait depuis le premier regard négligemment échangé avec l'officier qu'il nourrissait à son égard les intentions les plus lascives concentrées semblait-il dans son regard impérieux à l'abri du monocle. Elle décida de ne lui prêter aucune attention.

Il y avait un couple de Français âgés avec qui elle s'exerçait à échanger des plaisanteries; elle riait en essayant de se rappeler son français appris à l'école et ils la complimentaient sans réserve de son accent. Ils ne se hasardaient jamais au soleil qu'enveloppés dans de longs voiles de gaze et de lin et coiffés de chapeaux de paille. Et par-dessus le marché, ils transportaient des ombrelles. L'homme, plus petit que la femme et très corpulent, avait le visage constellé de tavelures. Il portait d'épaisses lunettes. Ses oreilles s'ornaient de lobes démesurés et pendants. Il portait un filet à papillons avec un bocal fermé d'un bouchon, et elle un panier de pique-nique si lourd qu'il l'obligeait à marcher le buste plié en avant. Tous les matins, elle le suivait péniblement à travers les dunes et ils disparaissaient dans la brume de chaleur, loin des hôtels et des promenades, dans le domaine des mouettes, des bécasses et des ajoncs où voletaient les frémissantes ailes qu'il convoitait. C'était un professeur d'histoire à la retraite venant de Lyon.

Mère essaya d'intéresser Grand-Père au couple de

Français en arguant de leur carrière universitaire. Le vieil homme ne voulut rien savoir. Il était totalement obsédé par son état et trop irritable pour se lancer dans des conversations élaborées. Il s'opposait à toutes les distractions qu'elle inventait pour lui, – sauf une, sa promenade quotidienne dans un fauteuil où il pouvait se faire propulser le long de la plage sans qu'on le prît pour un infirme. Mais il tenait une canne en travers des genoux et quand il trouvait que les piétons n'avançaient pas assez vite à son gré, il brandissait sa canne pour les pousser à petits coups, les femmes aussi bien que les hommes, qui se retournaient, outrés, et le regardaient filer devant eux.

Il y avait, bien entendu, d'autres clients qui n'étaient pas européens : un gigantesque agent de change de New York avec une femme énorme et trois enfants immenses, qui n'échangeaient jamais un seul mot à table; plusieurs familles de Philadelphie, facilement reconnaissables à leur nasillement. Mais Mère constata que les gens qui l'intéressaient étaient invariablement des étrangers. Ils n'étaient pas très nombreux mais semblaient rayonner plus de vie que ses compatriotes. Le plus fascinant d'entre eux était un petit homme agile qui portait des jodhpurs, une chemise de soie blanche à col ouvert et une casquette de toile blanche à pans. C'était un être rayonnant, débordant de vivacité dont les yeux furetaient sans cesse de tous côtés comme ceux d'un enfant, de peur de manquer le moindre spectacle. Au bout d'une chaîne, il portait au cou un rectangle de verre serti de métal qu'il élevait souvent à hauteur de son visage comme pour cadrer mentalement la photo de tel ou tel sujet qui avait retenu son attention. Par une matinée nuageuse, sur la galerie de l'hôtel, cet objet devint Mère. Pris sur le fait, il s'approcha pour présenter d'abondantes excuses avec un fort accent étranger. Il était, dit-il, le baron Ashkenazy, cinéaste de métier, et le rectangle de verre était un instrument de travail qu'il ne pouvait s'empêcher d'utiliser même en vacances. Il eut un rire timide et Mère fut charmée. Il avait des cheveux noirs brillants et des mains petites et délicates. Elle le revit ensuite qui bondissait au loin sur la plage, en train de s'amuser avec un enfant au bord de l'eau, ramassant des choses, courant dans un sens et dans l'autre, et portant à son visage son étrange rectangle de verre. Le soleil étant derrière lui, on ne distinguait que sa silhouette, mais elle reconnut aussitôt son allure énergique, même à cette distance, et elle sourit.

Le baron Ashkenazy fut le premier client à l'hôtel à venir se joindre à Mère et à Père à leur table. Il arriva avec une ravissante enfant qu'il présenta comme sa fille. Elle était d'une stupéfiante beauté, environ du même âge que le petit garçon. Mère conçut immédiatement l'espoir de les voir devenir amis. Bien entendu, assis sur leurs chaises, ils ne disaient rien et ne se regardaient pas. Mais c'était une remarquable créature, avec des yeux très noirs, l'épaisse chevelure noire de son père et le teint méditérranéen. Elle portait une délicate robe de dentelle blanche avec un corsage en satin que gonflait de façon presque imperceptible une gorge naissante. Père ne pouvait détacher les yeux de la fillette. Elle demeura silencieuse durant tout le dîner, n'eut pas un sourire. Mais l'explication fut bien vite fournie, avec les hors-d'œuvre, de fait, quand le baron, baissant la voix et posant la main sur celle de sa fille, déclara que la mère de l'enfant était morte quelques années auparavant, encore qu'il s'abstînt de préciser de quoi. Il ne s'était jamais remarié. L'instant d'après, il avait retrouvé toute son exubérance. Il parlait sans arrêt avec son accent européen, multipliant les impropriétés qu'il dénonçait au passage et dont il se moquait lui-même. La vie l'excitait. Il s'attardait sur ses propres sensations et aimait à en parler : le goût du vin ou bien la façon dont les flammes des bougies se multipliaient dans les lustres de cristal. Tout l'enchantait et sa joie était contagieuse, au point que Mère et Père eurent bientôt constamment le sourire aux lèvres. Ils avaient oublié leurs problèmes. C'était un plaisir sans mélange que de voir le monde comme le voyait le baron, perpétuellement en éveil. Il levait son rectangle de verre, « cadrant » Mère et Père, les deux enfants, le garçon s'approchant de la table et à l'autre bout de la salle à manger, un pianiste et un violoniste qui jouaient pour les clients sur une petite estrade décorée de palmiers en pot. Dans les films de cinéma, disait-il, on regarde seulement ce qui est déjà là. La vie étincelle parmi les images de l'écran comme surgie du fond obscur de l'esprit. C'est une très grosse affaire. Les gens veulent savoir ce qui leur arrive. Pour quelques sous, ils s'assoient et se voient eux-mêmes en mouvement, en train de courir, de piloter des voitures, de se battre et, pardonnez-moi, de s'aimer. C'est ce qui est le plus important de nos jours, dans ce pays, où tout le monde est si neuf. Il existe un tel besoin de comprendre. Le baron leva son verre de vin. Vous avez vu bien entendu *Première Erreur?* Non? *Dans sa jeune innocence?* Non? Il se mit à rire. Ne soyez pas embarrassés! Ce sont mes deux premiers films. Une bobine. Je les ai tournés pour cinq cents dollars et chacun a rapporté dix mille dollars de recette. Oui, dit-il en riant, c'est vrai! Père avait toussoté et rougi en entendant mentionner des sommes précises. Se méprenant, le baron insista pour lui expliquer que c'était là un bénéfice appréciable mais qui n'avait rien d'inhabituel. L'industrie du cinéma était pour l'heure en plein essor et tout le monde pouvait gagner de l'argent. Maintenant, dit le baron, j'ai fondé ma propre compagnie et je suis associé à la firme Pathé pour un film de quinze bobines! Et le film sera montré bobine par bobine, à raison d'une par semaine, pendant quinze semaines, et le spectateur reviendra chaque semaine pour voir ce qui va se passer ensuite. Avec un sourire malicieux, il sortit de sa poche une pièce de monnaie brillante et la lança en l'air. Elle atteignit presque le plafond. Tout le monde la regarda monter et redescendre. Le baron l'attrapa au vol et abattit sa main bruyamment sur la table. L'argenterie tressauta. L'eau vacilla dans les verres. Il souleva la main, laissant voir une des nouvelles pièces de cinq *cents*, ornées d'un buffle, qu'on appelait populairement un « buffalo nickel ». Voilà comment j'ai trouvé mon nom, expliqua le baron, ravi. Je suis la Buffalo Nickel Photoplay, Incorporated.

Tandis que le baron continuait à parler, Mère regarda de l'autre côté de la table les deux enfants assis côte à côte. L'idée d'examiner à travers un cadre ce que l'on voyait en général à l'œil nu l'intriguait. Par un effort d'attention, elle composa un tableau, exactement comme si elle avait tenu ce cadre ridicule. Les cheveux de son fils étaient lissés en arrière pour la circonstance et il portait un large col blanc avec son complet de petit homme et sa cravate souple. Il leva sur elle ses yeux bleus, mouchetés de jaune et de vert. Tout ce qui manquait à la ravissante petite fille assise à côté de lui dans sa robe blanche en dentelle et en satin, c'était un voile. Elle avait maintenant levé les yeux et elle soutenait le regard de Mère avec une fermeté qui frisait le défi. Mère les vit en mariés d'une de ces fêtes scolaires si caractéristiques de l'époque : le mariage de Tom Pouce.

34

Ainsi donc les deux familles firent connaissance. Le soleil se levait sur la mer chaque matin et les enfants se cherchaient dans les vastes couloirs de l'hôtel. Lorsqu'ils se précipitaient dehors l'air marin assaillait leurs poumons et le sable de la plage rafraîchissait leurs pieds. Les stores et les oriflammes claquaient dans le vent.

Chaque matin Tateh travaillait au scénario de son feuilleton en quinze épisodes, dictant ses idées au sténographe de l'hôtel et lisant le résultat dactylographié du travail de la veille. Lorsqu'il était seul, il méditait sur sa propre audace. Parfois il était pris de crises de tremblements durant lesquelles il restait seul dans sa chambre à fumer sans se servir de son fume-cigarette, affaissé dans son fauteuil, courbé par la défaite comme le Tateh d'autrefois. Mais sa nouvelle existence l'enchantait. Sa personnalité tout entière avait basculé dans l'autre sens et il était devenu un homme volubile et énergique fourmillant de projets d'avenir. Il estimait avoir mérité son bonheur. Il l'avait bâti sans l'aide de personne. Il avait créé une douzaine de livres animés pour la Franklin Novelty Company. Il avait ensuite conçu une lanterne magique devant laquelle des bandes de papier avec ses silhouettes défilaient au moyen d'une roue. Une navette en bois allait et venait comme sur un métier à tisser devant un lampe incandescente. L'appareil fut accepté par Sears Roebuck and Co, où l'on pouvait le commander par correspondance, et les propriétaires de la Franklin Novelty offrirent à Tateh de le prendre comme associé. Entre-temps, il avait découvert que d'autres chercheurs faisaient des dessins animés mais destinés à être projetés sur des films en celluloïd. De là naquit son intérêt pour le cinéma. Les images n'avaient pas besoin d'être dessinées. Il vendit ses parts et se lança dans l'industrie du cinéma. Quiconque affichait assez d'assurance pouvait obtenir des appuis financiers. Les compagnies cinématographiques de New York cherchaient désespérément des sujets à tourner. Des firmes se créaient en une nuit, se recréaient, fusionnaient, intentaient des procès, essayaient de monopoliser la distribution, prenaient des brevets de procédés techniques et, à tous égards, donnaient l'exemple de la montée en flèche anarchique et mirobolante d'une nouvelle industrie.

En Amérique à cette époque, il y avait de nombreux émigrants Européens titrés, pour la plupart désargentés, qui étaient venus des années auparavant dans l'espoir de marier leurs titres aux filles des *nouveaux riches* (1). Tateh s'inventa donc une baronnie. Ce qui lui permit de progresser dans un monde chrétien. Au lieu de devoir corriger son fort accent yiddish, il lui suffisait de le déguiser en l'accentuant. Il teignit ses cheveux et sa barbe qui retrouvèrent ainsi leur noirceur originelle. C'était maintenant un nouvel homme. Il maniait une caméra. Son enfant était vêtue comme une princesse. Il voulait chasser de sa mémoire la puanteur de tous les pauvres logements où ils avaient vécu, de toutes les rues crasseuses grouillantes d'émigrants. Il allait lui acheter jusqu'à la fin de ses jours de la lumière, du soleil, le vent salubre de l'océan. Elle jouait sur la plage avec un petit garçon beau et bien élevé. Elle dormait entre des draps blancs et fins dans une chambre dont la fenêtre s'ouvrait sur un ciel sans limites.

Les deux amis chaque matin gagnaient les étendues de plage déserte où les dunes et les hautes herbes

(1) En français dans le texte.

dissimulaient l'hôtel à leur vue. Ils creusaient des tunnels et des chenaux pour l'eau de mer, des murs, des bastions et des châteaux altiers. Ils créaient des villes, des rivières, des canaux. Le soleil se levait au-dessus de leurs dos courbés tandis qu'ils pelletaient le sable humide. A midi, ils se rafraîchissaient dans le ressac et faisaient la course pour rentrer à l'hôtel. L'après-midi, ils jouaient à proximité des parasols, ramassant des bouts de bois et des coquillages, avançant lentement sur la plage avec le bébé noir qui pataugeait derrière eux dans la marée. Plus tard, les adultes se retiraient à l'hôtel et les laissaient seuls. Lentement, alors que les premières ombres bleues réapparaissaient sur le sable, ils suivaient le rivage au-delà des dunes et s'étendaient pour savourer leur plus grand plaisir : jouer à s'enterrer. Pour commencer, de l'avant-bras, il creusait un large sillon pour son corps, dans le sable humide. Elle s'y étendait sur le dos. Il s'accroupissait alors à ses pieds et lentement la couvrait de sable, les pieds, les jambes, le ventre, les seins menus, les épaules et les bras. Avec du sable humide il soulignait les formes de son corps, en accentuant les proportions. Les pieds étaient agrandis. Les genoux devenaient ronds, les cuisses étaient des dunes et sur sa poitrine il construisait des seins volumineux couronnés de tétons. Tandis qu'il travaillait, elle gardait ses yeux noirs fixés sur son visage. Il lui soulevait doucement la tête et après avoir accumulé au-dessous un coussin de sable la reposait. Partant de son front, il construisait des pans de sable qui descendaient jusqu'à ses épaules.

Cette sculpture minutieuse n'était pas plus tôt achevée qu'elle entreprenait de la détruire, écartant doucement les doigts, agitant les orteils. Lentement la statue de sable se lézardait. Elle levait un genou, puis l'autre, se redressait brusquement et courait se plonger dans l'eau pour laver la croûte de sable collée à son dos et à l'arrière de ses jambes. Il la rejoignait. Ils se baignaient dans la mer. Se tenant par les mains, ils s'accroupissaient et laissaient le ressac déferler sur eux. Ils remontaient ensuite sur la plage et c'était à lui d'être enterré. Elle construisait la même enveloppe soignée pour son corps. Elle agrandissait les pieds, les jambes. Elle exagérait la petite protubérance qui gonflait son maillot de bain avec des poignées de sable. Elle élargissait sa poitrine étroite, prolongeait ses épaules et le dotait de la même coiffure à pans qu'il avait conçue pour elle. Lorsque l'œuvre était achevée, il la mettait lentement en pièces, la faisant craquer avec précaution, comme une coquille, et s'en extirpant ensuite pour courir vers l'eau.

Le soir leurs parents les emmenaient parfois voir les divertissements alignés le long de la promenade. Ils écoutaient un concert ou assistaient à une représentation du théâtre ambulant. Ils virent *Le Tour du Monde en quatre-vingts jours*. Des nuages flottaient dans tout le théâtre. Ils virent *Dr Jekyll et Mr Hyde*. Mais le plus excitant, c'étaient les attractions que les adultes n'auraient même pas songé à aller voir; les phénomènes de foire, les galeries d'appareils à sous, les tableaux vivants. Ils étaient trop avisés pour exprimer leurs désirs. Après quelques visites en ville, où le trajet ne parut pas tellement effrayant, ils persuadèrent les adultes qu'ils étaient très capables de se débrouiller seuls. Et nantis de cinquante *cents*, ils se mirent à courir le long de la promenade dans le crépuscule. Ils s'immobilisèrent pour admirer les lumières dans la cage en verre de l'automate diseur de bonne aventure. Ils glissèrent un *cent* dans la fente. La créature enturbannée, dont la bouche s'ouvrait avec un bruit sec sur des dents étincelantes, tourna la tête à droite puis à gauche et leva la main en un geste saccadé; un ticket fut expulsé et tout l'appareil s'immobilisa après une grande secousse au milieu d'un sourire du mannequin. Je suis le grand Lui-Elle, disait le ticket. Ils glissèrent de l'argent dans la grue, la dirigeant au moyen des manettes pour abaisser la griffe métallique au-dessus du trésor qu'ils convoitaient, le saisir et le faire tomber la glissière. Ils reçurent ainsi un collier de coquillages, un petit miroir en métal poli, un minuscule chat en verre. Ils allèrent admirer les monstres et défilèrent silencieusement devant les stalles où étaient exposés la Femme à Barbe, les Frères Siamois, le Sauvage de Bornéo, le Géant de Cardiff, l'Homme Alligator, la Femme de deux cent soixante kilos. L'énorme pachyderme remua sur son tabouret et frémit lorsque les enfants arrivèrent devant elle. Saisie d'un irrépressible émoi, elle se leva sur ses pieds minuscules et avança vers eux telle une montagne. Les vastes jardins de sa chair s'ouvraient et se fermaient aux amples mouvements de ses bras écartés oscillant d'émotion. Ils poursuivirent leur chemin. Derrière chaque barrière, les yeux attentifs, normaux, de ces créatures suivaient leur odyssée. Au Géant ils achetèrent une bague de son doigt qui leur encerclait le poignet; aux Frères Siamois, ils achetèrent une photo. Ils sortirent en courant.

L'envie qu'ils éprouvaient d'être ensemble ne se démentait pas. Les adultes le remarquèrent avec amusement. Ils étaient inséparables jusqu'à l'heure du coucher, mais ne se plaignaient pas quand on la leur annonçait. Ils gagnaient en courant leurs chambres respectives sans même jeter un coup d'œil derrière eux. Ils dormaient d'un sommeil de plomb. Ils se cherchaient le matin. Il ne se disait pas qu'elle était jolie. Elle se se disait pas qu'il était séduisant. Ils étaient extrêmement sensibilisés l'un à l'autre, nimbés d'une ardeur diffuse, comme un courant d'ondes électriques ou une auréole lumineuse, mais leurs contacts physiques restaient dus au hasard. Ce qui les liait l'un à l'autre, c'était une plénitude harmonieuse qu'ils vivaient et ressentaient du dedans, à tel point qu'ils ne pouvaient dans leur connivence prendre assez de recul pour songer à s'admirer mutuellement. Et pourtant ils étaient beaux, lui avec sa blondeur élégante, pensive, elle plus petite, le teint mat, plus flexible, avec ses yeux toujours pleins de feu et un maintien presque militaire. Quand ils couraient, leurs cheveux flottaient en arrière, dégageant leur large front. Elle avait de petits pieds, les mains brunes et menues. Elle laissait dans le sable les empreintes de l'enfant qui fuyait à travers les rues, s'engouffrait dans des escaliers sans lumière; sa trace évoquait une course éperdue, pour échapper à la terreur des venelles, au terrible fracas des poubelles. Elle s'était soulagée dans des latrines en bois au fond des cours. Les queues de rongeurs s'étaient enroulées autour de ses chevilles. Elle savait coudre à la machine, et elle avait observé des chiens en train de s'accoupler, des putains entraînant leurs clients sous les porches, des ivrognes pissant à travers les roues à rayons des charrettes à bras. Et lui, il n'avait jamais sauté un repas, jamais eu froid la nuit. Il courait de tout son esprit. Courait vers quelque chose. Il n'était pas ligoté par la peur et ignorait qu'il y eût dans le monde des gens qui s'y intéressaient moins que lui. Il traversait les choses du regard, voyait les autres dans un univers coloré, ne s'étonnait pas des coïncidences. Une planète bleue et verte voguait devant ses yeux.

Un jour, tandis qu'ils jouaient, le soleil s'obscurcit et le vent se mit à souffler de la mer. Ils en sentirent le froid sur leur dos. Se relevant, ils virent d'épais nuages noirs dériver dans le ciel au-dessus de l'océan. Ils repartirent vers l'hôtel. La pluie se mit à tomber, creusant de petits cratères dans le sable. Elle ruisselait sur leurs épaules salées, leur trempait les cheveux. Ils s'abritèrent sous les planches de la promenade à quelques centaines de mètres de l'hôtel. Accroupis dans le sable froid, ils écoutèrent la pluie qui tambourinait sur les planches et la regardèrent s'écouler en gouttelettes à travers les fentes. Le sol sous la promenade était jonché de détritus. Du verre cassée, des têtes de poissons pourris aux yeux ronds, des fragments de crabes, des clous rouillés, des morceaux de chiffon souillés de sang séché. Ils contemplaient la mer depuis leur caverne. Un orage avait éclaté et le ciel luisait d'une lumière verte. Un éclair déchira le ciel comme se fend un coquillage. Le ciel punissait l'océan, l'écrasait, le domptait. Il n'y avait plus de vagues – rien qu'une houle désordonnée qui ne déferlait pas et ne venait pas mourir sur la plage. L'étrange lumière augmentait d'intensité; le ciel devenait jaune. Le tonnerre grondait comme un ressac céleste et le vent maintenant chassait la pluie le long de la plage, fouettait le sable, l'emportait le long de la promenade. Progressant dans le vent, l'eau et la lumière dorée, deux silhouettes avançaient tête baissée, se protégeant les yeux de l'avant-bras. Elles se tournaient parfois et le dos au vent scrutaient la plage dans les deux sens et portaient les mains à leurs bouches en porte-voix. Mais on ne pouvait les entendre. Les enfants les observaient sans bouger. C'était Mère et Tateh. Ils continuaient à avancer. Ils trébuchaient dans le sable humide. Ils se retournaient et le vent plaquait leurs vêtements sur leur dos. Ils se tournaient de nouveau et le vent plaquait leurs vêtements sur leur poitrine et leurs jambes. Ils s'écartèrent de la berge pour s'approcher obliquement de la promenade. Les cheveux noirs de Tateh, aplatis sur son front, luisaient sous la pluie scintillante. Les cheveux de Mère s'étaient dénoués et retombaient en boucles humides autour de son visage et sur ses épaules. Ils appelaient. Ils appelaient. Ils couraient, marchaient, cherchaient les enfants des yeux. Ils étaient affolés. Les enfants se mirent à courir sous la pluie. Quand Mère les vit, elle se laissa tomber à genoux. En un instant, ils étaient tous les quatre réunis, enlacés, riant au milieu des reproches. Mère riait et pleurait tout à la fois, le visage ruisselant de pluie. Où étiez-vous, dit-elle, où étiez-vous? Vous ne nous avez pas entendus vous appeler? Tateh avait soulevé sa fille de terre et la tenait dans ses bras. *Gottzudanken*, dit le baron. *Gottzudanken*. Ils repartirent le long de la place sous cette pluie et dans cette lumière, heureux, serrés les uns contre les autres, trempés jusqu'aux os. Tateh ne put s'empêcher de remarquer la façon dont la robe blanche et les dessous de Mère adhéraient à sa peau, soulignant par endroits les courbes de son corps. Elle paraissait si jeune avec ses cheveux en casque sur la tête et répandus sur les épaules. Sa jupe lui collait aux jambes et de temps à autre elle se baissait pour la détacher de son corps et le vent la rabattait aussitôt. Quand ils avaient découvert l'absence des enfants, ils étaient descendus en courant vers la plage; elle avait enlevé ses chaussures au bas des escaliers de la promenade en se tenant au bras de Tateh. Elle marchait en serrant les enfants contre elle. Il retrouvait dans sa silhouette humide la femme aux formes épanouies du tableau de Winslow Homer que l'on sauve d'un naufrage en la tirant avec une corde. Qui donc n'eût risqué sa vie pour une telle femme? Mais elle tendit le doigt vers l'horizon : un coin de ciel bleu était apparu au-dessus de l'océan. Brusquement Tateh se mit à courir devant eux et fit une cabriole. Il fit la roue. Il se mit à marcher sur les mains dans le sable, la tête en bas. Les enfants éclatèrent de rire.

Père dormait durant cet incident. Il souffrait d'insomnie la nuit depuis quelque temps et avait pris l'habitude de faire la sieste dans l'après-midi. Il était nerveux. Il avait lu dans les journaux que le Congrès était de plus en plus partisan de créer un impôt national sur le revenu. Ce fut son premier pressentiment de la fin de l'été. Il se mit à téléphoner régulièrement à son directeur de l'usine de New Rochelle. Tout était calme là-bas. Pas d'autre nouvelle du tueur noir. Les affaires étaient en veilleuse comme le prouvaient les doubles des bons de commande qu'on lui envoyait chaque jour. Rien de tout ça ne contribuait à le détendre. Il commençait à s'ennuyer sur la plage et n'avait plus envie de se baigner dans l'océan. Le soir avant de se coucher, il se rendait à la salle de jeux et s'entraînait au billard. Comment pourraient-ils recommencer à vivre normalement s'ils s'éternisaient à Atlantic City? Certains matins il s'éveillait avec la sensation que le temps et les événements avaient continué à progresser, le laissant plus vulnérable que jamais. Leur nouvel ami, le baron, le distrayait provisoirement. Mère le trouvait charmant mais il ne ressentait pour lui ni venant de lui nulle vraie sympathie. Il avait envie de faire ses bagages et de partir, mais était retenu sur place par le sentiment de sécurité qu'éprouvait Mère à vivre là. Elle croyait possible d'attendre ici que la tragique affaire Coalhouse eût trouvé sa conclusion en espérant la voir tomber dans l'oubli. Il savait que c'était une illusion. A la grande consternation de l'hôtelier, elle prenait volontiers depuis quelque temps l'enfant noir à sa table dans la salle à manger. Père contemplait le petit garçon d'une mine renfrognée. Au petit déjeuner le lendemain de l'orage, il ouvrit le journal et trouva en première page une photo du père. Le gang de Coalhouse s'était introduit dans un des sanctuaires de l'art le plus célèbre de la ville, la Bibliothèque de Pierpont Morgan dans la 36e Rue. Il s'était barricadé à l'intérieur en faisant savoir aux autorités que, si elles refusaient de négocier, les trésors de Morgan risquaient la destruction totale. Ils avaient lancé une grenade dans la rue pour prouver la puissance de leur armement. Père froissa le journal dans sa main. Une heure plus tard, on lui annonça qu'il était demandé au téléphone par le bureau du District Attorney de Manhattan. Dans l'après-midi même, accompagné des vœux inquiets de Mère, il prenait le train pour New York.

35

Même pour quelqu'un qui avait suivi l'affaire depuis le début, la stratégie vengeresse de Coalhouse devait apparaître comme une preuve définitive de sa démence. Comment expliquer autrement que le lâche et misérable Conklin, ce sectaire si médiocre qu'il se confondait avec la grande masse des humains, ait pu se changer en Pierpont Morgan, l'homme le plus important de son temps? Avec huit personnes victimes de la main de Coalhouse, des chevaux tués et des immeubles détruits, avec des faubourgs encore frémissants de terreur, son arrogance ne connaissait plus de bornes. Ou alors l'injustice, quand on en est victime, est-elle le reflet d'un monde renversé, avec une logique et des principes de raison à l'opposé de ceux de la civilisation?

Nous savons grâce au Journal de Frère que le plan d'origine avait prévu la capture de Morgan dans sa propre maison. La bande était arrivée à la conclusion que Conklin se cachant dans un quartier irlandais était aussi introuvable que Coalhouse à Harlem et qu'il fallait par conséquent le faire sortir de sa tanière. Ils avaient donc besoin d'un otage. Deux nuits de discussion avaient abouti à l'élection de Pierpont Morgan. Plus que n'importe quel maire ou gouverneur, il symbolisait dans l'esprit de Coalhouse le pouvoir du monde blanc. Depuis des années, les dessins humoristiques et les caricatures le représentaient avec son cigare et son haut-de-forme, comme l'incarnation du pouvoir. Pourquoi ne pas contraindre ce grand fief qu'était New York à cracher de quoi payer une armée de chefs de pompiers et une flottille de Modèles T pour rançon de son Morgan.

Mais Coalhouse avait envoyé en mission de reconnaissance autour de la maison de Morgan dcux des jeuncs gens qui ne connaissaient pas grand-chose de la ville au-delà de la 100e Rue et en savaient moins encore sur les coutumes des riches. Quand ils examinèrent les bâtisses de Morgan, l'une un hôtel particulier banal, l'autre un palais de marbre blanc, le marbre leur parut plus résidentiel. Jeune Frère eût compris l'erreur. Mais il était le responsable de l'armement, couché à l'arrière d'une camionnette bâchée bourrée d'explosifs et de matériel. Il entendit l'attaque se déclencher. La camionnette fut amenée à reculons contre les grilles de la Bibliothèque et il reçut le signal du déchargement. Dès qu'il eut soulevé le rabat en toile et passé la tête au-dehors, il hurla qu'on s'était trompé de maison. Mais à ce stade, il était trop tard pour reculer. Un gardien gisait mort, des coups de sifflet de la police retentissaient. Le bruit de la fusillade avait alerté tout le quartier. Les conjurés déchargèrent la camionnette, escaladèrent les hautes grilles de bronze et allèrent occuper les positions qui leur avaient été assignées. Coalhouse se livra ensuite à un rapide examen des lieux. Rien n'est perdu, leur affirma-t-il. Nous voulions un homme et nous l'avons puisque nous détenons ses biens.

Il se trouvait en fait que Pierpont Morgan n'était même pas à New York. Il naviguait depuis deux jours déjà à bord du S.S. *Carmania* en route pour Rome. Il accomplissait un lent pèlerinage en Egypte. Coalhouse n'était pas non plus au courant. Ainsi donc toute l'opération, insuffisamment calculée et mal dirigée, parut jouir d'une grâce spéciale.

Presque aussitôt les directeurs associés de la J.P. Morgan Company furent informés de la situation. Ils expédièrent un câble au *Carmania* pour demander au vieil homme ses instructions. Pour une raison quelconque, peut-être une panne du matériel télégraphique à bord du paquebot, ils ne purent savoir si leur message avait été capté. Dans l'impossibilité de recevoir des instructions de Morgan, la police se contenta d'interdire l'accès de tout le pâté de maisons, de la 36e à la 37e Rue, et de Madison Avenue à Park Avenue. La circulation était détournée et des policiers à cheval caracolaient le long des barrages pour empêcher la foule de les franchir. Les bruits de la ville, sa circulation, ses coups de klaxon, sa vie semblaient venir buter contre le calme qui régnait sur ces lieux. Les milliers de curieux attroupés étaient aussi silencieux qu'une foule captivée par un spectacle insolite. La nuit venue, des projecteurs alimentés par des générateurs portatifs furent braqués sur l'édifice. Le ronronnement et les vibrations des machines se transmettaient aux pieds des badauds comme le grondement d'un tremblement de terre. Il y avait des policiers partout, dans leurs cars, à pied, à cheval, mais ils semblaient tout aussi spectateurs que la multitude des curieux qu'ils étaient chargés de contenir.

La grenade jetée, après l'avertissement hurlé par Jeune Frère, avait labouré le trottoir et creusé un large cratère dans la rue devant les grilles de la Bibliothèque. Au fond du cratère, une conduite d'eau éclatée bouillonnait comme une source thermale. Les vitres avaient été brisées dans tout le pâté de maisons. De l'autre côté de la rue, une maison en pierre de taille avait été particulièrement touchée par le souffle. Ses propriétaires avaient fui et avaient autorisé la police à établir son quartier général au rez-de-chaussée. Les policiers constatèrent qu'ils pouvaient descendre ou monter en courant les escaliers de l'immeuble en toute impunité, et se déplacer librement sur ce côté de la 36e Rue à condition de ne pas essayer de traverser le trottoir. La maison s'emplit de gradés de la police et autres autorités de la ville et peu à peu, la nature du conflit se précisant, chacun s'empressa tour à tour de se décharger de ses responsabilités, d'échelons en échelons supérieurs. Finalement, les officiers de police, lieutenants, capitaines, inspecteurs et le Commissaire Général, Rhinelander Waldo, étant tous présents, le contrôle de l'opération échut à Charles S. Whitman, District Attorney de New York. Whitman s'était acquis une réputation considérable en requérant contre le lieutenant de police corrompu du nom de Becker et en obtenant contre lui la peine de mort pour avoir donné l'ordre à quatre truands – Gyp le Sang, Frank le Rital, Whitey Lewis et Leftie Louie – d'assassiner un flambeur bien connu nommé Herman Rosenthal. Cette affaire sensationnelle avait fait de Whitman un candidat tout désigné au poste de Gouverneur de New York avec sa femme et ses enfants pour prendre des vacances à Newport dans la villa de quarante pièces de Mme Stuyvesant Fish. Il avait été récemment introduit dans la haute société par Mme O.H.P. Belmont. Il attachait beaucoup de prix à ces relations mais ne put résister à l'envie de passer par la 36e Rue lorsqu'il reçut la nouvelle. Il estimait que c'était son devoir en tant que futur président. Il aimait à être photographié sur les lieux où il arrivait quelque chose. A son arrivée, chacun s'en remit aussitôt à son jugement, y compris l'un de ses ennemis, le colérique maire William J. Gaynor. Il pensa qu'il fallait voir là une reconnaissance significative de certaines réalités politiques. Après avoir consulté sa montre, il décida qu'il avait quelques minutes à accorder au problème de ce nègre enragé.

Whitman se fit communiquer par le cabinet d'architectes Charles McKim et Stanford White les plans de la Bibliothèque. Après les avoir étudiés, il envoya en mission de reconnaissance un seul agent, un athlète, qui devait accéder au toit de la Bibliothèque et examiner à travers la verrière du dôme le hall central et la Salle Ouest pour déterminer combien il y avait de négros là-dedans. Le policier n'avait pas plus tôt pénétré dans le jardin qu'un éclair jaillit suivi d'une bruyante détonation et d'un hurlement de douleur. Whitman pâlit. Ils ont miné la foutue baraque, dit-il. Un officier entra. Pour autant qu'on pût le savoir l'agent dans le jardin était mort, et encore avait-il eu de la chance, car personne n'aurait pu aller le chercher là-bas. Les policiers étaient d'humeur sombre. Ils regardèrent Whitman. Il savait que l'essentiel n'était plus de connaître la force numérique de la bande de Coalhouse. Mais il convoqua néanmoins les journalistes et leur annonça qu'ils étaient bien là-dedans une douzaine et peut-être même une vingtaine d'hommes.

36

Au cours des heures qui suivirent, le District Attorney Whitman conféra avec plusieurs conseillers. Le colonel qui dirigeait la milice de New York à Manhattan prônait avec insistance une action militaire de grande envergure. L'un des curateurs de M. Morgan, un homme de haute taille extrêmement nerveux, arborant un pince-nez et qui tenait les mains crispées contre sa poitrine comme une diva du Metropolitan, en fut si alarmé qu'il se mit à trembler. Mesurez-vous la valeur des œuvres d'art acquises par M. Morgan? Nous avons quatre manuscrits de Shakespeare! Nous avons une Bible de Gutenberg sur vélin! Et sept cents incunables et une lettre de cinq pages de George Washington! Le colonel brandit l'index. Si on ne s'occupe pas de ce salopard, si on n'entre pas là-dedans pour lui couper les couilles, tous les négros du pays vont nous sauter à la gorge! Et alors où vous en serez avec vos bibles? Whitman marchait de long en large. Un ingénieur municipal lui affirma que si l'on réussissait à réparer la conduite d'eau éclatée, on pourrait peut-être s'en servir comme d'un tunnel pour passer à travers les fondations de la Bibliothèque. Combien de temps ça prendra-t-il? demanda Whitman. Deux jours, répondit l'ingénieur. Quelqu'un d'autre suggéra l'utilisation de gaz toxique. Ça pourrait le liquider, reconnut Whitman. Mais bien entendu tous ceux qui se trouvent dans l'East Side y passeraient également. Il sentait monter son irritation. La Bibliothèque était construite en blocs de marbre parfaitement taillés. On n'aurait pas pu passer la lame d'un couteau entre les pierres. L'édifice était piégé à la dynamite et deux yeux attentifs de nègre guettaient à chaque fenêtre.

Whitman eut cette fois suffisamment de bon sens pour demander leur avis aux policiers réunis dans la salle. Un vieux sergent, avec une longue expérience de la rue, un vétéran de plus d'un Fort Chabrol déclara : La chose indispensable, monsieur, c'est de décider ce Coalhouse à engager la conversation. Un fou furieux armé, ça le calme de parler. Faites-le parler, continuez à le faire parler, et alors vous avez déjà prise sur la situation. Whitman, qui n'était pas sans courage, se munit d'un porte-voix, sortit dans la rue et hurla à Coalhouse qu'il voulait lui parler. Il agita son canotier. S'il y a un problème, cria-t-il, nous pouvons le résoudre ensemble. Il réitéra cette forme de discours pendant plusieurs minutes. La petite fenêtre contiguë à la porte d'entrée s'ouvrit alors un instant. Un petit objet cylindrique jaillit en direction de la rue. Whitman recula et les hommes dans la maison derrière lui se jetèrent à terre. A la stupeur générale, il n'y eut pas d'explosion. Whitman battit en retraite à l'intérieur, et ce fut seulement au bout de plusieurs minutes que quelqu'un, armé de jumelles, identifia l'objet comme étant un récipient de métal blanc muni d'un couvercle. Un policier se précipita dans la rue, ramassa le récipient et remonta en courant l'escalier de la maison. L'objet, maintenant cabossé, était un pichet d'argent du Moyen Age, rehaussé d'une scène de chasse en relief. Le curateur demanda à le voir et déclara qu'il était du XVIIe siècle et avait appartenu à Frédéric, le Grand Electeur de Saxe. Je suis ravi de l'apprendre, dit Whitman. Le conservateur souleva alors le couvercle et trouva à l'intérieur un morceau de papier avec un numéro de téléphone qu'il reconnut comme étant le sien.

Le District Attorney décrocha lui-même le téléphone. Assis sur le bord d'une table, il tenait le cornet de la main gauche et le récepteur au bout de son fil dans la droite. Allons, monsieur Walker, dit-il d'un ton cordial, ici le District Attorney Whitman. Il fut ahuri par la voix calme et précise du Noir. Mes revendications sont les mêmes, dit la voix au téléphone. Je veux que ma voiture me soit restituée dans l'état où elle était quand on m'a barré le chemin. Vous ne pouvez pas me rendre ma Sarah, mais je veux en échange de sa vie celle du chef des pompiers Conklin. Coalhouse, dit Whitman, vous savez très bien qu'en tant que magistrat je ne pourrai jamais vous livrer, pour une condamnation en marge de la loi, un homme qui n'a pas été dûment jugé. Vous me mettez dans une situation intenable. Ce que je peux vous promettre, c'est d'enquêter sur l'affaire et de voir quels articles du code peuvent s'appliquer, le cas échéant. Mais je ne peux rien faire pour vous avant que vous ne sortiez de là-dedans. Coalhouse Walker ne parut pas l'avoir entendu. Je vous donne vingt-quatre heures, dit-il, après quoi je fais sauter cet endroit et tout ce qui se trouve dedans. Et il raccrocha. Allo? dit Whitman. Allo? Il demanda au standard de rappeler le numéro. Il n'obtint cette fois aucune réponse.

Whitman envoya alors un télégramme à Mme Stuyvesant Fish à Newport, en espérant qu'elle lisait les journaux. Ses yeux, qui avaient tendance à saillir de leurs orbites quand il s'agitait, lui sortaient maintenant de la tête. Il avait le visage congestionné. Il ôta sa veste et déboutonna son gilet. Il demanda à un des agents de lui trouver du whisky. Il savait qu'Emma Goldman, la Rouge, l'anarchiste, était à New York. Il ordonna son arrestation. Il regardait fixement par la fenêtre de la maison. Le ciel était couvert et il faisait anormalement sombre. L'atmosphère était lourde et une pluie fine faisait luire les rues. Les lumières de la ville étaient allumées. La masse compacte et blanche du palais grec de l'autre côté de la rue brillait sous la pluie. Tout semblait paisible. A cet instant, Whitman comprit soudain que la déférence manifestée à son égard par le Commissaire Rhinelander Waldo et tous les autres membres de la police l'avait pris au piège, en le poussant à se mêler d'une situation politiquement dangereuse. Il lui fallait, d'une part, sauvegarder les intérêts de Morgan, dont les vertueux comités de réforme, composés de riches protestants républicains, avaient financé ses enquêtes sur la corruption parmi les catholiques démocrates de la Police, et, d'autre part, préserver sa réputation de District Attorney coriace et menant la vie dure aux criminels. Pour ce faire, la seule solution était de venir à bout le plus rapidement possible de l'homme de couleur. On lui apporta un verre de whisky. Un seul, pour me calmer les nerfs, se dit-il.

Pendant ce temps-là, la police frappait à la porte de Emma Goldman dans la 13e Rue. Goldman ne fut pas surprise. Elle gardait toujours prête une petite valise avec quelques vêtements de rechange et un livre à lire. Depuis l'assassinat du Président McKinley, on l'avait couramment accusée de fomenter soit par ses propos soit par ses agissements la plupart des actes de violence, grèves ou émeutes qui éclataient en Amérique. Les représentants de l'ordre de toute la nation étaient la proie d'une véritable obsession et s'obstinaient par principe à vouloir lui faire jouer un rôle dans toutes les affaires dont ils s'occupaient, qu'ils la crussent coupable ou non. Elle mit son chapeau, ramassa sa valise et se dirigea à grands pas vers la porte. Elle voyagea dans le car de police en compagnie d'un jeune agent. Vous n'allez pas me croire, lui dit-elle, mais je me réjouis de passer quelque temps en prison. C'est le seul endroit où je puisse me reposer.

Goldman ignorait bien entendu que l'un des membres de la bande à Coalhouse fût ce jeune homme qu'elle avait plaint dans son rôle d'amant bourgeois d'une putain de bas étage. Devant le bureau du sergent au quartier général de la police de Centre Street, elle fit une déclaration aux reporters tandis qu'on l'inculpait de conspiration. Je suis désolée pour les pompiers de Westchester. Je regrette qu'ils aient été tués. Mais ce nègre, dans son angoisse, a été poussé à agir par la mort cruelle de sa fiancée, une jeune femme innocente. En tant qu'anarchiste, je l'applaudis de s'être approprié pas mal de choses. Du coup les reporters lui hurlèrent des questions. C'est un de vos disciples, Emma? Vous le connaissez? Vous avez joué un rôle dans cette affaire? Goldman sourit et secoua la tête. L'oppresseur, c'est la richesse, mes amis. La richesse, voilà l'opresseur. Coalhouse Walker n'avait pas besoin d'Emma la Rouge pour apprendre ça. Il lui suffisait de souffrir.

Moins d'une heure plus tard, des éditions spéciales des journaux étaient dans la rue annonçant la nouvelle de son arrestation. Goldman était généreusement citée. Whitman se demanda s'il avait été sage de lui fournir ainsi une tribune. Mais cette mesure eut au moins une conséquence nettement positive. Le président du Tuskegee Normal an Industrial Institute, le Noir Booker T. Whashington, se trouvait en ville pour recueillir des capitaux. Il prononçait une allocution dans la vaste salle de réunion sise sur Astor Place et il s'écarta du texte qu'il avait préparé pour déplorer les remarques de Goldman et condamner les actions de Coalhouse Walker. Un reporter téléphona à Whitman pour l'en aviser. Le District Attorney se mit immédiatement en rapport avec le célèbre éducateur, lui demandant s'il accepterait de venir sur les lieux et d'user de son autorité morale pour résoudre la crise. Certainement, répondit Booker T. Washington. Une escorte de police fut envoyée vers le centre et Washington, priant les organisateurs du déjeuner donné en son honneur de bien vouloir l'excuser, partit sous un tonnerre d'applaudissements.

37

Booker T. Washington était à cette époque le nègre le plus célèbre du pays. Depuis la fondation du Tuskegee Institute en Alabama, il était devenu le champion de la formation professionnelle pour les gens de couleur. Il était opposé à toute agitation de la part des nègres sur les questions de politique et d'égalité sociale. Il avait écrit un livre, devenu un best-seller, sur sa vie de lutte obstinée, qui l'avait amené de l'esclavage à la réalisation de lui-même, et sur ses idées, qui prônaient l'avancement du nègre avec l'aide de son voisin blanc. Il recommandait l'amitié entre les races, et parlait des promesses de l'avenir. Quatre présidents et la plupart des gouverneurs des Etats du Sud avaient adhéré à ses théories. Andrew Carnegie lui avait donné de l'argent pour son école et Harvard lui avait décerné un titre honorifique. Il portait un complet noir et un feutre à bords roulés. Il se planta au milieu de la 36e Rue, bel homme robuste dont le maintien trahissait toute la fierté qu'il éprouvait de sa réussite, et il héla Coalhouse pour lui demander de le laisser entrer dans la Bibliothèque. Il dédaignait l'usage d'un porte-voix. C'était un orateur au timbre sonore. Tout dans sa contenance indiquait sa certitude de voir les desperados accéder à sa demande. Je viens à vous, cria-t-il. Il contourna le cratère creusé dans la rue et franchit les grilles métalliques. Il escalada les marches entre les lions de pierre et s'immobilisa à l'ombre du portique entre les doubles colonnes ioniques, attendant qu'on lui ouvrît les portes. Il régnait maintenant un tel silence, une telle immobilité sur les lieux qu'on entendit clairement résonner à plusieurs pâtés de maisons de là la trompe d'un taxi. Au bout d'un moment, les portes s'ouvrirent. Booker T. Waskington disparut à l'intérieur. De l'autre côté de la rue, le District Attorney Whitman s'épongea le front et se laissa tomber dans un fauteuil.

Ce que découvrit Booker Washington, ce fut l'imposante Bibliothèque où s'amassaient tableaux, livres rares, statues, sols en marbre, tentures de soie damassées, meubles florentins sans prix, le tout dangereusement prêt à sauter. Des bâtons de dynamite étaient fixés aux piliers de marbre du hall d'entrée. Des fils électriques couraient sur le sol depuis les Salles Ouest et Est jusqu'au fond du hall d'entrée, où se trouvait une petite alcôve. Là un homme était assis à cheval sur un banc de marbre. Sur le banc était posée une boîte avec un détonateur en forme de T, qu'il tenait à deux mains. Il tournait le dos aux portes de bronze et était penché en avant, si bien que, si une balle avait dû le tuer, instantanément le poids de son corps basculant en avant aurait appuyé sur le détonateur. Cet homme se tourna pour regarder Washington par-dessus son épaule et le grand éducateur étouffa une exclamation en constatant que c'était non pas un Noir mais un Blanc au visage noirci, comme pour un spectacle de minstrels. Washington était entré animé d'un état d'esprit sévère et réprobateur, mais décidé à se montrer diplomate. Maintenant, il renonçait à user de persuasion. Il jeta un coup d'œil dans la Salle Est, puis traversa l'entrée jusqu'à la porte de la Salle Ouest. Il s'était attendu à trouver des douzaines d'hommes de couleur, mais ne vit que trois ou quatre jeunes gens qui se tenaient chacun à côté d'une fenêtre, un fusil dans les mains. Coalhouse, debout, l'attendait, vêtu d'un complet à chevrons bien repassé, avec col et cravate – quoiqu'il portât un pistolet à la ceinture. Washington le toisa. Son beau front se plissa et ses yeux lancèrent des éclairs. Faisant appel à tout son art d'orateur il fit la déclaration suivante : Pendant ma vie entière, j'ai travaillé patiemment dans l'espoir de voir l'avènement d'une fraternité chétienne. J'ai dû persuader l'homme blanc qu'il n'avait pas besoin de nous craindre ou bien de nous assassiner, car nous voulions uniquement nous améliorer et nous joindre pacifiquement à lui pour savourer les fruits de la démocratie américaine. Chaque nègre en prison, chaque homme de couleur sans ressources, bon à rien, joueur et fornicateur, a été mon ennemi, et chaque incident causé par la faute d'un nègre coupable m'a coûté un lambeau de ma vie! Que vont me coûter les égarements de votre criminelle témérité? Que vont-ils coûter à mes étudiants qui peinent pour apprendre un métier leur permettant de gagner leur vie et de faire taire les critiques des Blancs? Un millier d'honnêtes Noirs laborieux ne peuvent pas réparer le mal d'un seul être de votre espèce. Et le pire, c'est que vous êtes un musicien de talent, si j'ai bien compris, que vous vous êtes lancé dans cette entreprise infâme alors que vous avez été élevé dans le temple de la musique, où l'harmonie est révérée et où les accords des harpes et des trompettes célestes servent de modèles au chant. Homme monstrueux! Seriez-vous si ignorant de la tragique lutte de notre peuple que je pourrais vous plaindre de cette aventure. Mais vous êtes un musicien! Je regarde autour de moi et je sens l'odeur aigre de la rage, l'impécunieuse révolte d'une jeunesse folle et irréfléchie. Que leur avez-vous enseigné? Quelle injustice avez-vous subie, quel être cher avez-vous perdu qui justifient le sort funeste auquel vous les avez condamnés, ces jeunes téméraires? Et, malheur à vous, qui adjoignez à cette clique malfaisante un Blanc se barbouillant le visage de noir pour ajouter la dérision à votre arsenal!

Chaque mot de ce discours parvenait aux oreilles de tous les membres de la bande. Ils n'étaient pas suffisamment imprégnés d'esprit révolutionnaire pour que les sentiments exprimés par Booker T. Washington, dont ils avaient entendu parler depuis leur enfance, ne pussent les impressionner. Il dut être vital pour eux de connaître la réponse de Coalhouse. Coalhouse parla d'une voix contenue. C'est un grand honneur pour moi de faire votre connaissance, monsieur. J'ai toujours éprouvé de l'admiration pour vous. Il baissa les yeux vers le sol de marbre. Il est exact que je suis un musicien et un homme d'un certain âge. Mais j'ose espérer que vous y verrez peut-être la preuve que j'ai solennellement pesé ma décision. Et que par conséquent il est bien possible que nous soyons tous les deux des serviteurs de notre race, luttant pour faire reconnaître notre qualité d'homme et obtenir le respect qui nous est dû à ce titre. Washington fut tellement stupéfait par cette suggestion qu'il commença à perdre contenance. Coalhouse le conduisit depuis l'entrée jusqu'à la Salle Ouest et le fit asseoir dans un des fauteuils en velours rouge. Recouvrant son sang-froid, Washington s'épongea le front avec un mouchoir. Il contempla un instant le manteau en marbre de la cheminée haute comme un homme. Il leva les yeux vers le plafond sculpté et polychrome, ornement naguère du palais du cardinal Gigli à Lucques. Aux murs tendus de soie rouge étaient accrochés le portrait de Martin Luther par Lucas Cranach le Vieux et plusieurs Adoration des Mages. L'éducateur ferma les yeux et crispa ses mains sur ses genoux. Oh Seigneur, dit-il, conduis mon Peuple à la Terre Promise. Soustrais-le au fouet du Pharaon. Libère-le des fers qui entravent son esprit et dénoue les liens du péché qui l'attachent à l'Enfer. Sur le manteau de la cheminée se trouvait un portrait récent de J. Pierpont Morgan lui-même dans la force de l'âge. Washington examina ce visage farouche. Entre-temps, Coalhouse s'était assis dans le fauteuil contigu et, côte à côte, ces deux Noirs bien vêtus étaient l'image même de la probité, et du sérieux dans la méditation. Venez avec moi maintenant, dit Booker Washington d'une voix douce, et j'intercéderai pour que votre procès soit rapide et votre exécution sans souffrance. Démontez ces engins du diable, dit-il en agitant les mains vers les bâtons de dynamite fixés aux angles du plafond sculpté, contre chaque mur. Prenez ma main et venez avec moi. Au nom de votre jeune fils et de tous les enfants de notre race, dont la vie est difficile et qui ont un long voyage à faire.

Coalhouse était perdu dans ses pensées. Monsieur Washington, dit-il enfin, mon vœu le plus fervent est de conclure cette affaire. Il leva les yeux et l'éducateur y vit des larmes d'émotion. Que le Chef des Pompiers répare mon automobile et qu'il l'amène devant cet immeuble. Vous me verrez alors sortir les mains en l'air, et Coalhouse Walker ne fera plus courir le moindre danger à cet édifice ni à n'importe quel homme.

C'était la première fois, depuis la nuit où il avait attaqué Emerald Isle, que Coalhouse, par cette déclaration, modifiait ses exigences; mais Washington ne le comprit pas. Il considérait simplement que son plaidoyer avait été repoussé. Sans un mot, il se leva et sortit. Il retraversa la rue, persuadé que son intervention était demeurée inutile. Après son départ, Coalhouse se mit à marcher de long en large. Ses jeunes disciples restaient à leurs postes et le suivaient des yeux. L'un d'eux était couché sur le toit au-dessus du dôme vitré du portique. Il montait la garde sous la pluie et sentait, bien qu'il ne pût rien voir, la présence de milliers de New-Yorkais silencieux, attentifs. Au cours de la nuit, il crut les entendre émettre un son, comme une lamentation à peine perceptible, guère plus qu'un soupir, aussi ténu que la bruine qui le pénétrait.

38

Après avoir conféré avec le District Attorney Booker T. Washington s'adressa aux journalistes réunis dans le salon du quartier général provisoire. La Bibliothèque de M. Morgan est une bombe bourrée de dynamite prête à exploser d'un instant à l'autre, dit-il. Nous nous trouvons devant un homme dont le cerveau est désespérément malade. Je ne puis que prier le Seigneur pour que dans sa Sagesse Il nous sorte sains et saufs de cette triste affaire. Washington passa ensuite plusieurs coups de téléphone à des amis et à des collègues de Harlem – pasteurs et chefs de communauté – pour les inviter à venir manifester leur opposition de Noirs conscients et responsables à la cause de Coalhouse Walker. Cette manifestation prit la forme d'une veillée dans la rue. Le District Attorney Whitman avait accordé sa permission bien que les nouvelles rapportées de la Bibliothèque fussent assez sinistres pour l'amener à ordonner l'évacuation de toutes les maisons et de tous les appartements dans un rayon de cent cinquante mètres. Les choses en étaient là lorsque Père arriva. Il fut escorté à travers les cordons de police et passa devant les Noirs nu-tête et silencieux qui priaient, debout dans la rue. Il contempla un instant la Bibliothèque, puis monta les marches de la maison en face. A l'intérieur, il fut abandonné à lui-même. Personne ne lui adressa la parole ou ne lui demanda quoi que ce fût. Il tournait en rond, attendant que les autorités lui fissent signe en remarquant sa présence. Il n'en fut rien.

La maison était remplie de policiers en uniforme et d'hommes aux fonctions indéterminées. Tout le monde circulait dans tous les sens. Père entra à la cuisine. C'était là que se tenaient les reporters. Ils avaient liquidé les provisions que contenait la glacière. Ils étaient assis, les pieds sur la table, ou debout accotés aux buffets. Ils avaient leur chapeau sur la tête. Ils se servaient de l'évier comme crachoir. Père écouta leur conversation et apprit ainsi les détails de l'entrevue de Booker T. Washington avec Coalhouse. Il s'émerveilla de la célébrité de l'homme qui avait joué du piano dans son salon. Mais il lui semblait que Coalhouse avait modifié ses exigences. Etait-ce le cas? Personne ne semblait en avoir conscience. Et pourtant si la vie de Willie Conklin le Chef des Pompiers était accordée ou du moins négociable, il lui fallait en informer quelqu'un. Il chercha un responsable et tomba sur le District Attorney en personne, qu'il reconnut pour avoir vu sa photo dans le journal. Whitman était devant la grande baie vitrée du salon, une paire de jumelles à la main. Excusez-moi, dit Père, et, après s'être présenté, il exposa à Whitman son opinion. Le District Attorney le considéra d'un regard surpris. Père remarqua les petites veinules éclatées sur son visage. Whitman se retourna vers la fenêtre et porta les jumelles à ses yeux, tel un amiral scrutant la mer. Ne sachant que faire d'autre, Père resta avec lui.

Whitmam attendait une réponse de M. Morgan. Il ne cessait de consulter sa montre. Quelqu'un passa soudain en courant dans la rue. Il y eut un grand remue-ménage dans l'entrée. Un jeune garçon fit irruption dans le salon suivi par les curateurs et plusieurs policiers. Il avait un télégramme du *Carmania*. Le District Attorney déchira l'enveloppe. Il lut le message et secoua la tête, l'air incrédule. Nom de Dieu, marmonna-t-il, sacré nom de Dieu! Il se mit brusquement à apostropher tous ceux qui se trouvaient dans la pièce. Sortez! Foutez-moi le camp! Il poussa tout le monde vers les portes, mais il prit Père par le bras pour le retenir. Les portes se refermèrent. Whitman tendit le télégramme à Père d'un geste brusque : DONNEZ-LUI SON AUTOMOBILE ET PENDEZ-LE, disait le texte.

Père releva la tête et vit le District Attorney qui le considérait d'un regard furibond. C'est la seule solution que je refuse d'envisager, dit Whitman. Je ne peux pas céder à ce négro. Même pour le pendre. Je ne peux pas m'offrir ce luxe. Ce serait ma ruine. Nom de Dieu, je me suis occupé de ce salopard de Becker, le crime du siècle, comme ont dit les journaux. Et maintenant je baisserais pavillon devant un négro? Non, monsieur! Pas question!

Whitman se mit à faire les cent pas. Père sentit une bouffée d'audace l'envahir. Il tenait entre les mains un message privé de J. Pierpont Morgan. Ce qui lui permettait d'accepter d'emblée et sans discussion son investiture comme confident du District Attorney de New York.

Père vit clairement que la situation pouvait être négociée. Morgan l'avait compris, même à l'autre bout du monde.

Coalhouse semblait avoir renoncé à une de ses exigences : que Conklin lui fût livré. Père était en outre persuadé que, depuis la mort de Sarah, le vœu le plus fervent de Coalhouse Walker était de mourir. Il en informa le District Attorney. Toute l'affaire pourrait être résolue rapidement, dit-il. La voiture n'a pas de valeur réelle. D'ailleurs, l'idée est de M. Morgan. Je dois dire, acquiesça Whitman, qu'il n'y a que Pierpont Morgan pour avoir ce genre d'idée. Qui d'autre aurait eu ce culot. Oui, dit Père, je veux dire non, c'est son idée. Je ne connais rien à la politique, mais est-ce que cela ne vous décharge pas de toute responsabilité? Whitman arrêta net ses allées et venues et dévisagea Père. A l'heure qu'il est, dit-il, je suis censé être à Newport, chez les Stuyvesant Fish.

Bref, donc, peu après minuit, un attelage de chevaux de trait fut amené devant la Modèle T délabrée de Coalhouse Walker, abandonnée au bord de l'étang de la caserne des pompiers à New Rochelle. La pluie s'était arrêtée et les étoiles brillaient. Les chevaux furent attelés au pare-chocs et tirèrent la voiture sur la route. Ils entreprirent alors le long trajet jusqu'à la ville, avançant cahin-caha, le conducteur debout sur le siège avant tenant les rênes d'une main, le volant de l'autre. Les pneus étaient tous à plat, la voiture oscillait d'un bord sur l'autre et les roues grinçaient à chaque révolution.

Alors même que la Ford progressait en direction de Manhattan, Whitman réussit à obtenir Coalhouse au téléphone. Il lui déclara qu'il voulait débattre avec lui ses exigences. Il proposa Père comme intermédiaire pour faire la navette entre les deux camps. Vous pouvez lui faire confiance et je peux lui faire confiance, dit Whitman en parlant de Père. Après tout, c'est votre ancien employeur. Non, dit Père à l'autre oreille de Whitman, je n'ai jamais été son employeur. Père était maintenant la proie de graves appréhensions. En quelques minutes trop brèves, il se retrouva dehors dans la fraîcheur du petit matin, traversant la rue inondée de lumière pour contourner le cratère et monter les marches entre les lions de pierre. Il se rappela qu'il avait été officier de l'armée des Etats-Unis. Il avait exploré le Pôle Nord. Les portes de bronze s'ouvrirent, avec précaution, et il entra. Il entendit ses propres pas résonner sur le sol de marbre poli. Il lui fallut un moment pour habituer ses yeux à la pénombre. Il cherchait des yeux le Noir et il vit à la place son beau-frère, nu jusqu'à la taille mais le visage noirci et un pistolet dans un étui sous le bras. Vous! cria Père. Jeune Frère tira le pistolet du baudrier et se tapota la tempe avec le canon en guise de salut. Les genoux de Père flanchèrent. On l'aida à s'asseoir dans un fauteuil. Coalhouse lui apporta une timbale pleine d'eau.

Le premier accord passé entre les deux camps prévit que le délai de vingt-quatre heures serait prolongé. Selon le deuxième accord, des planches en bois seraient posées en travers du trou dans la rue. Père faisait la navette, exécutant sa mission avec compétence, mais dans une sorte d'état second, comme un somnambule.

Il n'accordait pas un regard à son beau-frère. Il sentait d'étranges frissons de joie amère lui parcourir le dos.

Pendant que ces points étaient réglés, Whitman, pendu au téléphone, utilisait tous les moyens dont il disposait pour retrouver Willie Conklin. La police le recherchait dans tous les quartiers. Il songea alors à appeler Big Tim Sullivan, leader du Quatrième Arrondissement et grand homme du mouvement démocrate de Tammany Hall. Il le tira de son sommeil. Tim, dit-il, il y a un visiteur ici en ville, un certain Willie Conklin du canton de Westchester. Je ne connais pas ce gars-là, dit Big Tim, mais je vais voir ce que je peux faire. J'en suis sûr, dit Whitman. Moins d'une heure après, Conklin était amené à l'hôtel particulier par la peau du cou. Il était trempé, hirsute, terrifié. Il avait perdu les boutons du bas de sa chemise de travail et son ventre saillait au-dessus de sa ceinture. On le poussa sur une chaise dans l'entrée et on lui dit de la boucler. Un policier montait la garde auprès de lui. Il claquait des dents et ses mains tremblaient. Il glissa la main dans sa poche revolver où il gardait une flasque dans un sac en papier. Le flic lui empoigna le bras avant qu'il ait pu la retirer et lui cingla la tête avec une paire de menottes, à la volée.

Quand l'aube se leva, la foule qui avait un peu diminué durant la nuit grossit de nouveau, les badauds se pressaient maintenant sur quatre ou cinq rangs derrière les barricades. La carcasse rouillée de la Modèle T était garée dans la 36ᵉ Rue au bord du trottoir devant la Bibliothèque. A un moment convenu, la porte de la maison s'ouvrit et sur le perron apparurent deux policiers tenant entre eux la lamentable silhouette de Willie Conklin. Il fut exhibé comme une pièce d'un dossier. On le ramena ensuite à l'intérieur et Whitman, ayant en toute bonne foi produit les deux objets du litige, la voiture et le chef des pompiers, exposa maintenant ses conditions. Il presserait son homologue de Westchester d'inculper Willie Conklin pour action délictueuse, vandalisme et détention illégale d'un citoyen. En outre, le Chef des Pompiers, ici même dans la rue au vu de tout le monde, aiderait à réparer la Modèle T. Ce serait une humiliation avec laquelle il lui faudrait vivre jusqu'à la fin de ses jours. Et la voiture, bien entendu, serait remise à neuf. En échange, Whitman voulait la reddition de Coalhouse et de ses hommes. Et je vous garantis alors que seront respectés tous vos droits et privilèges prévus par la loi, dit-il.

Lorsque Père vint transmettre ces conditions dans la Bibliothèque, les jeunes gens se mirent à rire et poussèrent des cris enthousiastes. On l'a eu, se crièrent-ils les uns aux autres. Il met les pouces. On va emporter le morceau. Ils avaient été électrisés par la vue de la voiture et l'apparition de Conklin. Mais Coalhouse, quant à lui, demeurait silencieux. Il était assis tout seul dans la Salle Est. Père attendait sa réponse. Petit à petit, la sombre méditation de Coalhouse vint à bout de l'euphorie des jeunes gens. Une certaine appréhension les envahit. Finalement Coalhouse déclara à Père : Je me rendrai mais pas mes gars. Pour eux, je veux qu'on les laisse partir d'ici sains et saufs et qu'on leur accorde une amnistie absolue et totale. Mais restez ici, je vous prie, jusqu'à ce que j'aie pu le leur annoncer.

Coalhouse se leva de son fauteuil et alla parler aux jeunes gens dans l'entrée. Ils se groupèrent autour du boîtier du détonateur. Ils furent frappés de stupeur. T'as rien besoin de donner! dirent-ils. On tient Morgan aux couilles. T'as pas à négocier rien du tout. Donnez-nous Conklin et la bagnole et laissez-nous filer d'ici, on vous rend la Bibliothèque, la v'là la négociation, mec, c'est comme ça qu'il faut négocier!

Coalhouse était calme. Il parla d'une voix contenue. Les autorités ne connaissent aucun d'entre vous par son nom, dit-il. Vous pouvez disparaître dans la ville et reprendre une vie normale. Toi aussi, lui rétorqua-t-on. Non, dit Coalhouse. Ils ne me laisseraient jamais partir d'ici, vous le savez bien. Et même s'ils me laissaient, ils mettraient tout en œuvre pour me traquer et me retrouver. Et tous ceux qui seraient avec moi seraient traqués eux aussi. Et vous seriez tous tués. A quoi bon? A quoi cela servirait-il?

On a toujours discuté jusqu'à présent, dit l'un d'eux. Et maintenant tu nous fais ça. T'as pas le droit, vieux! Coalhouse, c'est nous tous. Si on ne peut pas partir, on fait tout sauter, dit un autre. Vous nous trahissez en agissant ainsi, déclara Jeune Frère. Ou bien nous devons tous partir librement ou bien nous devons tous mourir. Vous avez signé votre lettre Président du Gouvernement Provisoire Américain. Coalhouse acquiesça d'un signe de tête. Il semblait que ce fût la rhétorique dont nous avions besoin pour notre moral, dit-il. Mais c'était la vérité pour nous! cria Jeune Frère. La vérité! Il y a suffisamment de gens dans la rue pour former une armée!

A coup sûr, aucun théoricien de la révotution n'aurait pu nier que, en face d'un ennemi aussi innombrable qu'une nation entière de Blancs, la remise en état d'une automobile Modèle T fût un point de départ qui en valait bien un autre. Jeune Frère vociférait maintenant. Vous ne pouvez pas modifier vos exigences! Vous ne pouvez pas en réduire la signification! Vous ne pouvez pas nous trahir pour une voiture! Je n'ai pas modifié mes exigences, dit Coalhouse. Cette foutue Ford, c'est ça votre justice? dit Jeune Frère. Et votre exécution aussi? Coalhouse le dévisagea. En ce qui concerne mon exécution, dit-il, ma mort a été décidée à l'instant même où Sarah est morte. Pour ce qui est de ma malheureuse voiture, elle doit être remise dans l'état où elle se trouvait le jour où j'ai passé devant la caserne des pompiers. Ce n'est pas moi qui réduis mes exigences, ce sont eux qui les ont grossies du moment qu'ils les repoussaient. J'échangerai vos précieuses vies contre celle de Conklin, Dieu merci pour lui.

Quelques minutes plus tard, Père retraversa la rue. Pour que la justice lui soit rendue, Coalhouse Walker était prêt à se soumettre à cette justice. Mais pas ceux qui le suivaient. Ils étaient d'une autre génération. Ils n'étaient pas humains. Père frissonna. L'obsession de leur cause leur avait détraqué l'esprit. Ils démoliraient à coups de pied les piliers de la civilisation. Lever une armée! Ils n'étaient rien d'autre que d'ignobles révolutionnaires.

La fameuse obstination de Coalhouse s'était maintenant muée en forteresse résistant aux arguments de ses hommes. C'était lui le rempart entre M. Morgan et le désastre. Père ne confia rien de tout cela au District Attorney. Il sentait que Whitman aurait déjà assez de mal à comprendre les termes officiels. Ce qui fut effectivement le cas. Whitman siffla plusieurs lampées de whisky. Son visage commençait à se hérisser de barbe. Ses yeux protubérants étaient rouges et son col froissé. Il marchait de long en large. S'immobilisant à la fenêtre, il ferma le poing droit et l'abattit à plusieurs reprises au creux de sa main gauche. Il lut de nouveau le télégramme de Morgan. Père se racla la gorge. Il n'est pas précisé que vous devez pendre les conjurés, dit Père. Quoi? fit Whitman. Quoi? Bon, bon, d'accord. Il chercha un fauteuil des yeux pour s'y asseoir. Combien sont-ils, dites-vous? Cinq, répondit Père, excluant inconsciemment Jeune Frère. Whitman soupira. Je crois que c'est le mieux que vous puissiez faire, fit Père. Oui, oui, dit le District Attorney. Et qu'est-ce que je raconte aux reporters? Oh, répondit Père, vous pouvez leur dire, premièrement, que Coalhouse Walker est capturé, deuxièmement, que les trésors de M. Morgan sont sauvés, troisièmement que la ville a retrouvé son calme et quatrièmement, que toutes les ressources de vos services et de la police seront utilisées pour traquer les complices jusqu'à ce que le dernier d'entre eux soit derrière les barreaux, comme ils le méritent. Whitman réfléchit à cette dernière proposition. Nous les traquerons, marmonna-t-il. Jusque dans leurs tanières. En fait, dit Père, ce ne sera peut-être pas possible. Ils gardent un otage et ne le lâcheront que lorsqu'ils sauront être en sûreté. Qui est l'otage? demanda Whitman. Moi, dit Père. Je vois. Et qu'est-ce qui fait croire à ce négro qu'il peut tenir l'immeuble à lui tout seul? C'est que, dit Père, il restera en dehors de la ligne de mire, de la verrière ou des fenêtres, et les mains sur la charge de dynamite. Ça devrait suffire, je pense.

Peut-être à ce moment Père nourissait-il l'espoir que, une fois relâché, il pourrait conduire les autorités jusqu'au repaire des criminels. Il pensait que, sans Coalhouse, ils manqueraient du courage et de l'intelligence nécessaires pour continuer à défier la loi avec succès. C'était des assassins et des incendiaires anarchistes, mais il n'en avait pas peur personnellement. Il connaissait cette engeance et valait mieux que n'importe lequel d'entre eux. Quant à Jeune Frère, il lui était devenu si totalement étranger que, à présent, il n'éprouvait que de la joie à l'idée d'être responsable de sa capture.

Whitman regardait dans le vide. Très bien, dit-il. D'accord. Si nous attendons qu'il fasse nuit, peut-être personne ne verra-t-il ce que nous faisons. Et tout cela pour M. Morgan, sa bon Dieu de bible de Gutenberg et sa foutue lettre de cinq pages de George Washington. Ainsi furent conclues les négociations.

39

Plusieurs coups de téléphone aux bureaux de la firme automobile Ford avaient provoqué l'apparition vers 8 heures du matin d'un camion apportant toutes les pièces interchangeables d'une Modèle T. La Compagnie Pantasote livra une capote. Il avait été convenu avec les adjoints de Morgan qu'il assumerait tous les frais. Sous l'œil des badauds qui observaient la scène du coin de la rue, le chef des pompiers Conklin, sur les directives de deux mécaniciens, démantela la Ford pièce par pièce et fabriqua une Ford neuve à partir du châssis. Une poulie et un treuil furent utilisés pour soulever le moteur. Suant, grognant, protestant et parfois même pleurant, Conklin s'exécuta. Des pneus neufs remplacèrent les vieux, des ailes neuves, un radiateur neuf, une magnéto, des portières neuves, des marchepieds, un pare-brise, des phares et des sièges capitonnés. A 5 heures de l'après-midi, avec le soleil encore flamboyant dans le ciel au-dessus de New York, une Ford Modèle T neuve et étincelante sous sa capote Pantasote était garée le long du trottoir.

Durant toute la journée, les partisans de Coalhouse l'avaient supplié de revenir sur sa décision. Leurs arguments devenaient de plus en plus insensés. Ils affirmaient constituer une nation. Il se montra patient avec eux. Il devint évident qu'ils ne sauraient pas quoi faire sans lui. Ils considéraient sa décision comme un suicide. Ils étaient au désespoir de se sentir abandonnés. Vers la fin de l'après-midi, une atmosphère lugubre régnait dans la Bibliothèque. Les jeunes gens voyaient d'un œil morne par la fenêtre la voiture dans laquelle Coalhouse avait courtisé Sarah se reconstituer le long du trottoir.

Quant à Coalhouse, il ne s'approcha pas une seule fois d'une fenêtre pour la regarder. Assis derrière le bureau de Pierpont Morgan dans la Salle Ouest, il rédigeait son testament.

Jeune Frère s'était retranché dans un silence plein d'amertume. Père, maintenant enfermé dans la Bibliothèque en tant qu'otage officiel, avait envie de lui parler. Il pensait à ce qu'il serait obligé de dire à Mère. Ce fut seulement à la nuit tombée quand approchait l'heure du départ qu'il finit par se résoudre à l'affronter. Ce serait peut-être leur dernier entretien en tête à tête.

Le jeune homme se trouvait dans les lavabos situés derrière le hall d'entrée. Il était en train d'effacer de son visage les traces de bouchon brûlé. Il jeta un coup d'œil à Père dans le miroir. Personnellement je ne vous demande rien, dit Père. Mais n'estimez-vous pas que votre sœur mérite une explication? Si elle pense à moi, dit Jeune Frère, elle aura son explication. Je ne peux pas la lui transmettre par votre intermédiaire. Vous êtes un homme content de lui-même à qui le sens de l'histoire échappe. Vous payez misérablement vos employés et vous vous souciez peu de leurs besoins. Je vois, dit Père. Que vous vous preniez pour un gentleman dans toutes vos démarches, dit Jeune Frère, relève de la simple illusion propre à tous ceux qui oppriment l'humanité. Vous avez vécu sous mon toit et travaillé dans mon affaire, dit Père. Votre générosité, dit Jeune Frère, correspondait à ce que vous pensiez pouvoir vous permettre. D'ailleurs, ajouta-t-il, j'ai payé cette dette, comme vous le découvrirez. Jeune Frère se lava le visage au savon et à l'eau chaude. Il se frottait à gestes vigoureux, la tête au-dessus du lavabo. Il se sécha ensuite avec une serviette de toilette brodée aux initiales JPM. Il jeta la serviette par terre, endossa sa chemise, fouilla dans ses poches pour y prendre boutons de manchettes et de col, ajusta le faux col sur sa chemise, noua sa cravate, accrocha ses bretelles. Vous avez voyagé partout et vous n'avez rien appris, dit-il. Vous pensez que c'est un crime de pénétrer dans cet édifice appartenant à un autre et de menacer ses biens. En fait, nous sommes ici dans le nid d'un vautour. Dans la tanière d'un chacal. Il mit sa veste, passa les mains à plat sur son crâne rasé, posa son melon sur sa tête et s'examina un instant dans le miroir. Adieu, dit-il. Vous ne me reverrez pas. Vous pouvez dire à ma sœur qu'elle restera toujours dans mes pensées. Pendant un moment il contempla le sol. Il dut se racler la gorge. Vous pouvez lui dire que je l'ai toujours aimée et admirée.

Le groupe se réunit dans le hall d'entrée. Ils portaient maintenant leur uniforme Coalhouse : complet, cravate et melon. Coalhouse leur dit de rabattre le bord de leur chapeau et de relever leurs cols pour éviter d'être identifiés. Leur sauf-conduit était la Modèle T. Il expliqua comment déclencher l'allumage et mettre les gaz, et comment tourner la manivelle. Vous téléphonerez quand vous serez libres, dit-il. Je ne pars donc pas? demanda Père. Voici l'otage, dit Coalhouse en indiquant Jeune Frère. Un Blanc ressemble à n'importe quel autre Blanc. Tous se mirent à rire. Coalhouse les étreignit tous à tour de rôle devant les grandes portes de bronze. Il étreignit Jeune Frère avec autant de ferveur que les autres. Il consulta sa montre gousset. A cet instant, les projecteurs dans la rue s'éteignirent. Il alla s'installer dans l'alcôve au fond de l'entrée, à cheval sur le banc de marbre blanc, les mains posées sur la poignée du détonateur. Il y a du jeu à mi-course dans la tige, lui lança Jeune Frère. D'accord, dit Coalhouse. Allez-y maintenant. Un des jeunes gens déverrouilla la porte et sans plus de cérémonie ils sortirent à la queue leu leu. Puis les portes se refermèrent. Poussez les verrous, je vous prie, ordonna Coalhouse. Père obtempéra.

Il colla l'oreille à la porte. Tout ce qu'il entendait, c'était son propre souffle haletant, terrifié. Puis après un intervalle qui parut atrocement long, durant lequel il sentit s'amenuiser en lui tout espoir d'en sortir, il perçut le toussotement et le chuintement d'un moteur de Modèle T. Un instant plus tard, les vitesses furent engagées et il entendit la voiture démarrer. Il y eut un choc sourd lorsqu'elle passa sur les planches posées en travers du cratère. Il courut vers le fond du hall d'entrée. Ils sont partis, dit-il à Coalhouse Walker. Le Noir regardait fixement ses mains posées sur le détonateur de la boîte. Père s'assit par terre, le dos appuyé au mur de marbre. Il replia les jambes et appuya la tête sur ses genoux. Ils demeurèrent ainsi, immobiles tous les deux. Au bout d'un moment, Coalhouse demanda à Père de lui parler de son fils. Il voulait savoir s'il marchait, s'il avait bon appétit, s'il commençait à prononcer des mots, et tous autres détails auxquels il pouvait penser.

QUATRIÈME PARTIE

40

Deux heures plus tard environ, Coalhouse Walker Junior descendait le perron de la Bibliothèque, les mains en l'air, et commençait à traverser la 36ᵉ Rue en direction de la maison en pierre de taille. Il se conformait ainsi aux termes de l'accord négocié. La rue avait été vidée de tout observateur. Tournée vers lui sur le trottoir d'en face se trouvait une escouade de tireurs d'élite de la police de New York armés de carabines. Deux pelotons de la police montée en face à face, séparés par une trentaine de mètres, étaient alignés d'un trottoir à l'autre, les chevaux épaule contre l'épaule, formant ainsi une sorte de couloir. Coalhouse était par conséquent invisible pour quiconque regardait depuis le croisement de Madison Avenue ou au delà, depuis Park Avenue. Les générateurs au coin de la rue émettaient un rugissement effrayant. Dans la rue illuminée par les projecteurs, le Noir, prétendit la police, tenta de s'enfuir. Beaucoup plus probablement, il savait que, pour mettre fin à ses jours, il lui suffisait de tourner la tête brusquement, de baisser les bras ou, tout simplement, de sourire. De l'intérieur de la Bibliothèque, Père entendit la salve méthodique d'un peloton d'exécution. Il hurla, courut à une fenêtre. Le corps tressautait sur la chaussée, en une série d'attitudes variées, comme pour éponger son propre sang. Les policiers faisaient maintenant feu à volonté. Les chevaux hennissaient et se cabraient.

Dans sa cache de Harlem, la bande Coalhouse savait comment se terminerait l'aventure. Ils étaient tous là, sauf l'homme qu'ils avaient suivi. Les pièces semblaient vides. Plus rien n'avait d'importance. Ils devaient faire un effort pour parler. Tous, à part Jeune Frère, pensaient rester à New York. La Modèle T était cachée dans une ruelle voisine. Ils supposaient qu'elle avait été marquée. Comme Jeune Frère voulait quitter la ville, on lui donna la voiture. Il gagna, cette même nuit, les quais du fleuve à la 125e Rue, et prit le ferry pour le New Jersey. Il roulait vers le sud. Apparemment, il avait quelque argent, bien qu'on ignore toujours comment et où il se l'était procuré. Il gagna Philadelphie. Il gagna Baltimore. Il s'enfonça au cœur du pays, où les nègres se redressaient dans les champs pour le regarder passer. Sa voiture laissait un nuage de poussière montant vers le ciel dans son sillage. Il traversa de petites villes de Georgie où, à l'ombre parcimonieuse des arbres, sur les places, les citoyens parlaient de pendre le juif Leo Frank pour ce qu'il avait fait à une petite chrétienne de quatorze ans, Mary Phagan; ils crachaient dans la poussière. Jeune Frère fit la course avec des trains de marchandises et roula en cahotant dans la pénombre fraîche de ponts couverts. Il ne se servait pas de cartes. Il dormait dans les champs. Il roulait d'un poste à essence à un autre. Il collectionnait sur la banquette arrière un assortiment d'outils, de chambres à air, de bidons d'essence, de bidons d'huile, de colliers de serrage, de fils électriques et de pièces de moteur. Il roulait. Les arbres s'espacèrent. Puis ils disparurent. Il n'y avait plus que des rochers et des buissons d'armoise. Des couchants somptueux l'entraînèrent parmi des vallées au sol d'argile durci, craquelé par le soleil. Quand la Ford tomba en panne et qu'il ne réussit pas à la réparer, il fut remarqué par des enfants assis sur des chariots que traînaient des mules.

A Taos, au Nouveau-Mexique, il tomba sur une communauté de bohèmes qui peignaient des scènes du désert et portaient des ponchos. Ils étaient de Greenwich Village, à New York. Ils furent attirés par son épuisement. Il brûlait d'un feu sombre, même quand il buvait. Il resta là quelques jours à reprendre des forces. Il eut une brève aventure avec une femme plus âgée que lui.

Les cheveux clairsemés de Jeune Frère étaient maintenant juste assez longs pour lui couvrir le sommet du crâne. Il portait une barbe blonde. Sa peau claire ne cessait de peler et le soleil le forçait à plisser les yeux. Il poursuivit sa route jusqu'au Texas. Ses vêtements tombaient en loques. Il portait une salopette, des mocassins et une couverture indienne. A la ville-frontière de Presidio, il vendit la Ford à un commerçant et, ne prenant avec lui que l'outre d'eau qu'il avait accrochée au bouchon du radiateur, il traversa en pataugeant le Rio Grande pour arriver à Ojinaga, au Mexique. C'était une ville qui avait subi les occupations successives des troupes fédérales et des insurgés. Les maisons en torchis d'Ojinaga n'avaient plus de toit. Les obus des canons de campagne avaient criblé de trous les murs de l'église. Les villageois vivaient derrière les murs de leurs cours. Les rues étaient de poussière blanche. C'était là qu'était cantonnée une partie des troupes de la Division du Nord de Francisco Villa. Il se joignit à eux et fut admis comme *compañero.*

Lorsque Villa opéra sa marche sur Torreon, vers le sud, en parcourant trois cents kilomètres le long de la voie ferrée détruite du chemin de fer central, Jeune Frère faisait partie de la troupe. Ils traversèrent le vaste désert mexicain semé de cactus-raquettes et de cierges du Pérou. Ils dressèrent leur camp dans des ranchos et, dans la fraîcheur d'abbayes fortifiées, fumèrent du *macuche* roulé dans des feuilles de maïs. La nourriture était rare. Des femmes en châle noir portaient des jarres d'eau sur la tête.

Après la victoire de Torreon, Jeune Frère porta les cartouchières croisées sur la poitrine. Il était un *villista* mais ne rêvait que de poursuivre sa route et de rencontrer Zapata. L'armée voyageait sur les toits des wagons de marchandises. Les soldats étaient accompagnés de leur famille. Ils vivaient au sommet des trains, avec leurs fusils, leur literie, leurs paniers de nourriture. Il y avait également des suiveurs du camp et des bébés à la mamelle. Ils traversaient le désert dans les flots d'escarbilles et de fumée de la locomotive qui leur piquaient les yeux et leur brûlaient la gorge. Ils ouvraient des parapluies pour se protéger du soleil.

Une réunion des chefs insurgés de diverses régions se tint à Mexico City. Il fallait encore définir les objectifs de la révolution. Après que Diaz, tyran méprisé, eut été renversé, un réformiste, Madero, avait pris le pouvoir. Madero avait été évincé par un certain général Huerta, un Aztèque. Maintenant Huerta était parti et un modéré, Carranza, essayait de s'imposer. La capitale grouillait de factions qui ne cessaient de proliférer, de bureaucrates rapaces, d'hommes d'affaires étrangers et d'espions. Ce fut au milieu de ce chaos que débarqua l'armée de paysans du sud de Zapata. Un grand silence tomba sur la ville à leur arrivée. Ils jouissaient d'une telle réputation de férocité que les Mexicains des villes étaient frappés de terreur à leur approche. Jeune Frère se tenait silencieusement parmi les *villistas* et les regarda opérer leur entrée dans la ville. Et puis les

Mexicains se mirent à rire. Les redoutables guerriers du sud ne savaient pas parler correctement. Nombre d'entre eux étaient des enfants. Ils ouvrirent de grands yeux quand ils virent le palais de Chapultepec. Ils étaient en haillons. Ils n'osaient pas marcher sur les trottoirs du Paseo de la Reforma, un boulevard bordé de belles demeures, d'arbres et de restaurants en plein air, mais préféraient circuler au milieu de la rue dans le crottin de cheval. Les tramways électriques de la ville les terrifiaient. Ils déchargeaient leurs fusils sur les pompes à incendie. Et le grand Zapata lui-même, posant pour les photographes dans le palais, laissa Villa occuper le fauteuil présidentiel.

Les *campesinos* du sud n'aimaient pas plus Mexico que la révolution des modérés. A leur départ, Jeune Frère se joignit à eux. Il n'avait jamais révélé sa spécialité aux officiers de Villa. Mais à Emiliano Zapata il déclara : Je sais fabriquer des bombes et réparer les pistolets et les fusils. Je sais me servir d'explosifs. Dans le désert il se livra à une démonstration. Jeune Frère emplit quatre calebasses séchées de sable ramassé à ses pieds. Il y ajouta quelques pincées d'une poudre noire. Il roula de la barbe de maïs pour en faire des mèches. Il alluma les mèches et méthodiquement lança les calebasses l'une après l'autre aux quatre points cardinaux. Les explosions creusèrent dans le désert des trous de trois mètres de diamètre. Au cours de l'année qui suivit, Jeune Frère dirigea des raids de guérilla contre des puits de pétrole, des fonderies et des garnisons fédérales. Il était respecté par les *zapatistas,* mais également considéré comme une tête brûlée. Au cours de ses attaques à la bombe, son ouïe fut endommagée. Il finit par devenir sourd. Il contemplait ses explosions mais ne pouvait plus les entendre. Les pylônes aériens des chemins de fer de montagne s'écroulaient silencieusement dans des gorges profondes. Des usines au toit de zinc s'effondraient dans la poussière blanche. Nous ne connaissons pas avec certitude les circonstances exactes de sa mort, mais il semble qu'elle soit survenue au cours d'une escarmouche avec les troupes gouvernementales près de la plantation Chinameca à Morelos, à l'endroit même où plusieurs années plus tard Zapata lui-même devait être abattu au cours d'une embuscade.

A cette époque, bien entendu, le président des Etats-Unis était Woodrow Wilson. Il avait été élu par le peuple pour ses qualités de guerrier. Pour Teddy Roosevelt, le peuple se trompait. Roosevelt accusait Wilson de trouver la guerre haïssable. Il trouvait que Wilson avait la bouche pincée et chagrine d'un homme qui vient d'avaler un poisson avec ses arêtes. Mais le nouveau président entraînait les Marines en les faisant débarquer à Veracruz. Il entraînait l'armée en l'expédiant par-delà la frontière à la poursuite de Pancho Villa. Il portait des lunettes sans monture et était épris de valeurs morales. Lorsque la Grande Guerre éclata, il la fit avec la fureur de celui qui se sent insulté. Ni Quentin, le fils de Theodore Roosevelt, qui devait mourir au cours d'un combat aérien au-dessus de la France, ni le vieux Bull Moose lui-même, qui devait mourir de chagrin peu après, ne survivraient à la haine que vouait Wilson à la guerre.

On voyait partout les signes avant-coureurs de la conflagration imminente. L'Europe inaugurait le Palais de la Paix à La Haye et quarante-deux nations envoyaient des représentants aux cérémonies d'inauguration. Un congrès des socialistes réuni à Vienne décida que la classe ouvrière internationale ne se battrait plus jamais dans les guerres des puissances capitalistes. A Paris, les peintres faisaient des portraits avec les deux yeux du même côté de la tête. Un professeur juif à Zurich avait publié un article prouvant que l'univers était courbe. Rien de cela n'échappait à J. P. Morgan. Il débarqua à Cherbourg, l'incident avec le Noir fou dans sa Bibliothèque totalement oublié, et entreprit son périple habituel à travers le continent, allant d'un pays à un autre dans son train privé et dînant avec des banquiers, des chefs d'Etat et des rois. Il remarqua parmi cette dernière catégorie un effritement sensible du moral. Quand les membres des familles royales n'étaient pas mélancoliques, ils étaient hypernerveux, renversaient leur verre de vin, bégayaient ou insultaient les domestiques. A les observer, il arriva à la conviction que ces personnages étaient surannés. Ils étaient tous parents, d'un pays à l'autre. Ils se mariaient entre eux depuis tant de siècles qu'ils avaient acquis précisément les traits de caractère, ignorance et stupidité, qu'ils pouvaient le moins se permettre. Aux funérailles d'Edouard VII à Londres, ils s'étaient poussés et bousculés entre eux comme des enfants pour prendre place dans le cortège.

Morgan se rendit à Rome et s'installa à l'étage qui lui était réservé au Grand Hôtel. Très vite, le plateau d'argent du maître d'hôtel se remplit de cartes de visite. Pendant plusieurs semaines, Morgan reçut des comtes, des ducs et autres aristocrates. Ils arrivaient avec des objets sauvegardés par leurs familles depuis des générations. Certains étaient désargentés, d'autres désiraient simplement monnayer leurs biens. Mais tous semblaient vouloir quitter l'Europe le plus rapidement possible. Morgan, assis dans un fauteuil à dossier droit, les mains posées sur le pommeau de la canne qu'il tenait entre les genoux, examinait tableaux, majoliques, porcelaines, faïences, cuivres, bas-reliefs, missels. Il acquiesçait du chef ou secouait la tête. Lentement la pièce se remplissait d'objets. On lui offrit un admirable crucifix en or qui se séparait en deux pour devenir un stylet. Il fit oui. Dans le hall de l'hôtel, sur le trottoir et jusqu'au coin de la rue les aristocrates faisaient la queue. Ils portaient la redingote, le haut-de-forme et les guêtres. Ils avaient des cannes à la main. Ils tenaient des paquets enveloppés dans du papier d'emballage. Certains parmi les plus outranciers offraient leur femme ou leurs enfants. De belles jeunes femmes à la peau pâle et au regard tout éploré. Des jeunes gens délicats. Un individu amena des jumeaux, un garçon et une fille, vêtus tous deux de velours gris et de dentelles. Il les déshabilla et les fit pivoter dans toutes les directions.

Morgan demeura en Europe jusqu'à ce que ses agents l'eussent avisé que son vapeur du Nil l'attendait à Alexandrie, paré et prêt à appareiller. Avant de partir, il s'efforça une dernière fois de persuader Henry Ford de venir en Egypte. Il lui envoya un long télégramme. Ford répondit qu'il ne pouvait pas quitter le Michigan car il venait d'entrer dans la phase la plus délicate de ses négociations avec un confrère inventeur, lequel réussissait à alimenter le moteur d'une voiture avec une pilule verte. Morgan fit boucler ses bagages. Après avoir donné ses instructions pour l'emballage et l'expédition de ses nouvelles acquisitions, il se mit en route. C'était l'automne. Lorsqu'il arriva à Alexandrie, il gagna directement son bateau, un vapeur à aubes construit en acier et, après ne lui avoir accordé qu'un bref regard depuis la jetée, monta à bord et ordonna au capitaine de lever l'ancre.

Morgan au cours de ce voyage en Egypte avait l'intention de descendre le Nil et de choisir un site pour sa pyramide. Il gardait dans le coffre de sa cabine les plans de cet édifice secrètement dessinés pour lui par la firme de McKim and White. Avec les techniques modernes de construction, l'utilisation de pierres taillées d'avance, de pelles à vapeur, de grues et ainsi de suite, il espérait qu'une pyramide digne de ce nom pourrait être érigée en moins de trois ans. Aucune perspective ne l'avait jamais exalté à ce point. Il y aurait une Fausse Chambre du Roi ainsi qu'une Véritable Chambre du Roi, une Inviolable Chambre du Trésor, une Grande Galerie, un Couloir Descendant, un Couloir Ascendant. Il y aurait une chaussée surélevée jusqu'aux berges du Nil.

Giseh fut sa première étape. Il voulait se pénétrer d'avance des forces éternelles dont il serait l'exemple quand il mourrait et s'élèverait sur les rayons du soleil pour naître à nouveau. Lorsque le bateau mouilla le long du quai, il était minuit et il put contempler du pont à tribord la masse des pyramides qui se détachaient sur le ciel bleu nuit piqueté d'étoiles. Il descendit la passerelle et fut accueilli par plusieurs hommes en burnous. Installé sur le dos d'un chameau, il fut conduit de cette antique façon vers la face nord, vers l'entrée de la Grande Pyramide elle-même. Malgré toutes les mises en garde, il était décidé à passer la nuit à l'intérieur. Il espérait apprendre, si possible, comment Osiris comptait disposer de son *kâ,* ou âme, et de son *bâ,* ou vitalité physique. Il suivit ses guides le long du couloir d'entrée. La lumière d'une torche projetait de grandes ombres mouvantes sur les blocs de pierre formant les murs et le plafond. Après avoir tourné et bifurqué plusieurs fois, escaladé péniblement des plans inclinés, et avoir dû à plusieurs reprises ramper à quatre pattes pour se faufiler par des orifices exigus, il se retrouva au cœur de la pyramide. Il versa à ses guides la moitié de la somme convenue afin d'être sûr qu'ils revinssent chercher le solde; et après qu'ils lui eurent souhaité une bonne nuit, il se retrouva brusquement seul dans la chambre obscure, avec comme seule lumière le scintillement indécis d'une étoile ou deux au sommet d'un étroit puits d'aération.

Morgan ne dormirait pas cette nuit-là. Il se trouvait

dans la Chambre du Roi, depuis longtemps vidée de son mobilier. La terre était si humide que sa fraîcheur pénétrait la couverture de laine qu'il avait apportée pour s'y asseoir. Il avait sa boîte en or à son chiffre pleine d'allumettes de sûreté mais se refusait par principe à en allumer une. Il ne porta pas non plus à ses lèvres sa flasque de cognac. Il écoutait l'obscurité, fixait l'obscurité en attendant les signes qu'Osiris daignerait lui faire. Au bout de quelques heures, il sombra dans la somnolence. Il rêva d'une vie ancienne où, accroupi dans un souk, il échangeait de joviales insultes avec les drogmans. Ce rêve le troubla tellement qu'il s'éveilla. Il eut l'impression que quelque chose se promenait sur sa peau. Il se leva. Il avait des démangeaisons sur tout le corps. Il se décida à craquer une allumette. A sa faible lueur, il vit sur sa couverture, en colonie, cet insecte si caractéristique, la punaise nocturne. Une fois son allumette éteinte, il resta debout. Il se mit alors à arpenter la chambre, une main tendue devant lui de façon à ne pas heurter les murs de pierre. Il marchait de l'ouest à l'est, du nord au sud, encore qu'il ne pût distinguer l'un de l'autre. Il décida que, en de telles circonstances, on devait faire la différence entre les faux signes et les vrais signes. Le rêve du colporteur dans le bazar était un faux signe. Les punaises constituaient un faux signe. Un vrai signe, ce serait l'apparition glorieuse de petits oiseaux rouges à tête d'homme voletant paresseusement dans la chambre, l'illuminant de leur propre incandescence. Ce seraient les oiseaux *bâ,* dont il avait vu la représentation sur des fresques égyptiennes. Mais la nuit s'écoula sans que les oiseaux *bâ* se matérialisent. Finalement, il vit par la longue et étroite ouverture du puits d'aération que les étoiles avaient pâli et que le rhomboïde du ciel nocturne avait viré au gris. Il s'autorisa une gorgée de cognac. Il avait les membres engourdis, le dos douloureux et il avait pris froid.

Les gens de Morgan arrivèrent avec les guides arabes et on l'aida à revenir au monde extérieur. Il eut la surprise de constater que la matinée était déjà très avancée. On le hissa sur son chameau et lentement il s'éloigna de la pyramide. Le ciel était d'un bleu vif et les pierres tout autour des monuments étaient roses. Comme il passait devant le Grand Sphinx et tournait la tête pour le regarder, il s'aperçut que des hommes grouillaient dessus, comme de la vermine. Ils étaient accrochés par grappes dans les griffes, assis dans les creux du visage, perchés sur les épaules, ou agitaient les bras, debout sur la coiffure. Morgan eut un haut-le-corps. Les profanateurs portaient des costumes de base-ball. Au sol, des photographes se tenaient derrière leurs trépieds, la tête enfouie sous le drap noir. Que se passe-t-il au nom du ciel? dit Morgan. Ses guides s'étaient arrêtés et s'interpellaient avec d'autres Arabes et conducteurs de chameaux. Il régnait une grande excitation. Un secrétaire de Morgan revint pour lui annoncer qu'il s'agissait des Géants de New York, l'équipe de base-ball qui avait gagné la coupe et faisait une tournée triomphale autour du monde. La coupe? dit Morgan. La coupe? Un homme laid et trapu en pantalon court rayé et maillot à larges côtes accourait vers lui, la main tendue. Il portait une casquette ridicule sur la tête. Un mégot de cigare pendait au coin de sa bouche. Ses chaussures à crampons résonnaient sur les pierres antiques.

L'entraîneur, M. McCraw, vient vous présenter ses respects, expliqua le secrétaire. Sans un mot, le vieil homme enfonça les talons dans les flancs de son chameau et, renversant au passage son guide arabe, s'enfuit vers son bateau.

Peu après ces aventures, Pierpont Morgan vit soudain sa santé décliner. Il demanda à être ramené à

Rome. Mais il était loin de se sentir abattu, étant parvenu à la conclusion que ce déclin était précisément le signe qu'il attendait. On avait de nouveau un besoin si urgent de lui sur la terre qu'il était exempté de la rituelle mise au tombeau. Des membres de sa famille vinrent le retrouver à Rome. Ne soyez pas tristes, leur dit-il. La guerre accélère les choses. Les autres ne comprenaient pas. Ils étaient à son chevet lorsqu'il mourut, prématurément en un sens, à l'âge de soixante-seize ans.

Ce fut peu après la mort de Morgan que l'Archiduc François Ferdinand fit son entrée dans la ville de Sarajevo, capitale de la Bosnie, pour y inspecter les troupes. Avec lui se trouvait la Comtesse Sophie. L'Archiduc tenait son casque à plumes au creux de son bras. Brusquement retentit un bruit assourdissant, suivi de nuages de fumée et de vociférations. L'Archiduc François Ferdinand et la Comtesse Sophie se retrouvèrent couverts d'une poussière grisâtre. La poussière leur collait au visage, leur emplissait la bouche et les yeux, recouvrait leurs vêtements. Quelqu'un avait jeté une bombe. Le Maire était consterné. L'Archiduc était furieux. La journée est gâchée, dit-il, et mettant fin aux cérémonies il donna l'ordre à son chauffeur de quitter Sarajevo. Il était monté dans une voiture de tourisme Daimler. Le chauffeur s'engagea dans les rues et se trompa à un tournant. Il stoppa, passa en marche arrière et pivota sur son siège pour regarder. Par hasard la voiture s'était arrêtée à côté d'un jeune patriote serbe, membre du groupe qui avait essayé de tuer l'Archiduc en jetant une bombe mais qui désespérait de trouver une autre occasion propice. Le patriote sauta sur le marchepied de la voiture de tourisme, braqua son pistolet sur l'Archiduc et pressa la détente. Des détonations éclatèrent. La Comtesse Sophie s'abattit entre les genoux de l'Archiduc. Le sang jaillissait de la gorge de celui-ci. Il y eut des cris. Les plumes vertes du casque étaient noires de sang. Des soldats empoignèrent l'assassin. Ils le jetèrent à terre. Ils le traînèrent en prison.

A New York les journaux annonçant la nouvelle, y virent un de ces actes de violence dont les Etats Balkaniques étaient coutumiers. Rares durent être les Américains à s'apitoyer sur le sort funeste de l'héritier de l'Empire austro-hongrois. Mais le magicien Harry Houdini, en lisant son journal au petit déjeuner, eut un choc comme s'il avait appris la mort d'une personne de connaissance. Ça, par exemple! marmonna-t-il. Alors ça! Il vit l'Archiduc morose et froid, avec ses cheveux courts qui le regardait fixement. Il trouvait terrifiant qu'un être incarnant le pouvoir et la force armée de tout un empire pût être éliminé aussi facilement.

Il se trouvait que Houdini, ce jour-là précisément, devait se produire en public pour accomplir un de ses spectaculaires exploits en plein air. Il ne put donc s'appesantir à loisir sur la mort de l'Archiduc comme il l'aurait peut-être fait autrement. Sortant de chez lui, il héla un taxi et se fit conduire à Times Square. Là, une demi-heure plus tard, devant une foule de plusieurs milliers de personnes, il fut mis dans une camisole de force et attaché par les chevilles à un câble en acier pour être hissé la tête en bas à mi-hauteur de la façade de la Times Tower. A chaque tour du treuil fixé sur le toit, il s'élevait d'une dizaine de centimètres et se balançait dans le vent. La foule l'acclamait. Il faisait chaud ce jour-là et le ciel était bleu. Plus il s'élevait dans les airs, plus lointains étaient les bruits de la rue. Il pouvait lire son nom à l'envers sur la marquise du Palace Theatre un peu plus haut vers le nord. Les automobiles klaxonnaient et les tramways s'amassaient dans Times Square tandis que les wattmen s'arrêtaient pour voir ce qui excitait tellement la foule. Les policiers à cheval lançaient des coups de sifflet. Tout était à l'envers – les automobiles, les gens, les trottoirs, les policiers sur leurs chevaux, les immeubles. Il avait le ciel à ses pieds. Houdini dépassa le tableau d'affichage du base-ball placardé sur la façade de la tour. Il respirait profondément, éprouvant ce calme devant le danger que des années de discipline physique lui avaient permis d'acquérir. Il avait demandé à ses assistants de le hisser environ jusqu'au douzième étage au-dessus de la rue, suffisamment haut mais pas trop cependant, afin qu'on pût le voir clairement. Il comptait s'extirper de la camisole de force, la jeter dans le vide, se redresser d'un coup de reins, comme un trapéziste, et empoigner le câble accroché à la chaîne qui lui liait les chevilles. Il se tiendrait alors debout les pieds calés au creux du grand crochet et saluerait la foule enthousiaste tandis qu'on le redescendrait. Houdini depuis quelque temps était mieux dans sa peau. Le chagrin provoqué par la mort de sa mère, la crainte de perdre son public, son angoisse à l'idée que sa vie était peut-être dénuée d'importance, et ses exploits, dérisoires, – tout le poids de l'inquiétude quotidienne semblait moins lourd à porter. Il attribuait ce changement au nouveau but qu'il s'était fixé, démasquer la fraude spirite partout où il la trouvait. Poussé par les sentiments qu'il éprouvait pour sa mère vénérée, il avait interrompu des séances de spiritisme, dénoncé les misérables pratiques des médiums et livré au mépris du public les trucs et stratagèmes dont usaient les charlatans pour duper les innocents. A chaque manifestation, il offrait dix mille dollars au médium qui pourrait produire un phénomène que lui, Houdini, ne réussirait pas à répéter en utilisant des moyens mécaniques. La presse et le public adoraient ce nouvel aspect de son travail, mais c'était pour lui secondaire. Il semblait que le Ciel dût être défendu, maintenant que sa mère était morte. Partant en guerre, il avait le sentiment qu'il pourrait bientôt commencer à discerner les frontières des régions où elle demeurait. Ses détectives privés visitaient tous les salons occultistes dans toutes les villes où il jouait. Lui-même se rendait à certaines séances déguisé en veuve à cheveux gris, le visage voilé. Il braquait brusquement une lampe électrique sur le mince fil de fer qui permettait à la table de bouger. Il arrachait le tissu qui recouvrait le Victrola caché. Il cueillait des trompettes dans le vide et sortait par la peau du cou les complices dissimulés derrière des rideaux. Il se levait alors et, d'un geste théâtral, arrachait sa perruque et annonçait qui il était. Il accumula ainsi des douzaines de procès.

Houdini se rendit compte qu'il était maintenant arrivé à la hauteur convenue. Le vent à ce niveau était un peu plus fort. Il se sentait pivoter sur lui-même. Il se retrouva face aux fenêtres de la Times Tower, puis de nouveau face au vide au-dessus de Broadway et de la Septième Avenue. Hé, Houdini, appela une voix. Le vent fit tourner Houdini du côté de l'immeuble. Un homme lui adressait un large sourire, à l'envers, depuis une fenêtre du douzième étage. Hé, Houdini, dit l'homme, va te faire foutre. Je t'emmerde, Toto, retorqua le magicien. Il pouvait en fait se dégager d'une camisole de force en moins d'une minute. Mais s'il réussissait trop rapidement, les gens croiraient qu'il trichait. Il mit donc plus longtemps. Il feignit de peiner. Il pouvait entendre les Oh! et les Ah! qui s'élevaient de la rue tandis qu'il imprimait des secousses au câble et le faisait tournoyer. Il eut bientôt *tout* le haut du buste, y compris la tête, empêtré à l'intérieur de la camisole. Sous la toile épaisse, aucune lumière ne passait. Il se reposa un instant. Il était accroché la tête en bas audessus de Broadway, en l'an 1914, et l'Archiduc François Ferdinand avait été assassiné. Ce fut à cet instant-là qu'une image se forma dans l'esprit de Houdini. Celle d'un petit garçon qui se contemplait dans le phare en cuivre étincelant d'une automobile.

Nous avons trouvé le récit de cet étrange événement dans les notes intimes inédites du magicien. La carrière de Harry Houdini dans le monde du spectacle le portait à l'emphase, aussi devons-nous conserver notre sens critique pour examiner son affirmation lorsqu'il déclare que ce fut là une des expériences mystiques authentiques de son existence. Quoi qu'il en soit, il existe dans les archives de la famille une carte de visite de M. Houdini datée d'une semaine plus tard. Personne n'était à la maison pour le recevoir. La famille à cette époque avait commencé à se désagréger. Mère, son fils et l'enfant noir, qui avait été baptisé Coalhouse Walker III, visitaient le nord de l'Etat dans une voiture de tourisme Packard, avec Mère au volant. Ils allaient voir les grottes de Howe et leur dernière étape pour l'été était la côte du Main à Prout's Neck où le peintre Winslow Homer avait vécu ses dernières années. Père et Mère maintenant n'entretenaient plus que des relations d'une extrême correction et d'une extrême froideur, la mort de Jeune Frère au Mexique ayant précipité leur séparation déjà presque constante. Grand-Père n'avait pas survécu à l'hiver et reposait maintenant dans le cimetière derrière l'église congressionnaliste de North Avenue à New Rochelle. Père était à Washington, D.C. En revenant à l'usine de drapeaux et de feux d'artifice, il avait trouvé un tiroir rempli de croquis et de plans, règlement de la dette auquel Jeune Frère avait mystérieusement fait allusion, lors de leur dernière conversation à la Bibliothèque Morgan. Au cours des dix-huit mois qui avaient précédé sa migration, Jeune Frère avait inventé dix-sept engins balistiques, dont certains étaient à ce point en avance sur leur époque qu'ils ne furent pas utilisés par les Etats-

Unis avant la Deuxième Guerre mondiale. Ils comprenaient un lance-grenades sans recul, une mine terrestre ultra-sensible, des explosifs sous-marins contrôlés par sonar, un viseur de fusil lumineux aux infrarouges, des balles traçantes, un fusil à répétition, une mitrailleuse légère, une grenade à shrapnells, la nitroglycérine en pains et un lance-flammes portatif. Entre les essais de prototypes, les négociations pour les contrats de vente, les conférences dans les salles du Congrès et diverses onéreuses démarches politico-mondaines, comprenant des déjeuners, des dîners et des réceptions durant le week-end, Père avait dû louer un appartement au Hay-Adams Hôtel. Il réagissait à son malheur personnel en se plongeant plus frénétiquement que jamais dans son travail. Depuis que la Grande Guerre avait éclaté en Europe, il faisait partie de ceux qui craignaient le manque d'esprit combatif de Woodrow Wilson et se déclarait ouvertement partisan de la préparation au conflit, bien avant que l'administration ne prît officiellement position en ce sens. D'autres gouvernements en dehors du nôtre s'intéressaient vivement aux découvertes meurtrières dues au génie de Jeune Frère et, sur les recommandations de conseillers du Ministère de l'Intérieur, Père avait tendance à favoriser certains au détriment d'autres. Envers les Allemands il se montrait fort discourtois, envers les Anglais, amical et conciliant dans ses tractations. Il prévoyait ce faisant l'engagement des Américains auprès des Alliés qui se produisit en fait en 1917, mais qui était devenu inévitable dès 1915 lorsque le paquebot anglais *Lusitania* fut torpillé par un sous-marin au sud-ouest des côtes d'Irlande. Le *Lusitania,* enregistré comme navire marchand armé, transportait en secret dans ses cales une cargaison de matériel de guerre explosif. Douze cents hommes, femmes et enfants, dont bon nombre d'Américains, périrent, et parmi eux Père qui se rendait à Londres avec le premier chargement, destiné au Ministère de la Guerre et à l'Amirauté, de grenades terrestres et sous-marines et de pains de nitroglycérine qui sans aucun doute contribuèrent par leurs monstrueuses déflagrations à éventrer le navire avant son brusque naufrage.

Pauvre Père, je vois d'ici son ultime exploration. Il arrive en ce lieu inconnu, cheveux dressés sur la tête de stupeur, yeux ronds, bouche bée. Le bout de son pied soulève une minuscule tempête de sable, il s'agenouille et met les bras en croix pour rendre grâce en une solennelle pantomime, lui dont toute la vie n'avait été qu'une longue immigration et qui débarquait à présent pour l'éternité sur le rivage de son Moi.

Mère porta le deuil durant une année. A la fin de cette période, Tateh, s'étant assuré que sa femme était morte, lui proposa le mariage. Il dit : Je ne suis pas un baron, bien entendu, je suis un Juif socialiste de Lettonie. Mère accepta sans hésiter. Elle l'adorait, elle aimait infiniment sa compagnie. Chacun d'eux chérissait les traits de caractère de l'autre. Ils se marièrent civilement devant un juge de paix de New York. Ils se sentaient comme bénis du ciel. Leur union fut heureuse bien que sans descendance. Tateh gagna beaucoup d'argent en produisant des films de propagande tels que *Slade du Service Secret* et *L'ombre du sous-marin.* Mais son grand succès était encore à venir. La famille trouva des locataires pour la maison de New Rochelle et alla s'installer en Californie. Elle habitait une vaste maison blanche avec des fenêtres en cintre et un toit en tuiles orange. Il y avait des palmiers le long du trottoir et des parterres de fleurs rouge vif dans le jardin de façade. Un matin, Tateh regarda par la fenêtre de son cabinet de travail et vit les trois enfants assis sur la pelouse. Derrière eux sur le trottoir se trouvait un tricycle. Ils bavardaient et se chauffaient au soleil. Sa fille, avec ses cheveux noirs, son beau-fils aux cheveux d'étoupe et l'enfant *schwartze,* dont il avait la responsabilité légale. Il eut brusquement l'idée d'un film. Une bande d'enfants, tous copains, blancs, noirs, gros, maigres, riches, pauvres, de toute espèce, petits garnements malicieux dont se multiplieraient les aventures drôlatiques dans leur quartier, une société de gamins des rues, comme nous tous, une bande, s'attirant des ennuis par leurs sottises mais s'en tirant toujours. En fait, cette vision donna naissance non pas à un film mais à plusieurs. Ainsi s'achevait l'ère du Ragtime, dans le souffle puissant de la machine, comme si l'histoire n'était rien de plus qu'un air égrené sur un piano. L'anarchiste Emma Goldman avait été déportée. La belle et passionnée Evelyn Nesbit avait perdu sa beauté et était tombée dans l'oubli. Et Harry K. Thaw, ayant obtenu sa libération de l'asile d'aliénés, défilait chaque année à Newport dans la grande parade de l'Armistice.

Editions J'ai Lu, 31, rue de Tournon, 75006 Paris

diffusion
France et étranger : Flammarion, Paris
Suisse : Office du Livre, Fribourg
diffusion exclusive
Canada : Flammarion Ltée, Montréal

Achevé d'imprimer sur les presses de l'imprimerie Brodard et Taupin
7, Bd Romain-Rolland, Montrouge. Usine de La Flèche,
le 15 février 1982
6770-5 Dépôt Légal février 1982. ISBN : 2 - 277 - 11825 - 7
Imprimé en France